Teoria da Comunicação

Dados Internacionais de Catalogação na Publicação (CIP)
(Câmara Brasileira do Livro, SP, Brasil)

Martino, Luís Mauro Sá
   Teoria da comunicação : ideias, conceitos e métodos / Luís Mauro Sá Martino. 6. ed. Revista e atualizada – Petrópolis, RJ : Vozes, 2021.

   Bibliografia.

   3ª reimpressão, 2025.

   ISBN 978-85-326-2517-5

   1. Comunicação I. Título.

09-04170   CDD-302.2

Índices para catálogo sistemático:
1. Teoria da comunicação   302.2

Luís Mauro Sá Martino

Teoria da Comunicação

IDEIAS, CONCEITOS E MÉTODOS

Petrópolis

© 2009, 2021, Editora Vozes Ltda.
Rua Frei Luís, 100
25689-900 Petrópolis, RJ
www.vozes.com.br
Brasil

Todos os direitos reservados. Nenhuma parte desta obra poderá ser reproduzida ou transmitida por qualquer forma e/ou quaisquer meios (eletrônico ou mecânico, incluindo fotocópia e gravação) ou arquivada em qualquer sistema ou banco de dados sem permissão escrita da editora.

CONSELHO EDITORIAL

Diretor
Volney J. Berkenbrock

Editores
Aline dos Santos Carneiro
Edrian Josué Pasini
Marilac Loraine Oleniki
Welder Lancieri Marchini

Conselheiros
Elói Dionísio Piva
Francisco Morás
Teobaldo Heidemann
Thiago Alexandre Hayakawa

Secretário executivo
Leonardo A.R.T. dos Santos

PRODUÇÃO EDITORIAL

Anna Catharina Miranda
Bianca Gribel
Eric Parrot
Jailson Scota
Marcelo Telles
Mirela de Oliveira
Natália França
Priscilla A.F. Alves
Rafael de Oliveira
Samuel Rezende
Verônica M. Guedes
Vitória Firmino

Editoração: Fernando Sergio Olivetti da Rocha
Diagramação: AG. SR Desenv. Gráfico
Capa: Maria Fernanda de Novaes

ISBN 978-85-326-2517-5

Este livro foi composto e impresso pela Editora Vozes Ltda.

Prefácio à 6ª edição

Dez anos depois de seu lançamento, *Teoria da Comunicação* chega à sua 6ª edição devendo, antes de tudo, uma palavra de agradecimento à generosidade de leitoras e leitores que permitiram o desenvolvimento da trajetória deste livro. Não poderia começar, portanto, sem um grande obrigado que se estende por dez anos a todas e todos vocês.

Dez anos, aliás, dos mais interessantes para os estudos de mídia e comunicação.

As redes digitais abriram caminho para outras formas de viver em sociedade, entender a política, a economia e, de certo modo, até as relações pessoais e afetivas. Experiências como assistir a um filme ou ouvir música encontraram outros espaços nas telas dos *tablets*, *smartphones* e serviços de *streaming*. A tecnologia contemporânea se combina com as mais antigas estratégias retóricas para formar a opinião pública, promover produtos ou divulgar ideias. Compartilhar, postar, avaliar e outros verbos ganharam outros significados, indicando o modo como nos relacionamos no ambiente digital.

E, no entanto, ainda não respondemos algumas questões fundamentais da Comunicação. Falamos em "influência" das redes digitais no comportamento humano como, algumas gerações atrás, falavam dos "efeitos" da televisão, do rádio ou do cinema. Estamos conectados o tempo todo, mas podemos perguntar se "conexão" significa "comunicação". Gêneros de formatos clássicos – comédia, drama, *sitcoms*, ficção científica – se adaptaram às plataformas digitais. O ambiente das mídias digitais permitem a participação direta do público na produção de conteúdo, enquanto empresas se mantêm como polos de criação da cultura *pop*.

A Teoria da Comunicação é uma das maneiras de compreender esse cenário, da maneira que sempre fez – ajudando a formular perguntas, mais do que encontrar respostas. Porque, ao que tudo indica, aprendemos mais na abertura das perguntas do que na conclusão das respostas.

Nesta 6ª edição foi possível fazer algumas revisões – mudanças de texto e inclusão de novos capítulos – planejadas há algum tempo, mas que, por diversas razões, não haviam sido possíveis. A mais próxima foi a escrita de outros dois livros, *Teoria das Mídias Digitais* (2014) e *Métodos de Pesquisa em Comunicação* (2018), que, com este, têm como objetivo pensar questões teórica e práticas da comunicação.

Brevíssimo prefácio à 4ª edição

Nesta 4ª edição foram feitas algumas mudanças:

(a) Foram corrigidas algumas questões de texto.

(b) Foram acrescentados capítulos na última seção do livro.

(c) A bibliografia foi alterada, trazendo as obras disponíveis em português.

Só posso agradecer de verdade aos leitores. Pela leitura, pelos comentários, críticas e sugestões. Este livro não chegaria à 4ª edição sem vocês.

O autor

Sumário

Introdução, 13

Seção A – A produção da comunicação, 23

I. A pesquisa norte-americana em comunicação, 25

    1. Estereótipos, notícias e realidade: Walter Lippmann e *Opinião pública*, 26

    2. Os modelos teóricos de comunicação, 28

    3. O modelo de Lasswell, 29

    4. O modelo de Osgood e Schramm, 32

    5. As funções da mídia em Merton e Lazarsfeld, 33

    6. O modelo em espiral de Dance, 36

    7. O modelo geral de comunicação de Gerbner, 37

    8. Os estudos de *Newsmaking*, 39

    9. A empresa de comunicação: os modelos de Schramm e de Westley e McLean, 46

    10. O efeito de enquadramento – *Framming Effect*, 48

II. Escola de Frankfurt, 52

    1. A indústria cultural: Adorno e Horkheimer, 53

    2. Walter Benjamin, a aura, a mercadoria e a obra de arte, 59

    3. Esfera pública e comunicação em Habermas, 63

III. A crítica marxista, 69

    1. O conceito de ideologia em Marx e Engels, 69

    2. Gramsci: mídia, hegemonia e cultura popular, 75

    3. A mídia como aparelho ideológico: Althusser, 79

IV. Comunicação interpessoal, 82

    1. Intersubjetividade, experiência e comunicação, 82

    2. Empatia e comunicação: a abordagem de Edith Stein, 84

    3. O modelo ABX de Newcomb, 88

    4. Festinger e a Teoria da Dissonância Cognitiva, 90

    5. A poética da realidade da mídia: Niklas Luhmann, 93

Seção B – Do texto ao contexto, 97

I. Comunicação e linguagem, 99

    1. O modelo de Ogden e Richards, 100

    2. Ludwig Wittgenstein e os limites do silêncio, 102

    3. A Teoria dos Atos da Fala: J.L. Austin, 107

    4. Linguagem e pensamento em Jean Piaget, 109

    5. Noam Chomsky, das *estruturas sintáticas* à crítica da mídia, 112

II. Escolas de semiótica, 116

    1. O *Curso de Linguística Geral* de Ferdinand de Saussure, 117

    2. Charles S. Peirce e as categorias semióticas, 122

    3. A semiótica soviética: Yuri Lotman e a Escola de Tartu-Moscou, 127

    4. Mikhail Bakhtin, intertextualidade e política do signo, 130

III. Estruturalismo, 137

    1. Roland Barthes, 139

    2. Na hiper-realidade cotidiana: Umberto Eco, 141

    3. As funções da linguagem – O modelo de Roman Jakobson, 145

    4. Signo e intertextualidade em Julia Kristeva, 150

    5. O espírito do tempo: Edgar Morin, 153

    6. Michel Foucault: discurso saber-poder, 156

    7. Pierre Bourdieu: campo, estruturas, *habitus*, 159

IV. Gêneros, textos, práticas, 166

1. A *Reality TV*: infotenimento e *Big Brother*, 166

2. Celebridades: eu mesmo S.A., 170

3. Pseudoeventos e eventos da mídia, 173

4. A transmissão 24 horas e o Efeito CNN, 177

5. Mídia, entretenimento e democracia: o modelo da colonização de Meyer, 179

6. Entretenimento e política: a hipótese da intersecção de Street, 181

7. O mundo encantado do *kitsch*, 183

8. *Cult*; *trash*; alternativo, 185

Seção C – Estudos de recepção, 189

I. Rumo a uma estética da recepção, 191

II. Teoria das Mediações, 193

III. Efeitos sociais da comunicação, 198

1. Agulha hipodérmica, 199

2. As pesquisas sobre usos e gratificações, 200

3. Grupos primários: comunicação interpessoal e recepção, 203

4. Fluxo em duas etapas, 205

5. A Teoria da Cultivação de Gerbner, 208

6. O intervalo de conhecimento, 210

7. Efeito de terceira pessoa, 213

8. O modelo do *Agenda-Setting*, 217

9. O modelo da Espiral do Silêncio, 221

10. A disseminação de informações: o modelo da curva em S de Chaffee, 224

11. Da estética cognitiva à *Neuroarthistory*, 226

Seção D – Moderno/pós-moderno, 229

I. Em busca de uma região desconhecida, 231

1. Pós-modernidade; Pós-estruturalismo; pós-colonial; pós-humano, 231

2. Hannah Arendt – A narrativa, a condição humana e a banalidade do mal, 234

3. Guy Debord: *A sociedade do espetáculo*, 239

4. Jacques Derrida: Escritas da desconstrução, 243

5. Gilles Deleuze: Mídia e sociedade de controle, 246

6. Jean Baudrillard: Da *sociedade de consumo* ao deserto do real, 249

7. Zygmund Bauman: Comunicação em tempos líquidos, 252

8. Dos arquétipos ao *Herói de mil faces*: Carl Jung encontra Darth Vader, 254

9. Gayatri Chakravorty Spivak: As margens centrais do discurso, 257

II. Os estudos culturais, 260

1. Os trabalhos fundadores: Williams, Hoggart, Thompson, 261

2. Cultura e identidade: modelo *Encoding/Decoding* de Stuart Hall, 263

3. John Fiske: estratégias para ler televisão, 265

III. Teoria dos meios: da informação às redes sociais, 268

1. Teoria da Informação, 268

2. O modelo de Shannon e Weaver, 271

3. O efeito *zapping* e a mensagem publicitária, 273

4. Da *Galáxia de Gutemberg* à aldeia global: Harold Innis e Marshall Mcluhan, 277

5. A Teoria da Midiatização da Sociedade de Stig Hjarvard, 285

6. Redes sociais, cultura e política no ambiente digital, 289

Considerações finais, 299

Bibliografia mínima, 301

Introdução

O crítico inglês Terry Eagleton, em *Against the grain*, aponta com pertinência uma armadilha de todo texto de introdução a um assunto. Qualquer explicação envolve transformar o complexo em simples. Mas isso é um movimento duplo: se o complexo pode ser explicado em termos simples, então não é tão complexo quanto parecia; se expressões simples são o meio adequado para expor um tema complexo, talvez não sejam tão fáceis[1].

Quando Lídio Peretti, um dos editores da Vozes, propôs o desafio de escrever um livro apresentando algumas das principais teorias da Comunicação para pesquisadores e estudantes da área, a principal questão foi a linguagem. Escrever simples é complicado. Assuntos complexos exigem palavras difíceis ou, por outro lado, é o uso de termos complicados que tornam um tema complicado? A armadilha identificada por Eagleton se fecha nesses termos.

Até certo ponto, trata-se de um trabalho de leitura e tradução. Explicar algo complexo em termos simples é de certo modo traduzir expressões, aplicar o que é dito à realidade imediata, abrir caminhos dentro de um tema complexo, as trilhas por onde se pode percorrer os vários aspectos de um assunto.

Havia algumas experiências prévias.

Na área profissional de Comunicação, grande parte do trabalho é transformar o complexo no simples, dados aparentemente sem conexão em algo coerente. Além disso, o trabalho em sala de aula. Essas experiências não estavam livres de riscos: nem todo texto da mídia é claro e inteligível; e anos em sala de aula não significam qualidade – nada impede que um professor seja ruim por décadas.

---

1. EAGLETON, T. *Against the grain*. Londres: Verso, 1994.

Além da variada produção brasileira na área, um modelo para o livro foi pensado a partir de alguns clássicos de Teoria da Comunicação usados no universo acadêmico anglo-saxônico. Apesar das diferenças culturais e sociais, o diálogo com essas ideias poderia auxiliar a definição das questões formais. Assim, a consulta a alguns *readers* e *textbooks* ajudou a pensar este livro. O primeiro débito seria com *Mass communication theory*, de Dennis McQuail, mas também com *Communication Theories*, de Severin e Tankard, e *Media Literacy*, de James Potter. Obras de outras áreas foram igualmente consultadas para ver como é que eles faziam. O estudo introdutório *Literary Theory*, de Johnatan Culler, foi um ponto de partida, assim como trabalhos de Terry Eagleton e Leszek Kolakowski. A série *Very Short Introductions*, publicada pela Universidade de Oxford, igualmente providenciou valiosas ideias a respeito de estilo e exposição – com a diferença que este livro é qualquer coisa menos *very short*.

E, no entanto, por outro lado é.

Cada capítulo foi pensado como uma curta introdução ao tema. Isso permite quase sempre uma leitura independente. Evidentemente há diálogos e intersecções entre teorias e conceitos, mas tentou-se, quando possível, evitar referências. Notas de rodapé e citações foram reduzidas ao mínimo. Aliás, elas desaparecem depois desta introdução, o que não significa a pretensão de um trabalho original: ao final de cada capítulo está indicado ao menos um texto clássico de cada teoria, dando preferência aos mais acessíveis em termos de linguagem e presença em livrarias. As explicações e comentários foram feitos a partir de textos críticos a respeito de cada autor. Uma bibliografia básica mínima está no final do livro. A bibliografia completa, por razões técnicas, não poderia ser incluída.

Salvo indicação em contrário, as ideias centrais apresentadas em cada capítulo pertencem ao autor/escola em questão. O objetivo foi evitar a repetição de expressões como "para o autor" ou "segundo o autor", reduzidas por questão de leitura e espaço.

Os capítulos podem ser lidos de maneira independente e se propõem a apresentar as ideias mais conhecidas de cada autor. "Apresentar" é a palavra, não "resumir": a riqueza de conceitos dos vários autores apresentados não se esgota em duas ou três páginas. Leitoras e leitores não podem se esquecer de que se trata de uma apresentação breve de cada autor, e o objetivo de cada capítulo é encorajar fortemente a procura individual de novos caminhos. Teoria da Comunicação, como área do saber e disciplina acadêmica, não termina em uma ou duas páginas. A variedade de áreas de origem dos autores apresentados é uma das características deste estudo: é difícil estabelecer com absoluto rigor quem pertence ou não aos estudos de mídia.

Depois de vários parágrafos a respeito, é possível que ocorra uma dúvida pertinente: o que é Teoria da Comunicação?

Fronteiras e definições

A resposta mais honesta seria "ninguém sabe", mas isso poderia desencorajar a leitura das várias páginas que estão pela frente. É possível pensar em uma explicação comparando Teoria da Comunicação com áreas.

Quando quero saber o que são "Ciências Sociais" e vou buscar a resposta em algum livro, é de se esperar que qualquer obra chamada "Introdução às Ciências Sociais" ou algo assim me traga o mesmo grupo de autores, ideias e escolas, isto é, o *canon* das Ciências Sociais. Se procuro livros chamados "Teoria da Comunicação" esperando descobrir o que é, ao final da leitura provavelmente estarei com mais dúvidas do que no início.

Diversas pesquisas recentes sugerem que "Teoria da Comunicação" é uma área de fronteiras indefinidas, na intersecção de vários conceitos, métodos e práticas vindos de outras áreas do conhecimento, da Psicanálise aos estudos de Política, sem uma maior articulação entre eles. Dois britânicos, Bryant e Miron, mostraram a pluralidade das teorias como um indicador da ausência de limites rígidos no campo da Comunicação[2].

Não parece existir consenso, nem entre os pesquisadores, sobre o que é "Teoria da Comunicação". Em um trabalho publicado em 2008, examinando o conteúdo dos mais de quinze livros com esse título, foi possível notar que apenas 23,5% das teorias citadas são reconhecidas como "teoria da comunicação" por todos os autores. O resto, 76,5% das ideias, é aceito como "teoria da comunicação" por um autor, mas não por outro. Definir "Teoria da Comunicação" depende muito do livro que se está lendo. Não escrevo como quem observa o campo "de fora", com a ilusão de ser o único indivíduo com visão objetiva. Ao contrário, é justamente como participante do jogo – e, portanto, compartilhando dúvidas e

---

2. BRYANT, J. & MIRON, D. "Theory and Research in Mass Communication". *Journal of Communication*, vol. 54, n. 4, dez./2004.

questionamentos a respeito da prática teórica e docente – que procuro discutir Teoria da Comunicação[3].

A ideia de "comunicação" é tão ampla que várias situações podem ser definidas sob esse conceito, do estudo de duas pessoas conversando, passando pela análise das condições econômicas de uma emissora de televisão, ou um estudo sobre blogs. Do latim *Communio*, "tornar comum", o conceito de "comunicação" significa ao mesmo tempo "transmitir" e "compartilhar", como lembra Venício Lima[4], partindo de uma definição de Raymond Williams[5]. Da conversa às redes digitais, há uma interação baseada na troca de signos e mensagens, na expressão elegante de George Gerbner[6].

Dessa maneira, começa a se delinear no horizonte a ideia de que Teoria da Comunicação é uma área que constrói seu objeto ressaltando o aspecto comunicativo de qualquer relação social, uma perspectiva que ocupa espaço na paisagem acadêmica por identificar a possibilidade de um objeto único e múltiplo ao mesmo tempo. Qualquer relação social se estrutura sobre ações recíprocas diversas, e há um componente de comunicação em todas elas. Destacar esse elemento e submetê-lo a uma análise parece definir a unidade plural da Teoria da Comunicação.

A pluralidade da disciplina

Essa pluralidade pode ser um problema quando se precisa apresentar um assunto e ninguém tem bem certeza do que se trata. Os limites da Teoria da Comunicação se estendem dos estudos sobre linguagem às fronteiras da teoria social, e seu objeto é igualmente grande. De certa maneira, o ponto comum é a preocupação de vários autores em pensar a realidade a partir das relações de comunicação ou, mais ainda, como as relações de comunicação podem se articular com as relações sociais. Assim, foram incluídos autores e escolas que, em sua interpretação da realidade, colocam em destaque os elementos de comunicação. Nesse sentido, de fato, à primeira vista seria possível quesitonar a inclusão de certos autores que não são, a rigor, da Teoria da Comunicação. Pode-se, no sentido oposto, questio-

---

3. MARTINO, L.M.S. "A ilusão teórica no campo da comunicação". *Revista Famecos*, n. 38, ago./2008.

4. LIMA, V. "Repensando as Teorias da Comunicação". In: MELO, J.M. (org.). *Teoria e pesquisa em comunicação*. São Paulo: Intercom/Cortez, 1983.

5. WILLIAMS, R. *Keywords*. Londres: Continuum, 1995.

6. GERBNER, G. "The stories we tell". *Peace Review*, 11:1, 1999, p. 9-15.

nar o que define um autor como pertencente ou não ao campo da Comunicação. Foram incluídos temas e autores que, se não estão diretamente ligados à mídia, auxiliam a pensar o contexto social tendo como elemento central relações de comunicação.

Como lembra Aijaz Ahmad em *In Theory*, "teoria é aquilo sobre o qual os estudiosos falam", ou seja, o que está em evidência dentro de uma área de estudos. Nomes, ideias e conceitos circulam o tempo todo, e este livro foi planejado para mostrar sobre o que se fala nos Estudos de Comunicação. Não é, portanto, exclusivamente um livro de Teoria da Mídia ou Teoria da Linguagem. Ao contrário, procura apresentar as contribuições desses campos na medida em que pensam as relações de comunicação como o principal elemento, a partir do qual há um trabalho de se compreender a realidade – uma Estética da Comunicação, em outras palavras[7].

Nesse sentido, os autores escolhidos nem sempre são da área de Comunicação, mas suas ideias foram amplamente utilizadas no estudo do tema e/ou dedicaram vários estudos ao assunto.

A medida principal de escolha para incluir ou não um determinado autor ou escola foi sua apropriação pelo campo da Comunicação. Se o livro pretende fornecer um repertório de conceitos, é esperado que os conceitos apresentados estejam entre os mais usados dentro do campo. Os estudos clássicos ganharam espaço na medida em que foram não apenas responsáveis por definir as linhas de estudo, mas também porque colocaram as principais perguntas, muitas delas ainda desafiando os pesquisadores.

Na teoria

Em linhas gerais, uma teoria é um conjunto de conceitos criados a partir da observação e estudo sistemático de um tema e que, aplicado, pode explicar alguns aspectos da realidade. Portanto, ao se falar em "Teoria da Comunicação", é necessário ter em mente que os conceitos apresentados auxiliam a pensar as relações sociais a partir da Comunicação.

Teorias se apresentam como conjunto de conceitos a partir dos quais é possível interpretar o mundo real. Assim como uma lente, uma teoria ajuda a ver aspectos da realidade nas entrelinhas do cotidiano. Nas Ciências Sociais, teorias são

---

7. MARTINO, L.S. Estética da comunicação. Petrópolis: Vozes, 2007.

complexos de ideias e conceitos criados a partir de pesquisas, estudos e análises dos eventos, que acontecem na realidade. Assim, uma teoria é sempre reflexiva: ela é criada a partir de pesquisas sobre os fatos reais e, mais tarde, auxilia na compreensão de acontecimentos semelhantes.

Nigel Gilbert, em *Researching Social Life*, propõe um modelo para mostrar como uma teoria funciona. A partir do estudo de dados obtidos a partir de observações e estudos concretos, é possível estabelecer algumas coincidências, tendências e padrões. Essas repetições levam à criação de alguma ideia geral a respeito do assunto, o conceito, isto é, um nome utilizado para definir de maneira sintética um determinado elemento da realidade[8].

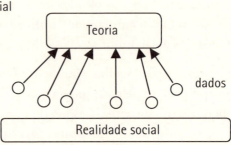

1. Construção de teorias a partir da realidade social

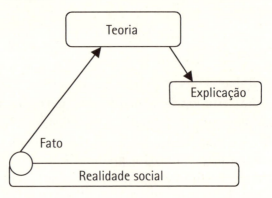

2. Uso de teoria como elemento reflexivo na explicação dos fatos

GILBERT, N. *Researching Social Life*. Londres: Sage, 2007, p. 28.

---

[8]. RUBIN, R. & RUBIN, B. *Communication Research*. Los Angeles: PromoBooks, 1996.

Gilbert mostra que os conceitos criados a partir da realidade são em seguida usados para explicar essa mesma realidade – é o momento em que a teoria se mostra útil para explicar alguma coisa, definir o modo de fazer ou mesmo, em alguns casos, apontar tendências futuras.

Uma discussão mais aprofundada sobre a ideia de "teoria" fica próxima de estudos sobre ciência, o que definitivamente está longe dos objetivos deste livro. Na pesquisa, Teoria da Comunicação tem um espaço distinto, mantendo o diálogo com outras disciplinas, mas mantendo seus limites visíveis. Vale a pena dedicar um minuto a esses limites.

Teoria da Comunicação como disciplina acadêmica

Ao lado de uma imensa produção teórica e acadêmica sobre Comunicação em geral e Jornalismo em particular, representada ao menos por dois dos principais congressos temáticos da área, a Compós e a Intercom, o chamado campo da Comunicação se mantém como uma área de reflexão autônoma, gerada pela confluência de pesquisas e experiências práticas. Atividades de pesquisa e ensino se articulam na engrenagem do campo da Comunicação, demonstrada na existência de uma contínua elaboração de livros, teses e artigos sobre o cotidiano da comunicação em suas vertentes práticas – Jornalismo, Publicidade, Relações Públicas, Rádio e TV, Cinema, Editoração e outras habilitações.

A pluralidade dessa produção, bem como a quantidade de trabalhos, cria sérias dificuldades para resumir tudo em um capítulo sobre Teoria da Comunicação no Brasil. Algumas obras têm procurado uma sistematização de todos esses estudos para mostrar os caminhos e tendências principais, mas não parece existir ainda um livro sobre o tema. Qualquer tentativa aqui seria leviana e, para evitar alguns acertos entre inúmeros erros e omissões, é preferível deixar o assunto para uma obra dedicada exclusivamente ao assunto.

Esse espaço acadêmico foi igualmente importante na seleção das partes deste livro. Algumas definições foram baseadas nos programas de Teoria da Comunicação desenvolvidos e aplicados por vários colegas, entre os quais é imperioso mencionar o trabalho de Laan Mendes de Barros e José Eugenio Menezes, bem como de Maria Teresa Santoro e Roberto Coelho, além dos estudos recentes a respeito do tema realizados por Luiz C. Martino e Venício Lima.

A versão inicial deste livro tinha três vezes o tamanho atual. No diálogo com o editor, com colegas e amigos, chegou-se a este tamanho. Mas não há, de maneira nenhuma, a ilusão de dar conta do assunto: mesmo no tamanho original, ou várias vezes maior, não seria possível dar conta do Campo da Comunicação, e essa pretensão nunca existiu.

O modelo deste livro é o panorama, não a miniatura. Olhando à distância, é possível que os detalhes se percam. O objetivo, no entanto, é apresentar o cenário, indicando as trilhas para outros inícios a partir da leitura.

AGRADECIMENTOS

Este livro é o resultado de leituras e diálogos que incentivaram a ir mais longe, mesmo quando isso implicava seguir caminhos diferentes. Professores, alunos e amigos estiveram na origem deste livro, geralmente migrando para a última categoria, em especial aos que estiveram diretamente ligados à direção de estudos acadêmicos:

Clóvis de Barros Filho mostrou os caminhos da vida acadêmica e de pesquisa. Seu apoio tem sido decisivo, tanto na vida acadêmica quanto em questões pessoais. Beatriz Muniz de Souza indicou como aliar rigor acadêmico com o incentivo e apoio à descoberta. Luiz Eduardo W. Wanderley, mais tarde, mostrou como fazer convergir ideias de várias origens de maneira coerente e elaborada.

Aos colegas, professores e interlocutores que, nos últimos anos, ouviram estas questões entre um café e outro. Citá-los nominalmente demandaria outro livro, e, portanto, entre a superficialidade da citação genérica e a injustiça da omissão, fico com a primeira, agradecendo aos vários amigos da Cásper Líbero, PUC/SP, Universidade São Judas, Cantareira e Metodista.

Os alunos? Claro, todos aqueles com quem foi possível conversar um minuto, em um café entre aulas, seminários, palestras e projetos experimentais. Este livro é deles, para eles.

***

Na Universidade de East Anglia, Reino Unido, cuja bolsa de estudos permitiu aproveitar o tempo para este trabalho, aos professores John Street, Lee Marsden, Heather Savigny e Sanna Inthorn, pelas ideias, comentários e discussões. E, sobretudo, pelos caminhos novos para serem trilhados na pesquisa acadêmica. Algumas questões práticas não seriam resolvidas sem o diálogo com a Professora Marion Houssart, junto com Padre John Shannon, os reverendos Neil Walker, da Igreja Batista, Darren Thorton, da Igreja Anglicana, e Salman Karim, muçulmano, pelas noções de compreensão e tolerância mostradas na prática. *Thanks!*

***

Questões sobre este livro, a vida, o universo e tudo o mais têm sido resolvidas com a ajuda de Daniel Barembein (nas dúvidas sobre mídia e política), Fábio Camarneiro (sobre cinema), Renata de Albuquerque (literatura), Ricardo Senise (música e cultura pop), e Thais Arantes (teoria política). Aos meus pais, Antonio Carlos e Vera Lúcia, pelo apoio logístico. À Anna Carolina Fagundes, que se tornou Anna Carolina Fagundes Martino na época em que este desafio foi proposto, pela leitura, ideias e comentários ao manuscrito.

Norwich, outono de 2008

Seção A

A produção da comunicação

I. A pesquisa norte-americana em comunicação

O ritmo com que os meios de comunicação ocuparam a vida cotidiana pegou de surpresa os pesquisadores no início do século 20. O crescimento das mídias não encontrava paralelos na história e alteravam a dinâmica da sociedade em diversos níveis, da tomada de decisões políticas até as relações de poder na hierarquia familiar. O jornal, o rádio e o cinema permitiam a uma mesma mensagem ser captada por milhões de pessoas ao mesmo tempo.

Após um primeiro momento de perplexidade, cientistas sociais, filósofos e psicólogos se debruçaram sobre a Comunicação para tentar explicá-la. Os meios de comunicação de massa alteravam a face do mundo e era hora de entender o que acontecia. Nesse cenário, os norte-americanos foram os primeiros a desenvolver pesquisas sobre mídia, conhecido como *Mass Communication Research*. É saudável compreender por que a pesquisa começou lá.

O cinema e a fotografia foram inventados na França. O rádio, na Itália. O jornal, ou pelo menos a imprensa, na Alemanha. Revistas e jornais de grande circulação existiam na Europa desde o século 17. No entanto, o desenvolvimento desses meios ocorreu em grande parte nos Estados Unidos. O público americano consumia imensas tiragens de jornais. Os leitores se convertiam rapidamente em ouvintes de rádio e espectadores de cinema. A demanda levou ao crescimento, e a produção americana de notícias e entretenimento se tornou rapidamente uma das maiores do mundo – provavelmente, por volta de 1910, já não havia concorrente direto de Hollywood em número de filmes produzidos.

Ao mesmo tempo, o uso dos meios de comunicação de massa na propaganda política e de guerra intrigava os pesquisadores: eram um poderoso instrumento político. A democracia encontrava algo com que se preocupar: mal usados, os meios de comunicação poderiam ser um caminho para o autoritarismo. Eram necessários resultados rápidos para explicar o que estava acontecendo e serem aplicados imediatamente. Como jornais podiam mudar o resultado de uma eleição? Como se formava a opinião pública? A liberdade de imprensa podia ser uma ameaça ao sistema democrático?

Não é por acaso que as primeiras escolas de comunicação também aparecem nos Estados Unidos, mais ou menos na mesma época. A Escola de Jornalismo da Universidade de Colúmbia foi fundada por George Pulitzer ainda no final do século 19. A mídia ganhava *status* acadêmico à medida que sua importância na vida social aumentava. Os pesquisadores norte-americanos podem não ter achado as respostas, mas formularam as questões certas. Isso evidentemente levou à criação de vários modelos teóricos desenvolvidos ao longo do século 20 para compreender as relações entre a comunicação e a sociedade.

1. Estereótipos, notícias e realidade: Walter Lippmann e *Opinião pública*

Dentre as tentativas de encontrar um ato fundador no discurso da Comunicação, é possível identificar *Opinião pública*, de Walter Lippmann. Publicado em 1922, foi um dos primeiros estudos dedicados à compreensão dos meios de comunicação na sociedade. Escrito por um profissional da área – Lippmann era jornalista –, tornou-se um clássico de imediato.

Ele parte do princípio de que os meios de comunicação são responsáveis pela articulação entre as diferentes partes da sociedade. No entanto, essa articulação não apenas é desigual como também pode causar efeitos indesejados e imprevistos no ambiente social. Conhecer os efeitos da mídia na sociedade é uma maneira de proteger a democracia de qualquer efeito colateral.

O autor enquadra os diversos elementos da relação entre mídia e sociedade em referências vinculadas à Sociologia do Conhecimento. A seleção de notícias feita pelos jornais é responsável por definir o que as pessoas saberão a respeito da realidade. Por outro lado, essa seleção é feita por conta da própria rotina do jornalismo e nem sempre significa manipulação. Essas duas ideias seriam responsáveis por estimular inúmeras outras pesquisas.

Estereótipos e seleção de notícias

Em *Opinião pública*, destaca a atividade da mídia no sentido de criar os estereótipos vigentes em uma sociedade. Para o autor, esse elemento se relaciona com sua concepção do sentido de seletividade na produção da mídia.

Notícias são criadas a partir de uma série praticamente infinita de seleções e escolhas efetuadas pelos profissionais. Ao presenciar um fato, o jornalista toma uma série de decisões – desde as palavras a empregar até quais aspectos destacar do conjunto de acontecimentos – e transforma isso em uma notícia. A partir do momento em que alguns detalhes são acentuados e outros não, a notícia se torna o veículo de uma representação específica da realidade – não uma distorção deliberada, mas uma necessidade prática.

Nem todos os repórteres do mundo juntos conseguiriam descrever completamente uma situação, recorda Lippmann. No entanto, a notícia fixa alguns elementos que, no momento da publicação, ganham força devido à sua divulgação. Esses elementos se tornam *a* representação da situação, deixando de lado qualquer imagem mais complexa ou sutil. A parte tomada como o todo: aos olhos de Lippmann, esse parece ser o ponto de conexão entre a mídia e a criação de estereótipos.

Algumas características dos estereótipos

Estereótipos são imagens mentais criadas pelo indivíduo a partir da abstração de traços comuns a um evento previamente vivido. A partir da experiência com alguma pessoa ou ambiente constrói-se um estereótipo ou representação que permite identificar situações semelhantes – e aplicar a elas a representação anterior. Os traços comuns da experiência anterior são mantidos na memória e comparados com os da experiência atual, garantindo a identificação. Nesse sentido, o estereótipo é um conhecimento imediato e superficial, ganhando em tempo o que perde em profundidade. Essa representação, quando utilizada por um grande número de pessoas, tende a ganhar *status* de verdade.

De acordo com Lippmann, a repetição de um ato cria as condições para se interpretar a realidade com mais rapidez em uma próxima vez. Na ocasião seguinte será possível identificar com mais velocidade a situação. O resultado facilita as relações sociais, bem como a vida em sociedade – os estereótipos explicam o que está diante dos olhos, permitindo formulação rápida de estratégias de ação em uma situação. A ausência de estereótipos implicaria um gasto considerável de tempo até a compreensão dos acontecimentos.

Quando uma pessoa vê outra se aproximando em um lugar deserto, de noite, com um canivete na mão e olhando feio, não precisa pensar muito para entender o que vai acontecer: o estereótipo "assalto" vem à mente. Sem estereótipos, ela veria a pessoa armada e se perguntaria: "O que será que ela quer?", com evidente prejuízo.

Nesse sentido, a ideia de um olhar puro é impossível: seria também um olhar sem sentido. O estereótipo não é uma representação errada, mas uma caricatura. Tem sentido positivo desde que se esteja consciente dessas limitações. Quando a representação toma o lugar do representado, o estereótipo ganha a força de dogma e se converte em preconceito.

No entanto, estereótipos tendem a se autodesconstruir a partir de sua própria representação. Um estereótipo não resiste ao contato com a realidade em um nível mais profundo – exceto quando se encaixa à força o que está diante dos olhos em uma representação prévia.

O que transforma *Opinião pública* em um clássico dos estudos de comunicação é seu conceito bastante elaborado de uma Teoria da Comunicação em suas relações com a sociedade – não como simples projeção de valores ou ideias, mas igualmente a partir da perspectiva de uma articulação do conhecimento na sociedade em vários níveis.

Referência

LIPMANN, W. *Opinião pública*. Petrópolis: Vozes, 2008.

2. Os modelos teóricos de comunicação

Um dos resultados práticos da *mass communication research* é a criação de modelos teóricos de análise da comunicação. Um modelo é uma representação visual do relacionamento entre os elementos de um determinado processo. Os modelos de comunicação são criados a partir de dados específicos e atuam como um retrato analítico de uma situação. O modelo permite ao pesquisador ter uma imagem nítida dos dados e variáveis observadas. Os dados concretos obtidos nas análises de conteúdo ou nas pesquisas etnográficas permitem a elaboração de tabelas, gráficos, diagramas e, finalmente, modelos teóricos.

A principal e mais justificada crítica ao uso de modelos é o seu limitado alcance teórico. Modelos geralmente retratam uma situação restrita no tempo e no espaço; ao se tentar uma articulação em termos mais amplos, geralmente acabam engessando as pesquisas posteriores. Têm sua validade e importância, mas tentativas de aplicação a qualquer custo nos dados posteriores oferece problemas a quem pesquisa. Afinal, a realidade não se parece muito com gráficos e diagramas.

3. O modelo de Lasswell

Não é de estranhar, com base nas preocupações políticas dos primeiros estudos de mídia, que um dos principais teóricos da comunicação tenha sido um dos cientistas políticos mais importantes da primeira metade do século 20 nos Estados Unidos. Um dos primeiros modelos para o estudo da Comunicação foi proposto por Harold D. Lasswell em 1948. Seu texto "A estrutura e a função da comunicação da sociedade" se mantém como um dos clássicos da Comunicação.

Lasswell procurou um modelo teórico, tomando como ponto de partida estudos sobre mídia e política. Ele foi um dos primeiros a se interessar pelos potenciais da comunicação na criação e/ou mudança de atitudes e opinião, percebendo que o estudo da política passava pela mídia, e elementos da comunicação ganharam mais e mais espaço em seus estudos.

A estrutura e a função da comunicação na sociedade

A análise de Lasswell sobre a comunicação política o levou à elaboração de um modelo teórico geral da Comunicação, exposto em um artigo de 1948. O modelo procura dar conta de uma articulação linear entre os vários elementos de uma interação. Lasswell desenvolve sua concepção a partir de uma ampliação do modelo de comunicação de Aristóteles (Emissor – Mensagem – Receptor) exposto na *Arte retórica*.

A partir daí, Lasswell formula sua hipótese: "Uma maneira de estudar o processo de comunicação é perguntar 'Quem'; 'Diz o quê'; 'Em que canal'; 'Para quem'; 'Com que efeito'". Lasswell desmonta a comunicação em partes simples, relacionando o estudo de cada uma delas com uma proposta específica de comunicação: ao "quem" corresponde um estudo de produção; "diz o quê", volta-se para a análise de conteúdo; "em que canal", focaliza o estudo na mídia; "para quem", pesquisa a audiência e "com que efeitos" o que acontece com a audiência diante da mensagem.

O modelo de Lasswell

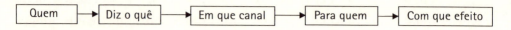

Focos de estudo e tipos de análise:

LASSWELL, H.D. "The structure and function of communication in society".
In: SCHRAMM, W. *The process and effects of Mass Communication*. Urbana: University of Illinois Press, 1957.

O modelo de Lasswell se tornou a base para uma dezena de outros, seja *apesar* de sua simplicidade ou *por conta* de sua simplicidade. Alguns parágrafos depois, Lasswell especifica as funções da comunicação na sociedade. Ele entende que a comunicação tem uma *função*, isto é, *faz alguma coisa* com a sociedade. O princípio geral das funções identificadas por Lasswell é uma concepção da mídia como o agente articulador da sociedade. Na prática são três:

a) Articulação das partes com o todo

A mídia é o canal por onde o conhecimento e as informações circulam pela sociedade. A integração entre diversas instituições sociais acontece a partir do fluxo de informações gerado e distribuído pelos meios de comunicação. Lasswell usa o sistema nervoso do corpo humano como uma metáfora da ação da mídia – os meios de comunicação seriam como as linhas de informação do organismo social, levando as mensagens de um lugar para outro – e para o controle central – como as células nervosas transmitem informações dentro do corpo.

Em uma empresa, por exemplo, a tarefa de uma *newsletter* na ótica de Lasswell seria garantir a interação entre os diversos setores. Assim, cada um estaria provido de informações suficientes a respeito dos outros para agir de maneira integrada e garantir o funcionamento do todo. Essa função liga-se diretamente à segunda.

b) Vigilância sobre o meio

Quando algo está errado no organismo, células mandam as informações para o sistema nervoso central, que organiza uma maneira de identificar e solucionar o problema. Lasswell entende que a mídia faz algo parecido. Ao transmitir informações das partes para o controle central, os meios de comunicação garantem a vigilância do centro sobre os componentes, evitando elementos hostis, assim como as células brancas eliminam os corpos estranhos. O pesquisador norte-americano diz que o consenso é a base da democracia, e qualquer conflito deve ser resolvido dentro das regras do jogo democrático, sem rupturas ou quebras. A sobrevivência do regime democrático é assegurada por uma comunicação política montada para garantir a manutenção das ligações entre parte/todo.

c) Transmissão da herança social

A terceira função da comunicação na sociedade apresenta uma mudança de nível. Os meios de comunicação seriam responsáveis por garantir a continuidade do sistema a partir da transmissão dos conhecimentos e valores de uma geração para as seguintes. A ideia de "herança social" está ligada à transmissão dos significados culturais, das práticas e concepções de mundo entre as gerações.

Um rápido olhar pela cultura de massa norte-americana desvela algumas dessas práticas. Há um episódio do *Snoopy* que focaliza o Dia de Ação de Graças, feriado norte-americano que celebra a chegada dos primeiros europeus à América do Norte. Esse episódio usa as personagens – Charlie Brown, Linus, Sally, Lucy, Snoopy – para representar a história. O heroísmo dos pioneiros europeus nos Estados Unidos (índios são brevemente mencionados) é ressaltado o tempo todo. Há episódios semelhantes retratando as práticas da Páscoa, do Dia dos Namorados (Valentine's Day) e do Natal. Em todos eles, práticas são apresentadas como comportamentos a serem compreendidos e reproduzidos.

Desenvolvimentos posteriores

O modelo de Lasswell teve o mérito de ser o primeiro dirigido especificamente para a comunicação, auxiliando no estabelecimento de um campo autônomo de estudos. Os limites e as aplicações do modelo nos anos posteriores contribuíram para a consolidação de uma área de estudos específica, voltada para a compreensão da mídia como uma instituição central na sociedade.

O texto fundamental

LASSWELL, H. Estrutura e função da comunicação na sociedade. In: COHN, G. *Comunicação e indústria cultural*. São Paulo: Pioneira, 1972, p. 105-117.

4. O modelo de Osgood e Schramm

Um dos primeiros modelos alternativo à fórmula de Lasswell foi formulado por Charles Osgood e Wilbur Schramm em 1954. Para eles, o modelo linear Emissor – Mensagem – Receptor tinha como desvantagem deixar de lado um dos aspectos fundamentais de todo processo comunicativo: a possibilidade de uma reformulação da mensagem e uma resposta pelo receptor.

Em alguns casos, esse elemento não apenas é parte integrante do processo como, em outros momentos, podem definir a forma e o conteúdo da relação comunicativa. O modelo de Osgood e Schramm tem como premissa a circularidade dos processos de comunicação, partindo do princípio de que a recepção e a resposta sempre existem, embora em níveis diversos. É não reagir a uma comunicação. Desse modo, a premissa de um modelo linear precisava ser complementada ou mesmo modificada para incluir em si o espaço para a resposta.

O modelo de Osgood e Schramm

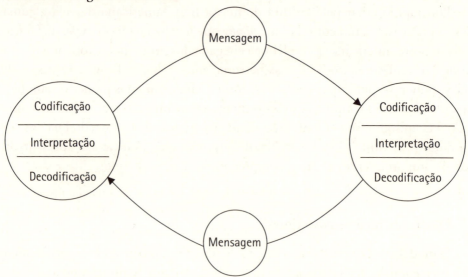

SCHRAMM, W. "How communication works". In: SCHRAMM, W. *The process and effects of Mass Communication*. Urbana: University of Illinois, 1954.

A ideia de *interação* é fundamental no modelo de Osgood e Schramm. Os autores trabalham com a percepção da comunicação em termos interpessoais – o emissor/receptor passa a ser mais um "momento" do que propriamente uma pessoa: qualquer um pode enviar ou receber uma mensagem sem necessariamente se situar em um ou outro lugar do processo de maneira permanente. Desse modo, há uma passagem da linearidade para a circularidade do processo comunicativo.

É necessário destacar igualmente o espaço dado pelos autores a uma atividade até então escondida em outros modelos. Osgood e Schramm enfatizam a existência de uma atividade de "interpretação" agindo ao mesmo tempo na codificação e na decodificação. Isso significa que uma mensagem é sempre reconstruída, tanto por quem emite quanto por quem recebe. Não existe uma mensagem pura, digamos, desvinculada das pessoas ou elementos vinculados a ela. Na prática, isso significa que dizer "eu entendi" durante uma conversa significa, no máximo, conseguir se aproximar do significado geral do que foi dito. O modelo de Osgood e Schramm é de certa maneira uma resposta ao modelo de Lasswell. Eles dão prioridade à noção de que comunicação é sobretudo interação, e não existe limite, começo ou fim, para essa relação. E mostraram que não se pode pensar em transmitir diretamente uma mensagem: como em um telefone sem fio, a mensagem será sempre modificada cada vez que for (re)transmitida por alguém.

Um texto

SCHRAMM. *Comunicação de massa e desenvolvimento*. Rio de Janeiro: Bloch, 1976.

5. As funções da mídia em Merton e Lazarsfeld

Escrevendo em 1948, e, portanto, ainda sob as ruínas da Segunda Guerra Mundial, Robert Merton e Paul Lazarsfeld levaram adiante, não sem algumas críticas, a posição de Lasswell a respeito das funções da Comunicação na sociedade. Seu texto "Comunicação de massa, gosto popular e ação social organizada" reflete e, de certa maneira, resume várias das preocupações da época a respeito dos meios de comunicação. Algumas das questões permanecem atuais, o que justifica um exame dessas ideias. Em linhas gerais, Merton e Lazarsfeld perguntam qual é a extensão do poder da mídia na sociedade partindo do princípio de que não é possível deixar de ver as transformações provocadas pelos meios em todos os universos sociais.

O foco dos pesquisadores é dirigido especialmente para as transformações da cultura e o nascimento de um tipo de divertimento popular de massa criado pela mídia para entretenimento de um grande número de pessoas. Produto direto dos meios de comunicação, a cultura de massa ganhava espaço cada vez maior na sociedade e era vista com crescente desconfiança por vários pesquisadores. Merton e Lazarsfeld viam preocupados o que entendiam como uma substituição, no gosto popular, de uma cultura autêntica – seja lá o que isso queira dizer – por uma cultura-padrão criada e divulgada pela mídia.

A partir da observação do comportamento do público em relação aos novos meios, Merton e Lazarsfeld identificaram três principais funções da mídia na sociedade: de fato, para eles, a mídia tem a capacidade de jogar com a sociedade, de provocar transformações e efeitos tanto maiores quanto maiores forem os vínculos com essa cultura.

Uma mudança negativa, conforme é possível ler nas entrelinhas: Merton e Lazarsfeld mostram uma certa nostalgia de um tempo anterior à comunicação de massa como uma época melhor, algo bastante questionável.

a) A função de conferir e garantir *status*

Em uma inteligente antecipação dos estudos sobre mídia e realidade, Merton e Lazarsfeld acreditam que mídia tem a função de definir o que é importante dentro da sociedade, relegando o resto ao esquecimento. Os meios dão valor a alguns assuntos, temas e pessoas, em detrimento de outros, tornando-os importantes, aumentando seu prestígio e visibilidade. Isso, de certa maneira, legitima a situação. De acordo com eles, o simples fato de estar na mídia é suficiente para tornar algo – ou alguém – importante. Assim, a mídia adota uma perspectiva circular: quem está na mídia é importante por estar na mídia. Em tempos de eventos instantâneos e celebridades criadas da noite para o dia, a intuição de Merton e Lazarsfeld se mostra atual.

b) A função de reforço das normas sociais

Em uma referência às funções da comunicação apontadas por Lasswell, Merton e Lazarsfeld sugerem que a mídia reforça os padrões de comportamento tidos como certos dentro de uma sociedade na medida em que transforma esse padrão em referência, vista por milhões de pessoas, e, portanto, ganhando *status* de verdade dentro do mundo social. O resultado é a criação de uma espécie de controle sobre o indivíduo. As pessoas passam a ser julgadas e pensadas em relação às categorias apresentadas nos meios de comunicação. As atitudes e comportamentos mostrados nas telas do cinema e da televisão, para Merton e Lazarsfeld, ganham força de verdade junto ao público, e tendem a ser vistos como uma nova forma de controle e coerção sobre o indivíduo.

c) A disfunção narcotizante

A terceira função da mídia é mencionada como uma "disfunção", algo errado, atribuído à mídia. Não se trata, como nas duas anteriores, de algo que os meios de comunicação voluntária e necessariamente fazem com a sociedade, mas uma espécie de efeito colateral, um erro cometido pela mídia. A ideia de "narcótico" é usada pelos autores para definir esse efeito de distração. A mídia poderia, segundo eles, atuar como uma espécie de droga para deixar a sociedade menos atenta ao que se passa ao redor e, dessa maneira, forçar situações ou impor uma opinião.

Embora hoje em dia essa posição possa ser vista como resultado de um certo exagero, vale lembrar que uma das principais críticas à mídia é a transformação de assuntos sérios em entretenimento, o infotenimento (cf. p. 166). Quando se acusa o infotenimento de distrair a atenção do público dos assuntos sérios, a crítica está ligada diretamente ao argumento dos autores americanos.

A atualidade do texto de Merton e Lazarsfeld se justifica pelas questões propostas, válidas até hoje, mas sobretudo pela lucidez com que identificaram alguns problemas dos meios de comunicação. Se o modelo pode ser criticado por não mencionar o receptor – a ideia de resistência a essas funções não aparece no texto – como parte ativa no processo de comunicação, por outro lado colocou questões a respeito da mídia que são válidas como uma maneira de pensar as relações da comunicação com a sociedade. Para além das funções, próximo do cotidiano.

O texto-base

MERTON, R. & LAZARSFELD, P. "Comunicação de massa, gosto popular e estrutura social organizada". In: COHN, G. *Comunicação e indústria cultural*. São Paulo: Pioneira, 1971.

6. O modelo em espiral de Dance

Enquanto uma parte considerável dos modelos procura estabelecer um retrato da comunicação, alguns sublinham a dinâmica do acontecimento na duração. O primeiro modelo a levar em conta como o tempo transforma as relações de comunicação foi criado por Frank Dance em 1967. Não existe, para ele, uma comunicação estática: ela está sempre se movendo no sentido do tempo. A estrutura de uma relação de comunicação tende a se alterar de acordo com a sequência de emissor-mensagem-receptor.

Imagine-se, por exemplo, uma conversa. As falas de cada interlocutor ao mesmo tempo alteram e são alteradas pelas do outro. Não apenas a pergunta é alterada pela resposta, mas a cada frase os interlocutores estão diferentes do que estavam no momento anterior. Cada fala, em uma conversa, coloca em jogo uma série de informações até então desconhecidas, seja de maneira deliberada ou não. A comunicação demanda tempo: em um nível mínimo de complexidade, as palavras de uma frase necessariamente são usadas umas depois das outras. Mesmo navegando em um site, na comunicação não linear, a pessoa *acessa* novas informações umas depois das outras – no tempo, portanto.

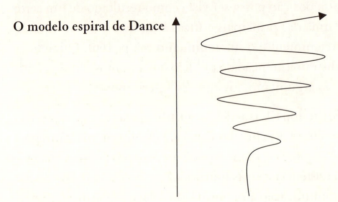

O modelo espiral de Dance

DANCE, F.E.X. "A helical model of communication". In: DANCE, F.E.X. *Human Communication Theory*. Nova York: Holt, Rinehart e Winston, 1967.

Em uma situação de comunicação, a sucessão dos momentos é um dos fatores decisivos. O modelo de Dance pode explicar tanto situações de interação pessoal quanto a recepção a um meio de comunicação de massa – nos dois casos, há uma alteração decorrente do intervalo de tempo decorrente entre as partes do processo.

Ele não foi mais longe em seu modelo nem procurou estabelecer padrões mais práticos de sua proposta teórica. No entanto, o mérito está em mostrar como a comunicação se transforma de acordo com o tempo decorrido entre emissão, recepção e resposta – em menos de dez anos, alguns dos modelos mais influentes encontrariam nessas pesquisas um ponto de partida.

O texto principal

DANCE, F.X. *Teoria da Comunicação Humana*. São Paulo: Cultrix, 1975.

7. O modelo geral de comunicação de Gerbner

Uma outra resposta ao modelo de Lasswell foi desenvolvida pelo pesquisador norte-americano George Gerbner em 1956. Sua análise está vinculada a uma concepção dinâmica da articulação entre informações. O esquema de Gerbner tem a vantagem de pensar a comunicação como uma série de módulos.

De acordo com o autor, o processo de comunicação se explica nos seguintes termos: "alguém percebe um evento e reage a essa situação através dos meios disponíveis, criando um produto, em uma forma e dentro de um contexto, conduzindo o conteúdo com alguma consequência".

A imprecisão – "alguém", "alguma" – está diretamente relacionada à tentativa de criar um modelo geral que pudesse ser aplicado a várias situações. Gerbner enfatiza a dimensão ao mesmo tempo perceptiva e produtora na comunicação: a ideia de uma "mídia", como "algo que está no meio", parece se delinear em sua perspectiva. Quem comunica trabalha com significados já existentes para criar uma mensagem nova.

De acordo com Gerbner, seres humanos vivem em uma espécie de ilusão: pensamos que damos conta de falar sobre tudo ou de entender a totalidade das coisas. No entanto, o que percebemos é apenas uma parte limitada, uma espécie de resumo da realidade – seu modelo explica como esse resumo é formado.

Em sua representação gráfica, um evento (E) é percebido por algo ou alguém (M). Essa percepção, isto é, a relação entre a realidade e o indivíduo que percebe, é necessariamente transformada por ao menos três fatores: uma seleção do conjunto de fatos, o contexto onde transcorre a comunicação e a disponibilidade das mensagens. Esses elementos fazem com que exista uma diferença entre o evento real (E) e o evento percebido por (M), que Gerbner denomina (E1). Essa parte é a dimensão perceptiva do modelo.

A parte produtiva tem início no momento em que (M) transmite sua mensagem. Sua mensagem será criada a partir de (E1), isto é, a *sua* dimensão perceptiva do evento. No entanto, é necessário transformar essa percepção em uma mensagem. Isso demanda a existência de uma forma (F) e um conteúdo (C). Esse sistema (FC) será transmitido a partir de um determinado canal ou mídia, controlado por (M). Essa mensagem, por sua vez, será percebida por outro indivíduo como uma mensagem (FC1) e assim por diante.

O modelo geral da comunicação de Gerbner

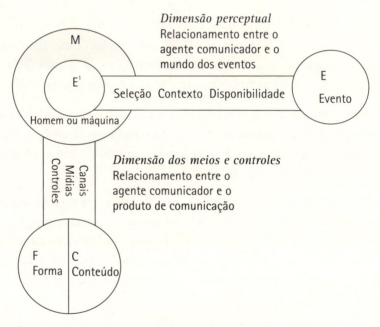

GERBNER, G. "Towards a general model of communication". *Audio-visual Communication Review*, 4, p. 171-199.

Os fatores que implicam a seleção de um evento (E) por algo ou alguém (M) são um ponto de flutuação nos elementos vinculados ao processo de produção da mensagem – o sistema, para Gerbner, é aberto: apesar da existência de um fator estímulo-resposta nas relações entre o evento e o agente, os resultados desse estímulo não são diretos e tendem a constituir um fator importante na construção de uma mensagem. O modelo de Gerbner mostra que há sempre uma transformação entre o evento original e a mensagem. *Entender* alguma coisa é, no máximo, chegar perto do significado – a realidade estará sempre escondida além dos limites da comunicação.

Texto principal

GERBNER, G. "Um modelo de comunicação". In: DANCE, F.X. *Teoria da Comunicação Humana*. São Paulo: Cultrix, 1973.

8. Os estudos de *Newsmaking*

Várias das principais teorias sobre a mídia foram desenvolvidas na tentativa de compreender as transformações de um fato, do momento em que acontece até o instante em que atinge as páginas de um jornal ou a tela da televisão. A principal ideia desses estudos é de que os meios de comunicação retratam os eventos reais de acordo com suas próprias práticas, códigos e modelos. Como resultado, o que é impresso ou transmitido não é mais o evento real, mas um novo, adaptado/criado pela mídia para suprir suas próprias necessidades. Assim, vivemos em dois mundos – o mundo real e o mundo da mídia. A fronteira entre eles não é fácil de identificar: a maneira como a mídia apresenta um evento tende a torná-lo "real" para um grande número de pessoas.

Os estudos de produção de notícias, o *newsmaking*, dedicam-se a identificar os caminhos e regras usados pelos meios de comunicação para enquadrar, isto é, organizar, um determinado evento. Em outras palavras, como a mídia conta uma história. A maneira como uma história é relatada lhe dá um determinado sentido, e fornece ao leitor/telespectador algumas direções de como a mensagem deve ser entendida.

As escolhas feitas pelo jornalista quando escreve uma notícia vão mudar, em algum grau, o jeito como os leitores vão entendê-la. Para o leitor, a compreensão de uma notícia depende em grande medida da forma como a informação é apresentada e, além disso, como a informação a respeito do assunto tem sido previamente organizada. Há uma óbvia assimetria entre o número infinito de eventos reais e o espaço restrito de um jornal ou um programa de televisão. O profissional de comunicação aplica a essa realidade seu olhar, treinado na prática, para decidir o que vale a pena ser usado e o que deve ser deixado de lado.

Esse tipo de tomada de decisão acontece o tempo todo em qualquer empresa de comunicação como parte da atividade profissional e não significa manipulação ou distorção deliberada dos acontecimentos. Selecionando fatos, a mídia igualmente lhes dá um novo significado à medida que esse evento é recontextualizado e transformado.

Vale a pena notar que os profissionais de comunicação não estão sempre conscientes desse procedimento. Vários estudos mostram uma tendência dos profissionais em diminuir a importância dessas escolhas, como se fossem absolutamente óbvias e inevitáveis. Negar esses aspectos arbitrários da escolha ironicamente reforça o argumento de que as estruturas de conhecimento usadas por uma pessoa são invisíveis para ela mesma, aparecendo como "natural".

Na prática, esse procedimento é constantemente desafiado por questões de tempo e espaço: nem sempre o jornalista consegue falar com a fonte diretamente; às vezes só existem fontes de segunda mão, em particular assessores de imprensa e *press-releases*. E o repórter tem que obedecer ao fechamento: a edição não pode atrasar. As redações têm cada vez menos repórteres, cada um com várias pautas. O tempo é restrito e a apuração no local é reservada a eventos mais importantes. O restante é feito por telefone ou e-mail, quando não via *Google* ou outro site de busca, esses novos padroeiros do jornalismo.

Como resultado, o contato com as fontes de informação pode ser visto como uma mistura de talento, sorte e oportunidade. É o primeiro ponto de seleção de notícias na medida em que tudo começa com a informação recolhida pelo jornalista. O número de fontes entrevistadas não é a garantia de uma notícia bem escrita, mas quanto mais fontes, maior o número de versões que podem ser contrastadas. A descrição dos entrevistados é o passo seguinte na construção do sentido. Afinal, a autoridade de uma declaração não decorre unicamente do *que* é dito, mas também de *quem* diz: a credibilidade da fonte é uma parte fundamental do processo de criação de notícias. A descrição da fonte contribui igualmente como uma indicação implícita de como ler a próxima informação.

Isso esconde o processo de edição realizado pelo profissional ao selecionar, do montante de declarações dadas pela fonte, o que será utilizado no produto final – seja uma notícia, um programa de TV ou um documentário. As várias vozes na notícia são colocadas juntas – ou lideradas – pela voz do jornalista, responsável por dar o lugar para as outras vozes, reservando-lhes mais ou menos espaço, coordenando todos os textos dentro da notícia para transformar isso em um todo coerente – em uma palavra, significado.

Notícias são o resultado de várias escolhas e seleções feitas por jornalistas, editores e empresas de comunicação a respeito de como um fato deve ser transformado em um texto. Da mesma maneira, desconstruir o discurso jornalístico pode ser entendido como um esforço para identificar as várias vozes *dentro* da notícia.

É o que a pesquisadora Gaye Tuchman define como "ritual estratégico" que diminui a responsabilidade do jornalista, de um lado, e lhe dá permissão mínima para mudar o que for necessário sob a capa da objetividade, criada pela contínua menção às fontes ou aos fatos em si. A análise dos processos de produção da notícia proveem vários métodos para desmantelar essa ação estratégica.

Finalmente, o último item pensado na desconstrução de notícias é também provavelmente o mais rápido e influente no público, a manchete. A literatura acadêmica e prática sobre jornalismo explica que o título de uma notícia deve mostrar a principal informação de maneira rápida, curta e simples. A manchete deve concentrar o máximo de dados em um mínimo de espaço, ressaltando o evento principal. Para os profissionais, na prática, o "evento principal" é tomado como um dado natural, autoevidente.

O estudo da produção de notícias, no entanto, mostra como é possível desmontar essa posição e observar que as manchetes sobre o mesmo tema, publicadas em jornais diferentes, criam imagens completamente diferentes da mesma situação. Qualquer tentativa de desconstruir a linguagem das notícias se depara, entre outras questões, com a intrínseca polifonia – isto é, a existência de várias vozes – do discurso jornalístico.

Escrever uma notícia significa, na maior parte do tempo, um esforço para coordenar informações de várias fontes, às vezes contraditórias, em uma escrita compreensível para o leitor. Isto é, reduzir a complexidade dos vários eventos em um texto simples e legível, com limites claros de tamanho, tempo de criação e dificuldade.

Os estudos de produção de notícias: o *gatekeeper*

Em 1950, o pesquisador norte-americano David M. White realizou o primeiro estudo a respeito da seleção de notícias. White partiu de uma ideia do psicólogo social Kurt Lewin a respeito de como pessoas selecionam o que é consumido no ambiente doméstico. A dinâmica é regulada pelo que ele denominou *gatekeeper*, o "guarda do portão", pessoa responsável por definir o que pode ou não entrar em um grupo.

A aplicação dessa ideia à seleção de notícias levou White a formular a ideia da existência de um *gatekeeper*, ou "guarda do portão", responsável por selecionar o que entraria no jornal. O resultado foi um estudo de caso sobre a seleção de informações feita por um *gatekeeper* em um jornal de província, com base nas notícias enviadas via telégrafo pelas agências de notícia internacionais.

O *gatekeeper* de White é descrito como um "homem de 40 anos, com 25 de profissão". Afirmando que o "conjunto de experiências" rege suas ações, o autor deixa clara a responsabilidade de um conhecimento prático prévio para a definição das notícias. O modelo de White reforça a ideia da seleção temática e da arbitrariedade do discurso das notícias e a assimetria entre as notícias possíveis e as publicadas. Da quantidade de fatos apurados, apenas uma parte será efetivamente transformada em texto. O resto será dispensado como "irrelevante" durante o processo de edição.

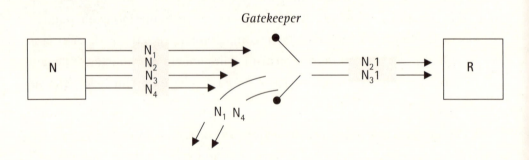

N = Fontes de Notícia

N_1, N_2, N_3, N_4 = Fatos potenciais geradores de notícia

$N_2 1, N_3 1$ = Fatos selecionados

N_1, N_4 = Fatos descartados

R = Público receptor

Vários estudos deram continuidade ao trabalho de White. Outro modelo de estudos foi proposto por Thomas McNelly em 1959. Ele mostrou a existência de vários *gatekeepers*, cada um transformando novamente a informação na seleção das notícias.

Um dos modelos mais influentes sobre critérios de seleção e valoração das notícias – *newsworthness*, ou "valor-notícia", em português – foi estabelecido em 1965 pelos noruegueses J. Galtung e M. Ruge. Eles partem do princípio de que a ação dos *gatekeepers* é orientada por critérios de valores-notícia e pelas dinâmicas internas do campo da comunicação ou do jornalismo. Analisando o comportamento da imprensa na cobertura de crises políticas de Cuba em 1960 e do Congo em 1964, eles chegaram a 12 critérios práticos para a transformação de um fato em notícia. O modelo mostra a transformação de eventos em imagens criadas na mídia:

GALTUNG, J. & RUGE, M.H. "The structure of foreign news". *Journal of Peace Research*, 2, 1965, p. 64-90.

Há quatro componentes no modelo:

- Os eventos cotidianos
- A percepção que a mídia tem do evento
- Doze fatores de seleção
- A imagem do mundo criada pela mídia

1) *Frequência ou momento do acontecimento*: quanto mais próximo um fato estiver da realidade imediata, maior a chance de ser transformado em notícia. A natureza dos fatos está ligada aos critérios de tempo de publicação. Diários tendem a tratar de fatos mais específicos do que uma revista mensal.

2) *Magnitude do acontecimento*: quanto mais importante um acontecimento, em particular o número de pessoas que ele influencia, maior a chance de pu-

blicação. Uma decisão política em uma cidade do interior terá menos chance de ser pautada do que uma decisão do presidente da República em um jornal de circulação nacional.

3) *Clareza*: quanto mais claro e simples de compreender um acontecimento, maior a chance de publicação.

4) *Significação*: um acontecimento será noticiado não só pela proximidade geográfica, mas também pela relevância e proximidade cultural.

5) *A correspondência ou consonância*: um evento planejado e esperado tem mais chance de se tornar notícia do que outro, de mesma característica, que não tenha sido previamente informado para a mídia. Feriados, celebrações nacionais, eventos organizados por assessorias de comunicação e produtoras entram nesse critério, bem como a suíte de um acontecimento prévio.

6) *O inesperado*: paradoxalmente, um fato raro ou inesperado também tem grande possibilidade de ser pautado. Não é uma contradição do critério anterior, na medida em que se trata de eventos de gênero diverso. Eventos planejados para a mídia ou longamente esperados tendem a ser pautados (item 5), mas a novidade de um fato de outra natureza é igualmente valorizada.

7) *Continuidade*: um tema conhecido tem mais chances de continuar no noticiário do que outro, de mesmo teor, mas inédito.

8) *Composição*: uma notícia pode ser selecionada em razão do conjunto de notícias do veículo. Em uma primeira página com diversas chamadas sobre política, uma matéria de economia, mesmo que mais fraca, tem mais chances de ser veiculada como uma espécie de contraponto às outras.

9) *Notícias sobre o Primeiro Mundo*. Dadas as complexas relações econômico-sociais das fronteiras norte-sul, os países ditos "desenvolvidos" ocupam um lugar maior na mídia. Basta comparar quantas notícias há sobre os Estados Unidos em relação às sobre a América Latina.

10) *Reportagens sobre as elites*. Celebridades locais ou mundiais, em qualquer área, têm maiores chances de serem pautadas.

11) *Personalização*: o chamado "interesse humano" do acontecimento é levado em consideração na hora de escolher qual notícia será publicada.

12) *O negativo*: notícias ruins tendem a ganhar mais espaço do que notícias boas.

O modelo de Galtung e Ruge passou por diversas revisões nos anos seguintes, dando conta das inúmeras mudanças, tanto na mídia quanto na sociedade, que se seguiram ao trabalho de ambos. Vários outros modelos de *gatekeeper* foram desenvolvidos, incluindo fatores que haviam ficado de fora do esquema anterior – o interesse do profissional em abordar este ou outro assunto, a competição entre os profissionais, bem como entre as empresas de comunicação, além de questões políticas referentes à distorção sistemática de fatos para caber em uma agenda político-partidária.

Allan Bell, em *The language of news media*, acrescenta aos critérios de seleção do *gatekeeper* alguns elementos institucionais. Nas suas palavras, o texto de comunicação é em geral um texto sem autor, criado em uma linha de montagem, modificado várias vezes por pessoas diferentes a partir de regras de estilo gerais:

• *Pré-fabricação*: os meios de comunicação estão cada vez mais dependentes dos *releases* como fontes de informação. O escrito "pré-fabricado" do *release* é um fator determinante na publicação de um fato: se o texto chega pronto, a chance de publicação é seguramente maior.

• *Predictabilidade*: no mesmo sentido, quanto mais um evento for planejado e comunicado às empresas de comunicação, maior a chance de se tornar notícia.

• *Clareza, brevidade, apelo*: o interesse para publicação de um texto aumenta quando ele pode ser transformado em uma nota de assimilação rápida.

Estes fatores obviamente não são independentes, mas atuam de forma complexa na definição das estruturas de trabalho jornalístico. Conforme explicam Paul Brighton e Dennis Foy, os valores-notícia oferecem aos profissionais de comunicação um grupo de regras – muitas vezes intangíveis, informais, quase inconscientes – do que deve ser transformado em comunicação. Vale lembrar, como explica Robert Hackett em *Decline of a paradigm? Bias and objectivity in news media studies,* texto clássico sobre objetividade, que checar, entrevistar, escrever e editar, componentes da rotina de produção da mídia, não significa necessariamente uma manipulação deliberada das informações, mas uma rotina empresarial.

Quatro textos em um livro só

HACKETT, R. Declínio de um paradigma? A parcialidade e a objetividade nos estudos dos *media* noticiosos". In: TRAQUINAS, N. *Jornalismo*: questões, teorias e 'estórias'. Lisboa: Vega, 1995.

WHITE, D. Gatekeeper: uma análise de caso na seleção de notícias. In: TRAQUINAS, N. *Jornalismo*: questões, teorias e "estórias". Lisboa: Vega, 1995.

GALTUNG, J. & RUGE, M. A estrutura do noticiário estrangeiro. In: TRAQUINAS, N. *Jornalismo*: questões, teorias e "estórias". Lisboa: Vega, 1995.

TUCHMAN, G. A objetividade como ritual estratégico. In: TRAQUINAS, N. *Jornalismo*: questões, teorias e "estórias". Lisboa: Vega, 1995.

9. A empresa de comunicação: os modelos de Schramm e de Westley e McLean

Escrevendo em 1957, Wilbur Schramm identifica a empresa de comunicação como responsável pela codificação, interpretação e (re)decodificação das inúmeras mensagens que chegam até ela, tanto as nascidas da sociedade quanto as mensagens internas. O estudioso americano, porém, não menciona a dimensão potencialmente ideológica desse processo. Na medida em que cabe à mídia selecionar, dentre as informações possíveis, as que interessam primariamente às aspirações institucionais, adequando-as aos parâmetros da empresa.

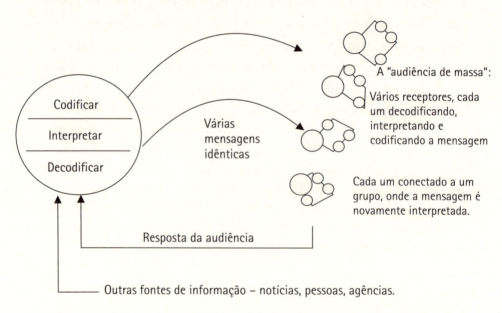

SCHRAMM, W. "How communication works". In: SCHRAMM, W. *The process and effects of Mass Communication*. Urbana: University of Illinois Press, 1954.

Como afirma Schramm, essa informação institucional é transmitida a muitos grupos sociais diferentes, compreendidos não como receptores ativos, mas como indivíduos já predispostos a crer na eficiência da mensagem. Desta maneira completa-se o circuito de ação institucional, com uma atualização constante das ideias e práticas.

Dez anos depois do modelo de Schramm, a centralidade da empresa de comunicação foi novamente estudada em uma série de pesquisas realizadas por B.H. Westley e M. McLean em 1957. Eles relativizam o poder institucional dos meios de comunicação (A) na seleção de mensagens (X), mostrando a possibilidade de qualquer receptor (B) adquirir informações de outras fontes.

Quando foi criado, evidentemente o modelo dava conta de um número limitado de fontes – meios de comunicação de massa e comunicação interpessoal eram as principais. A atualidade do modelo, no entanto, pode ser demonstrada pela existência de vários canais de informação livres de qualquer controle institucional – blogs, sites, e-mails, enfim, toda forma de comunicação mediada por computador. No modelo, essas fontes alternativas que atingem diretamente o receptor são representadas por X^1.

Pensando em A como uma empresa de comunicação, responsável por selecionar as mensagens de X^1 a X^4, seu trabalho será fazer com que o público B conheça apenas a mensagem produzida por ela, X^n. No entanto, argumentam Westley e McLean, há canais que podem atingir B diretamente com outras informações, X^1, mesmo dados contrastantes, e mesmo influenciar sua resposta para A:

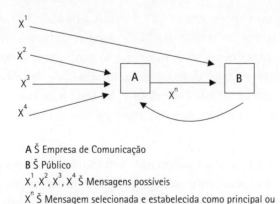

A Š Empresa de Comunicação
B Š Público
X^1, X^2, X^3, X^4 Š Mensagens possíveis
X^n Š Mensagem selecionada e estabelecida como principal ou única pela empresa de comunicação

WESTLEY, B.H. & McLEAN, D. "A conceptual model for mass communication research". *Journalism Quarterly*, 34, p. 31.

O interesse da empresa de comunicação é canalizar as informações X_1, X_2, X_3 em um único sentido X_n e diminuir a influência de informações diferentes. Na Publicidade, por exemplo, seria como pensar na mensagem publicitária – o comercial – como a mensagem X^n enfrentando a concorrência da comunicação interpessoal a respeito do mesmo produto, a mensagem X^1.

Em *Newsvalues,* de 2007, Brighton e Foy assinalam que a paisagem da mídia torna complexos o estudo do *newsmaking.* A ideia de um *gatekeeper* se dilui nas várias fontes de informação à disposição das pessoas, nem sempre ligadas às empresas de comunicação – os blogs, a informação via celular, e a troca de dados entre as pessoas diluem as fronteiras entre mídias e mesmo entre quem é emissor/receptor de uma informação. Uma reação prévia ao poder dos meios de comunicação.

10. O efeito de enquadramento – *Framming Effect*

Um dos modelos de comunicação relacionados com a ideia de que a mídia afeta a maneira como as pessoas veem o mundo foi proposto inicialmente pelo canadense Erving Goffman em meados dos anos 1974 sob o nome de *Framing Effect*, ou Efeito de Enquadramento. Esse modelo integra o macronível da mídia com o micronível da vida cotidiana. A maneira conforme as informações são apresentadas podem influenciar diretamente o modo como as pessoas entendem essa informação. A mídia influi diretamente no modo de interpretação das pessoas construindo a mensagem, de modo a deixar margem para uma única maneira de interpretá-la.

Diante de um fato apresentado na televisão, por exemplo, é desejado e necessário que os leitores ou telespectadores compreendam a informação. Para que isso aconteça, no entanto, essa informação nova precisa ser ligada a outras já conhecidas do leitor – isto é, deve ser enquadrada (*framed*) na moldura de referências anteriores, um contexto. No entanto, há um efeito colateral: esse contexto passa a *dar o sentido* da notícia e determina a compreensão do fato noticiado dentro dessa moldura.

Quando o repórter sai para entrevistar uma fonte, as informações recebidas serão enquadradas em seus esquemas prévios de representação – e vale lembrar que a fonte igualmente vai transmitir ao jornalista informações enquadradas em um determinado ponto de vista. Ao receber informações, o repórter as estrutura de acordo com os padrões da atividade jornalística – manchete, linha fina, olho, retranca. O leitor, ao receber a notícia, recebe a soma informação + ângulo escolhido pelo repórter, pelo editor e por quem mais interferiu no texto. Informação e interpretação ao mesmo tempo. No entanto, o protocolo de leitura faz com que o leitor ou telespectador compreenda interpretação e informação da mesma maneira, como o resultado inevitável de uma apreensão objetiva da realidade.

Em um exemplo bastante simples, quando em um jornal o chapéu ou selo da notícia indica o tema, por exemplo, "terrorismo", o leitor já sabe que a informação a seguir deve ser vista a partir de sua relação com o tema. É possível relacionar o efeito de enquadramento com uma teoria do conhecimento.

A produção, o público e a interpretação da mensagem

Quando se está diante de uma informação, ela é enquadrada nos esquemas prévios de percepção do leitor. Esses esquemas, em uma definição simples, são o conhecimento da pessoa. Essas referências vêm de algum lugar, e essa é uma das premissas mais importantes do modelo do Efeito de Enquadramento: os esquemas de recepção da informação são igualmente construídos pela mídia.

A hipótese do Efeito de Enquadramento mostra que, a longo prazo, há uma tendência dos receptores e da mídia a pensarem de maneira semelhante. O público tende a usar referências provenientes das mensagens dos meios de comunicação. Dessa maneira, o modo como a mídia trata um determinado assunto deixa de ser visto como uma escolha arbitrária na medida em que o público compartilha as mesmas referências. A informação parece "correta" ou "verdadeira" na medida em que os esquemas mentais do público usados para compreender aquela informação são em boa parte originários da própria mídia.

Para usar um exemplo do senso comum, a quantidade de notícias relacionando as palavras "conflito", "terrorismo" e "Oriente Médio" pode levar o leitor associar essas palavras com mais frequência do que, por exemplo, "terrorismo" e "Islândia". Os quadros de referência a partir dos quais se compreende a mensagem são igualmente construídos pela mídia.

A apreensão da realidade pela mente humana, de acordo com o modelo do Efeito de Enquadramento, é um processo reflexivo: o conhecimento da realidade só é possível a partir de categorias de conhecimento previamente construídas. O conjunto dessas referências leva a uma compreensão específica da realidade – uma distorção que não é vista como distorção quando emissor e receptor compartilham as mesmas representações responsáveis por se entender a distorção como uma compreensão normal da realidade.

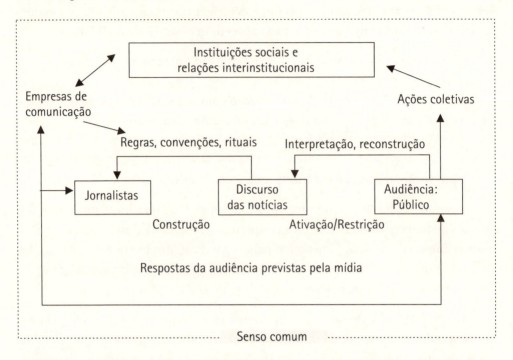

PAN, Z. & KOSICKI, G. "Framing Analysis: An Approach to News Discourse". *Political Communication,* 10, p. 55-75.

Enquadramento, ilusão e realidade

A relação do indivíduo com suas representações estão ligadas ao grau de certeza e mesmo à afetividade relacionadas com suas crenças. A "crença" é ligada por laços afetivos a uma tendência de considerar certas suas proposições e julgamentos de valor. E crença não está ligada à religião. A rigor, qualquer proposição pode assumir um caráter de crença quando deixa de ser vista como uma ideia e passa a ter o caráter de "verdade". A condição afetiva torna corretos e válidos todos os princípios expostos por um conjunto doutrinário: não há discussão na medida em que se trata de uma verdade.

Em um Seminário da Escola de Estudos Políticos, Sociais e Internacionais da Universidade de East Anglia (Grã-Bretanha), em maio de 2008, a Professora Barbara Goodwin assinalou uma importante distinção entre o pensamento comunicativo e o utópico-dogmático. "Não concordo com essa pessoa e quero fazê-la mudar de ideia" é um pensamento que reconhece a validade do julgamento do outro, enquanto "Essa pessoa está confundindo as coisas, eu vou ajudá-la a compreender a verdade" é típico do enquadramento afetivo, para quem o julgamento do outro não é um argumento contrário, mas está distante da única verdade. Assim, para o fanático de qualquer naipe – político, esportivo, religioso – quem não defende sua posição é visto como alguém que não enxerga a verdade, o óbvio, a realidade.

Os limites do Efeito de Enquadramento parecem distantes de qualquer especificação. Ou, por outro lado, talvez isso seja mais uma percepção decorrente das rotinas de pesquisa. Um efeito acadêmico de enquadramento.

Texto principal

TUCHMAN, G. "A objetividade como ritual estratégico". In: TRAQUINAS, N. *Jornalismo*: questões, teorias e "estorias". Lisboa: Vega, 1993.

II. Escola de Frankfurt

No número 26 da Senckenberganlage, próximo das estações da linha 4 do *U-bahn*, o metrô local, fica um prédio de três andares com uma identificação gravada na parede da frente: *Instiktüt für Sozialvorschung*, Instituto de Pesquisa Social. Ou Escola de Frankfurt. A casa da Teoria Crítica.

Quem se perde e vai pedir informações na sede da Universidade Johann W. Goethe, à qual o Instituto está vinculado, recebe um sorriso das atendentes e uma explicação misturando alemão e inglês: é ali perto, mas, por via das dúvidas, elas dão um mapa, impresso na hora. Não é muita gente que vai fazer turismo no Instituto. O prédio, cinza escuro, tem algumas salas de aula, gabinetes de pesquisa e uma biblioteca no subsolo. Como assinala Barbara Freitag no livro *A Teoria Crítica ontem e hoje*, o nome Escola de Frankfurt designa um grupo de pensadores ligados de várias formas ao Instituto de Pesquisa Social.

O Instituto de Pesquisa Social foi fundado em 1923 por Carl Grünberg, e tinha como objetivo fazer um levantamento histórico das lutas do movimento operário alemão. Reunia pensadores marxistas e era ligado à Universidade de Frankfurt, mas com ampla independência. Em 1929 Grünberg foi substituído por um jovem filósofo, Max Horkheimer, que alterou a linha de pesquisa e dirigiu o Instituto para compreender melhor as relações entre a Modernidade e os problemas sociais. Fundou a *Revista de Pesquisa Social*, onde divulgava os trabalhos dos pesquisadores, e reuniu ao redor de si o primeiro time de intelectuais alemães – Ernest Bloch, Theodor Wiesengrund Adorno, Walter Benjamin, Leo Lowenthal, Wilhelm Reich e vários outros. Vale notar que a relação com todos eles não era igual: enquanto Adorno se tornou um dos principais colaboradores do Instituto, Benjamin escrevia textos eventuais.

Durante os anos 1930, o Instituto desenvolveu pesquisas em diversas áreas, sublinhando a questão da cultura e da vida cotidiana nas relações sociais. Com o nazismo no poder, em 1933, a situação ficou difícil: os pesquisadores, em sua maioria, eram marxistas, e vários deles eram israelitas. As credenciais erradas para se ter naquela hora. Como consequência, no final da década o Instituto praticamente desapareceu. Horkheimer e Adorno foram para os Estados Unidos. Benjamin se matou em 1940, na fronteira da França com a Espanha, antes de ser preso pelos alemães.

Nos Estados Unidos, Horkheimer e Adorno não tiveram uma boa impressão. Para dois intelectuais marxistas, o país mais capitalista do mundo não era exatamente o paraíso. Além disso, viam a democracia de massas norte-americana com olhos desconfiados: lembrava muito as massas na Alemanha. Oito anos após o final da guerra, em 1953, Horkheimer e Adorno voltaram a Frankfurt, onde reorganizaram o Instituto e formaram uma segunda geração de alunos – Dolf Oehler, Rolf Tiedmann e Jürgen Habermas. Os outros – Reich, Lowenthal e Bloch – ficaram nos Estados Unidos. A morte de Adorno, em 1969, e Horkheimer, em 1971, marca o final da primeira e talvez mais importante fase do Instituto. No campo da Comunicação, a Escola de Frankfurt foi apropriada sobretudo por conta das ideias de Adorno e Horkheimer, Benjamin e Habermas.

1. A indústria cultural: Adorno e Horkheimer

A expressão "indústria cultural" foi usada pela primeira vez em um ensaio de Horkheimer intitulado "Arte e cultura de massa", de 1940. O autor identificava que a cultura era criada conforme as exigências de um modelo empresarial de produção. No entanto, o conceito encontrou seu pleno desenvolvimento no livro *Dialética do esclarecimento*, escrito por Adorno e Horkheimer nos Estados Unidos e publicado em 1947, em Amsterdã.

Clássico das Humanas na segunda metade do século 20, é possivelmente o livro mais conhecido e associado à Escola de Frankfurt. No entanto, o estudante de comunicação que procurar o livro ávido por uma crítica radical da mídia vai encontrar um tranquilo e erudito ensaio sobre a cultura ocidental, a partir da concepção de razão na Grécia Antiga e chegando, depois da metade do livro, ao capítulo intitulado "A indústria cultural – o Iluminismo como mistificação das massas". Mas essa demora é necessária.

Algumas origens do conceito

O conceito de "indústria cultural" é o resultado de uma fina elaboração teórica sobre as relações entre a cultura e a Modernidade. Na *Dialética do esclarecimen-*

53

to Adorno e Horkheimer chegam ao conceito depois de percorrer o caminho das relações entre arte, cultura e sociedade.

A Modernidade, período histórico que se inicia no século 18, prometia ao indivíduo a liberdade. A luz da razão – daí o *Iluminismo* – levaria ao esclarecimento, *Aufklärung*, em alemão. O conhecimento levaria o ser humano à *liberdade*, à *igualdade* e à *fraternidade*. A Revolução Francesa foi o auge do pensamento iluminista e, de certa forma, o sinal de que algo não estava muito certo – assassinatos em nome da razão durante o período chamado de "Terror" (1793) mostravam ao observador atento que não era muito racional guilhotinar pessoas. Parte dos intelectuais pareceu não ligar para esse detalhe, e a crença na razão pareceu se manter firme.

Mas algo deu errado. Não consta que a humanidade tenha ficado muito mais feliz. A racionalidade levou a uma selvagem exploração do trabalho – relatos do século 19 mostram operários trabalhando até 16 horas por dia. Finalmente, a Primeira Guerra Mundial e a ascensão do totalitarismo na Europa dos anos 1920 e 1930 foram a pá de cal na ideia de um mundo guiado pela razão. "El sueño de la razón produce monstruous", diz o título de uma obra do pintor espanhol Francisco de Goya. Aos olhos de Adorno e Horkheimer, nada mais correto.

A dialética da cultura

De acordo com os dois autores, a cultura era o lugar de resistência contra a técnica. Artes e humanidades eram o polo de crítica ao projeto moderno. Vale lembrar a distinção alemã entre "civilização" e "cultura", a primeira relacionada aos negócios cotidianos, e a outra aos assuntos do intelecto. A Modernidade encontraria seu equilíbrio no contraponto entre arte e técnica.

E teria sido assim se, no final do século 19, a própria cultura não tivesse sido apropriada pela técnica. Os meios de comunicação provocaram uma alteração sem precedentes no cenário cultural. A cultura, transformada pela tecnologia, poderia chegar a todos os lugares.

Mas Adorno e Horkheimer não compartilhavam desse otimismo. Ao contrário: a cultura, transformada pela técnica, tornava-se um produto. Onde a Modernidade imaginava o conhecimento como liberdade, os dois pensadores enxergavam um elemento de dominação. Dominada pela técnica, as produções da mente se organizam na forma de uma indústria cultural.

O conceito

À primeira vista, Indústria Cultural é o conjunto das instituições sociais vinculadas à produção e distribuição de bens simbólicos. Editoras, gravadoras, jornais, agências de publicidade, redes de rádio e televisão, criadores de conteúdo digital, todos são parte desse complexo. É quase impossível identificar algum lugar onde a indústria cultural não esteja presente no cotidiano.

Na indústria cultural, o lucro orienta a produção, e o espaço da criação individual é eliminado em virtude da lógica da produção coletiva. Duas ordens de produção – material e simbólica – se sobrepõem, com substanciais perdas para a cultura. O artista criador é substituído pela linha de produção, com uma divisão do trabalho cultural em partes mais e mais compartimentadas. A imaginação e o ato criador são adaptados às exigências da produção. Fórmulas e modelos substituem a espontaneidade e os padrões tomam lugar da inovação. Há pouco espaço para a novidade na indústria cultural: qualquer coisa que coloque em risco o lucro é uma ameaça. O espaço para o experimentalismo é mínimo: não agradar ao público contraria a lógica da produção.

O campo musical oferece alguns exemplos. A vida útil de um cantor ou artista de sucesso é proporcional ao lucro gerado. Quando o público se cansa, o artista desaparece e é substituído por outro – o que explica a velocidade com que novos ídolos aparecem e somem a cada semana. Os exemplos atuais são tantos e a velocidade tão grande que há o risco suplementar de ficarem velhos entre o tempo em que este livro está sendo escrito e sua publicação. Basta pensar na banda/cantor/cantora mais popular deste mês. Provavelmente não é a mesma de seis meses atrás e estará esquecida nos próximos seis – exceto quando lançar alguma coisa nova ou nas eternas idas e voltas de alguns grupos musicais. Na lógica da indústria, a arte é uma mercadoria de circulação rápida e o público não pode ter tempo de se cansar de uma personagem sem estar munido de outra.

Outro exemplo. Quando, em 1984, a *Folha de S. Paulo* colocou em ação seu projeto editorial, não estava fazendo nada mais do que confirmar os predicados da produção industrial de cultura. O chamado "Projeto Folha" significou a implantação de um modelo padrão de texto jornalístico, o estabelecimento de cotas máximas de erros por edição, rígido controle de checagem e apuração e a produção industrial de textos. Alto grau de divisão do trabalho, gerenciamento da produtividade, controle de erros, atividade coletiva na criação do resultado, distribuição e controle de qualidade. Um conjunto de procedimentos descreve uma fábrica de rosquinhas tanto quanto a redação de um jornal – e seria possível encontrar exemplos na televisão ou em uma agência de comunicação.

Níveis de cultura: alta cultura, *midcult*, cultura de massa

Ao longo da história, as artes e a cultura estiveram associadas à expressão autêntica de um estado de espírito ou de um momento, particular e local, ato único e inexplicável da criação artística e intelectual. Até o advento da indústria cultural, argumentam Adorno e Horkheimer, e alguns de seus continuadores, havia uma clara separação entre as formas de cultura. Como ressalta David M. White, de um lado a "cultura letrada", "clássica", ou "alta cultura". Representado a partir do século 13 pelo conhecimento universitário, também podia ser associado à produção intelectual e artística vinculada às universidades, academias de Letras e Belas-Artes. Do outro lado, a cultura popular das festas, lendas e narrativas, mitos e interpretações simbólicas feitos por um povo vinculado a uma sociedade em sua maioria rural, desprovida de instrução formal, mas nem por isso menos criativa. A cultura popular era passada sobretudo como uma forma de produção oral, de geração a geração, em símbolos e narrativas tradicionais. Na indústria cultural, alta cultura e cultura popular são transformadas em um produto parecido com o original, a cultura de massa.

Na distinção entre níveis de cultura, White identifica ainda outro elemento: uma oposição entre o que seria a "alta cultura" – uma sinfonia, por exemplo – e o elemento mais popular da cultura de massa, como os grupos musicais criados pela mídia, há um terceiro tipo de produção: a dissolução da cultura erudita nas formas simples e fáceis da cultura de massa. Esse novo tipo, na referência a uma cultura "média", é a *midcult*. Estamos diante do *midcult* quando a cultura de massa se apresenta como "alta cultura". Um exemplo do campo musical talvez ajude. A 9ª Sinfonia de Beethoven tem mais ou menos uma hora e quinze de duração. No entanto, é fácil encontrar vídeos online que trazem pequenos trechos, cinco ou dez minutos. Esses trechos, assim como compilações e *playlists* criadas para divulgar "clássicos populares" ou algo parecido, são a essência da *midcult*: o ouvinte tem a ilusão de que conhece Beethoven, quando na realidade simplesmente foi exposto a um breve trecho. A mesma coisa vale para a literatura ou outros tipos de arte. A armadilha da *midcult*: adaptar a alta cultura para o consumo popular, mas sem deixar isso claro em momento algum.

Adorno, em um ensaio sobre o tema também intitulado *A indústria cultural*, ressalta a impropriedade do termo "cultura de massa", como se fosse uma cultura feita pela massa do mesmo modo que a cultura popular é desenvolvida pelo povo. Horkheimer e Adorno não acreditavam que a massa fosse capaz de produzir qualquer coisa que não fosse tumulto e fanatismo. A experiência das massas aplaudindo um líder autoritário estava muito presente em suas memórias para que eles acreditassem na atitude racional da multidão. Logo, a ideia de "cultura de massa" seria uma contradição. A crítica ao cinema, à televisão e à música popular não era só de caráter estético, mas também político. Ao centrarem o foco nesses produtos, Adorno e Horkheimer viam além da tela. Se a cultura – *Kultur* – era a manifestação da liberdade, a cultura de massa é o conhecimento transformado em instrumento de controle, parte tecnocrática e autoritária da Modernidade, invadindo e burocratizando até a cultura. Dominada essa última esfera de autonomia, a cultura é organizada em um "mercado de bens simbólicos", como o chama Pierre Bourdieu, no qual a única atividade é a transformação da cultura em mercadorias de consumo rápido.

Adaptação e destruição cultural

A inovação e a vanguarda artística de uma sociedade, nesse sentido, precisam encontrar um lugar específico, talvez fora da sequência principal da indústria cultural para operar. Cria-se uma dissociação cada vez maior entre a produção cultural de massa e as vanguardas artísticas, lançadas para as margens do mercado de bens simbólicos. Ao público geral é reservado o direito de conhecer apenas as criações da cultura de massa, em sua eterna repetição de padrões e fórmulas exaustivamente repetidas. Cria-se uma falsa impressão de uma pluralidade de opções e variedade artístico-cultural, uma ilusão cultivada de diferença onde só existe a repetição. Os diferentes estilos musicais, os gêneros cinematográficos, os diferentes programas de televisão e as linhas editoriais no jornalismo não são mais do que rótulos para facilitar o consumo.

Os mecanismos de apropriação da indústria cultural atuam no sentido de adaptar elementos culturais o quanto for necessário em nome do sucesso imediato. Quando um livro clássico é transformado em filme, personagens e cenas são cortados ou transformados, personagens secundários ganham *status* de protagonista. Não é possível fazer isso sempre – seria difícil, por exemplo, modificar o destino do barco em *Titanic* sem atingir o ridículo –, mas alternativas são sempre exploradas, conservando da história original pouco mais do que a trama central.

Autoironia e autorreferência

A violência dos processos da indústria cultural não passou despercebido como um potencial elemento de *marketing* para seus produtores. Hollywood, em uma sombria autoironia, não demorou a utilizar a dinâmica da produção em massa como argumento para vários filmes. Os fatores humanos de alegria e frustração decorrentes da imersão de atores, produtores, roteiristas e todo o *staff* holywoodiano geraram inúmeros argumentos levados para a tela. A exibição da cozinha dos filmes, a exposição dos bastidores do mundo de *glamour* que reveste a produção cinematográfica estimulava – como até hoje – a imaginação do público em ver o que há por trás dos cenários – ainda que, como nesses filmes, sejam apenas outros cenários, em um exercício de metalinguagem.

Outra característica da indústria cultural é a autorreferência de seus produtos. É preciso suprir as demandas do consumidor. Quando um filme faz sucesso, logo ele se espalha, por exemplo, com a sua trilha sonora, em capas de cadernos, roupas, qualquer coisa onde seja possível estampar os protagonistas. A divulgação em massa se explica pela urgência do tempo: é necessário extrair o máximo de lucro possível antes que o produto se torne obsoleto. Lembrar ou não deles é indiferente. Não são feitos para serem lembrados, mas consumidos.

O mercado transnacional de cultura pauta-se na criação de um circuito mundial de distribuição. Culturas locais enfrentam a concorrência da produção internacional. Novamente o caso musical serve de exemplo. As mesmas músicas estão no repertório pop do mundo inteiro. As rádios, aplicativos de música e a indústria musical pautam o gosto em larga escala, lançando o mesmo produto às mais diversas culturas. Onde não existe demanda, a indústria cultural cria. O local e o popular são igualmente utilizados como matéria-prima na criação da cultura de massa. As culturas locais devem se adaptar às estruturas da indústria. A música sertaneja exemplifica essa situação. Até meados do século 20, bastavam dois músicos, duas violas, rimas sobre a vida e a dupla estava formada. Esse produto regional foi transformado no sertanejo, formação de banda de *rock*, inspiração no *country*.

Limites e aplicações do conceito

O conceito de indústria cultural, décadas depois de sua criação, estimula o pensamento crítico da comunicação. Até que ponto as ideias de Horkheimer e sobretudo as de Adorno não incomodam pela sua atualidade? Várias noções foram discutidas, criticadas e superadas, em particular sua visão negativa da cultura de massa. Mas o conceito se mantém perturbadoramente atual.

Referências

ADORNO, T.W. "A indústria cultural". In: COHN, G. *Comunicação e indústria cultural*. São Paulo: Cia. Editora Nacional, 1971.

ADORNO, T.W. & HORKEIMER, M. *Dialética do esclarecimento*. Rio de Janeiro: Zahar, 1997.

2. Walter Benjamin, a aura, a mercadoria e a obra de arte

Walter Benjamin nunca foi um acadêmico. Após se doutorar com a tese *O conceito de crítica de arte no Romantismo alemão*, viu seu estudo *Origem do drama barroco alemão* ser rejeitado em um concurso para professor na Universidade de Frankfurt e se tornou um intelectual *free-lance*, escrevendo pequenos ensaios sobre temas diversos, geralmente artes plásticas e literatura. Benjamin foi um autor de câmara. O estilo reflete essa pressa necessária na escolha de temas. Sem tempo para desenvolver obras de maior fôlego, concentrava sua análise em textos de menor extensão, deixando sempre em aberto a possibilidade de escrever um grande trabalho. Pode-se dizer que após *O conceito de crítica de arte no Romantismo Alemão*, sua tese de doutorado, e *Origem do drama barroco alemão*, nunca mais escreveu um trabalho conceitual longo. No vocabulário moderno, imprimiu um sentido minimalista à obra, obtendo o efeito intelectual desejado com um mínimo de recursos e de espaço.

No mosaico de seus estudos, há lugar para considerações teóricas sobre uma vasta gama de assuntos, desde a mística judaica até considerações sobre a noção marxista de história.

De um lado, o estudo das manifestações da Modernidade em suas manifestações artísticas, literárias e técnicas. Essa primeira divisão inclui seus trabalhos sobre sociologia da literatura, sociologia da arte, filosofia da linguagem, educação e a técnica moderna. Nesse grupo estão incluídos, por exemplo, *O Surrealismo, A imagem de Proust, A obra de arte na era de sua reprodutibilidade técnica* e *O narrador*, além dos trabalhos sobre Baudelaire.

De outro, uma preocupação com as questões políticas e econômicas do capitalismo em suas questões técnicas – os textos sobre história, a análise do cotidiano (como nos ensaios *Experiência e pobreza, Sobre o conceito da história, Teorias do fascismo alemão, Melancolia de esquerda, Politização da inteligência, Erro do ativismo* e *Crítica da violência e crítica do poder*).

Dos temas em sua obra, serão destacadas a questão da reprodução da obra de arte e a crítica da Modernidade na sua relação com a cultura de massa.

Aura, arte e técnica

Um dos textos mais conhecidos de Walter Benjamin é *A obra de arte na época de sua reprodutibilidade técnica*. Há duas versões desse texto, uma delas publicada, após várias revisões, na *Revista de Pesquisa Social* do Instituto. O motivo dessas correções era a opinião de Adorno, então editor da revista: o texto era pouco crítico a respeito das transformações causadas na arte pela técnica. E, de fato, Benjamin mostrava outra dimensão da questão.

A obra de arte sempre pôde ser reproduzida. No entanto, o número de cópias era limitado a uns poucos exemplares e o acesso do público às obras de arte era restrito. O que muda, a partir do século 19, é a técnica: mudanças na imprensa e a invenção da fotografia permitiam a reprodução da obra de arte milhares de vezes. No período anterior à reprodução técnica, a obra de arte era algo distante e escondido. Ficava em igrejas, nos castelos e palácios, longe dos olhos do público. Para conhecer uma obra de arte era necessário *ir até ela*, e, uma vez diante do quadro ou da escultura, havia um momento único da pessoa diante da obra de arte, quase uma epifania pela presença do original, que Walter Benjamin chamou de "aura". Esse conceito, exposto também em *Pequena história da fotografia*, refere-se à relação do espectador diante da obra de arte única. É uma sensação, mais do que um conceito, resultado da propriedade da obra de arte de ser única – ela só pode ser vista, como original, *naquele* espaço e tempo. Esse sentido da "unicidade", esse "aqui e agora" da obra de arte original é um dos sentidos da "aura", como algo que reveste a obra de arte original.

E então chega a reprodução técnica. A obra de arte, antes escondida, aparece em fotografias, gravuras e cartões-postais. Nesse processo, perde sua "aura", o sentido do momento único de contato entre obra de arte e espectador. Ganha popularidade, mas deixa de ser original, e a cópia passa a ter o mesmo valor da obra. Sem perder a crítica de vista, Benjamin vê um lado menos negativo na questão. A divulgação da cópia de uma obra de arte pode levar a uma revalorização do original – o fato de todo mundo ver a cópia aumenta o valor de exposição do original. Além disso, alguns meios modernos, como o cinema e a fotografia, simplesmente não se encaixavam na noção de "original". Não existe um "original" do filme. A primeira cópia já é uma reprodução. A noção de "original" se perde com a Modernidade junto com a perda da aura. A experiência cotidiana, na Modernidade, é mediada pela reprodução técnica. Em outros termos, pela cultura de massa.

Modernidade e cotidiano

A Modernidade é um desses temas. Benjamin foi um dos primeiros teóricos a se preocupar com as transformações da sociedade a partir do século 18, associando essas mudanças ao advento do capitalismo e suas consequências. Deixando de lado as análises macroestruturais, concentrou-se na microinterpretação. A Modernidade manifesta-se tanto no cotidiano – mediado pela mercadoria – quanto na literatura e na arte, onde estão, também, as primeiras reações.

A Modernidade é uma complexa dialética entre o progresso e suas consequências imediatas. Sua obra é dedicada a fixar esse contraste entre o projeto iluminista de libertação do homem e seus resultados práticos na degradação de milhões de pessoas nas grandes cidades. O homem da cidade é moderno por excelência, em oposição ao homem do campo, longe da indústria, do progresso, da nova experiência. Benjamin lê a Modernidade através dos olhos de Kafka, Poe e sobretudo Baudelaire. O aparecimento da Modernidade é representado na fábrica, na multidão, no delírio da grande cidade, e isso será a matéria-prima das análises para entender o período contemporâneo.

A mercadoria-imagem

No centro de Paris, entre o Boulevard de Monmartre e a Rue de Saint-Marc, fica a *Passage des Panoramas*. Artigos de luxo, restaurantes e lojas diversas dão o tom da galeria. Construída no início do século 19, foi onde apareceu uma novidade que mudaria a relação entre a pessoa e a mercadoria, a vitrine. Na vitrine não se expõe qualquer produto: deve ser bonito. Deve ter uma *imagem*. Na *Passagem*, a mercadoria deixa de valer por si mesma e ganha um novo valor, valor de imagem. Essa mudança é o centro de um imenso trabalho sobre as relações entre capitalismo, imagem e cultura. Esse livro quase escrito é o *Trabalho das passagens*.

O *Trabalho das passagens* (*Passagen-Werke*), de Walter Benjamin, estava inacabado quando de seu suicídio na fronteira franco-espanhola. O material encontra-se fragmentário, sem a unidade suficiente para o que se pode chamar de "livro", mas provavelmente seria a obra-prima de Benjamin. Em seu estado atual, é um livro mais para ser intuído do que propriamente estudado.

A história desse livro é fascinante. Seus primeiros esboços datam dos anos 1920; sua redação final nunca será conhecida. Muitos fragmentos foram reutilizados pelo próprio autor em outras obras, deixando a impressão de uma unidade subjacente planejada sob o aparente caráter fragmentário de seus escritos. O exame da correspondência publicada de Benjamin ao longo desse período revela também uma série de hesitações motivadas por conflitos pessoais e intelectuais – somadas às crescentes dificuldades materiais – responsáveis pelos sucessivos adiamentos do trabalho.

O valor de imagem da mercadoria é o caminho para sua divulgação em massa pelos meios de comunicação. A posse da mercadoria está vinculada a uma série de satisfações do imaginário, é um objeto dotado de alta carga simbólica – o "sonho de consumo". A cidade da multidão é o cenário para um novo protagonista, a comunicação de massa. A consagração da imagem se dá no momento de sua dupla transformação da mercadoria em imagem, a imagem em produto reproduzido pela indústria cultural. As imagens, forma canônica de representação, exigem exatamente uma ruptura epistemológica para sua compreensão. A imagem não está fechada em um campo. A imagem não pertence a nenhuma área do saber. A um passo da Pós-modernidade.

Para criar esse afresco fragmentário da Modernidade, Benjamin buscou fontes documentais não apenas em livros, mas também em jornais e revistas de circulação, ampliando o que poderia ser apenas uma história documental do pensamento para uma verdadeira história do cotidiano extraída de seus retratos mais aproximados, isto é, da imprensa e da literatura de consumo. A história está escrita na reconstituição do modo de vida comum – em uma arqueologia do cotidiano, empreende uma história dos sistemas de vida durante o auge do capitalismo em um mundo urbano.

Ao considerar a cultura de massa como parte já integrante da Modernidade, Benjamin abriu uma alameda nova nos caminhos da Escola de Frankfurt, mantendo uma postura crítica como intelectual marxista, mas mostrando a necessidade de compreensão da cultura de massa, não apenas sua negação. Ao colocar no mesmo plano o cotidiano e a cultura de massa, o autor alemão escapou da crítica frankfurtiana e de um certo determinismo do marxismo vulgar. A cultura de massa, transformada em elemento marginal pela crítica, é a história documentada de um cotidiano mais e mais definido pela mercadoria – uma discussão ainda mais atual. A existência de uma história das coisas e objetos, uma arqueologia dos fragmentos do cotidiano, é essencial para a compreensão da recepção da comunicação.

Referência

BENJAMIN, W. A obra de arte na época de sua reprodutibilidade técnica. In: *Obras Escolhidas*. São Paulo: Brasiliense, 2014.

3. Esfera pública e comunicação em Habermas

A articulação de Habermas com o campo da Comunicação se dá em dois planos distintos. Um de seus primeiros trabalhos, *Mudança estrutrural da esfera pública,* é um estudo sobre a formação e o declínio da "esfera pública burguesa", tendo na imprensa um de seus pontos mais importantes. Em trabalhos mais recentes, o autor se preocupa com a escala micro da comunicação humana, a relação pelo diálogo e a interação entre indivíduos. Esses dois planos estão conectados por uma preocupação com a prática racional da comunicação, vista como um fenômeno central na vida humana.

A partir de estudos que culminam na monumental *Teoria da ação comunicativa*, Habermas mostra uma preocupação com o que chama de "pragmática universal da comunicação". Toda relação comunicativa se insere em um contexto de normas sociais, interage com a vontade do indivíduo e refere-se a um terceiro elemento externo. A racionalidade da comunicação está na prática que, por sua vez, tem efeitos. Comunicar não é apenas trocar informações. É a possibilidade de agir, interferir na ação e modificar atitudes em diferentes escalas na busca pelo entendimento. A racionalidade do mundo ocidental, levada a efeito a partir do século 18, baseia-se sobretudo em um uso racional da comunicação em várias escalas.

A esfera pública

A Modernidade não teria existido como tal sem a mídia. O aparecimento de uma esfera pública burguesa está diretamente ligado ao nascimento da imprensa de massa no século 18. No entanto, é preciso entender qual é o conceito de "esfera pública" utilizado pelo autor alemão.

A expressão "esfera pública" liga-se diretamente a "espaço público" e "opinião pública". O estabelecimento de um lugar de debates é uma conquista relativamente recente. Se a Grécia tinha a Ágora, onde os cidadãos discutiam as questões políticas, e a república de Roma tinha no Fórum também um lugar de discussão, no início da Idade Média esse panorama muda bruscamente. A retração das cidades e o estabelecimento do chamado modo feudal de produção altera a demanda, a possibilidade e a necessidade de um espaço de discussão.

Apenas no século 18, com a ascensão da burguesia como classe econômica dominante, é que aparece um novo espaço de discussão. Esta explicação apenas delineia o longo processo de transição entre as classes, mas arruma o palco para o aparecimento dos meios de comunicação de massa como principal ator político nessa trama.

A imprensa e a esfera pública

A invenção da imprensa gerou um fluxo de ideias em uma velocidade até então inimaginável. A reprodução em larga escala de livros e folhas diversas alterou as relações do ser humano com o conhecimento. A troca de ideias chegava a quem soubesse ler ou estivesse em volta para ouvir.

Os efeitos políticos foram imediatos. A imprensa significou o fim do monopólio do conhecimento pelas instâncias religiosas e universitárias, e alterou as relações de poder na medida em que uma decisão política, publicada em uma folha, podia deixar o ambiente fechado das decisões políticas e ganhar a paisagem das ruas.

Esfera pública é o conjunto dos espaços de discussão social onde, a partir do livre debate, procura-se o entendimento a respeito de questões de interesse de todos. Para o autor, uma crítica da Modernidade não pode deixar de lado o fato de que a democracia é uma conquista do mundo moderno, e o estabelecimento de um Estado democrático de direito implica a livre-discussão de ideias com vistas à obtenção do consenso. Esse consenso, de certo modo, pode ser equivalente à ideia de "opinião pública", vista como o resultado das discussões em um espaço público – a esfera pública burguesa.

Os meios de comunicação asseguram a vida social de uma ideia. Uma vez lançada ao debate público, um pensamento poderia ser apoiado ou contrariado, mas não ignorado. Espaço de discussão social, a esfera pública permitiu a construção de um tipo particular de consenso, a opinião pública, instrumento de pressão política forte o suficiente para colocar em xeque os poderes estabelecidos.

A história, no entanto, não termina aqui.

Habermas argumenta que esse momento do jornal como meio político começou a ver seu fim ainda no início do século 19, quando os jornais deixam progressivamente de ser instrumentos políticos e se articulam como empresas de comunicação. O controle político perde espaço para o controle econômico.

Do debate político à fórmula comercial

A interferência das notícias políticas passa a ser mediada pela ação da publicidade e da propaganda – de quem os jornais passam a depender economicamente – e não mais de partidos ou grupos políticos para se estabelecer. Habermas entende com isso uma alteração da esfera pública burguesa. Transformada em empresa, a mídia se torna um instrumento econômico sem, no entanto, perder o caráter político. A esfera pública se liga ao mercado.

Por outro lado, isso muda também o *modus operandi* da comunicação. Aparece de uma classe de técnicos especializados no tratamento das informações – os jornalistas, mais tarde os publicitários, relações públicas e produtores de TV. Além disso, os dados passam a ser organizados na forma de pequenos pacotes de conteúdo – as notícias, a propaganda, os *releases*.

Em termos políticos, a perspectiva desse momento não entende o profissional de comunicação como um *político*; seu comprometimento não deve ser com este ou aquele partido, mas com a notícia e, em outro nível, com o público. Esse público, por outro lado, não é o cidadão interessado em política, mas um consumidor. Apenas um jornalismo que se apresente como neutro e apartidário consegue publicidade.

Habermas questiona até que ponto a dependência entre as empresas de mídia e os grupos privados responsáveis pela sua publicidade não destrói as possibilidades democráticas dessa mídia. Submetidas a um modelo industrial de produção, seu aspecto político-estratégico torna-se parte do interesse econômico. A nova esfera pública, se ainda pode ter esse nome, deixa de ser um espaço autônomo, sendo colonizada pelas regras do mercado que regem os meios de comunicação.

A ideia da articulação central dos meios de comunicação na sociedade vai permear várias outras obras de Habermas, mas ele não retornará ao estudo da mídia. Nos anos 1970, no entanto, volta a trabalhar a comunicação para compreender a microesfera da linguagem em sua prática. Essa "virada linguística" de Habermas não deixa de ter paralelos com seu estudo sobre a esfera pública. Nos dois casos, o denominador comum é a preocupação com os usos da comunicação e seus resultados práticos – a pragmática da linguagem.

Os usos da comunicação

A volta de Habermas aos estudos de comunicação é centrada na interação direta entre os falantes. A obra-prima de Habermas dessa fase é a *Teoria da ação comunicativa*. A preocupação de Habermas com a linguagem está no uso que se faz dela. Seu interesse está voltado para as utilizações da linguagem pelos falantes, como um processo concreto e não como uma abstração.

Uma conversa é um "texto", entendida como um elemento de comunicação. Não tem existência autônoma, desligada de tudo. Ao contrário, existe quando utilizada e gera transformações nas pessoas que utilizam. Essa concepção de linguagem como ação – existe na ação e apresenta resultados – é o centro das suas preocupações com a fala e o diálogo. Os trabalhos de Habermas sobre linguagem se baseiam em uma aparente contradição: como estabelecer regras universais da fala, se a fala é um elemento variável? Há uma diferença entre as regras de uma linguagem e seu uso cotidiano. Sem entrar nesse ponto, objeto de outro capítulo, vale lembrar que as regras de uma linguagem passam a existir no momento em que se fala.

Daí a expressão "pragmática universal" criada por Habermas para definir sua área de estudos. "Pragmática" porque se refere à "prática" – do grego *pragma*, ação. E "universal" porque se pretende válida para todos os falantes. Aliás, pensando ainda no vocabulário específico de Habermas, seus escritos consideram a expressão *performance* para se referir à prática da linguagem, ou, em outras palavras, o uso das proposições. Essas *performances* têm resultados práticos. Daí também a escolha dele pela expressão "pragmática", isto é, a ação que tem resultados.

Uma ação social é uma interação entre duas pessoas que, em determinado momento, compartilham entre si significados de acordo com uma série de regras tacitamente aceitas por ambos como garantia de uma comunicação desprovida de qualquer outro significado que não o exposto. Essa situação de comunicação é considerada "ideal" por Habermas, e fruto de uma racionalização dos usos da linguagem em uma perspectiva intersubjetiva. Falar é um ato que se refere a um objeto ou situação para outra pessoa. A validade dessa fala é garantida pelo reconhecimento recíproco: os dois sabem que o outro está adotando as mesmas regras. Para Habermas, essa pragmática se manifesta nas situações cotidianas mais simples. A *performance* é o momento do uso da linguagem. Por exemplo, quando uma pessoa pergunta o itinerário de um ônibus para o cobrador, está em jogo uma série de regras aceitas e em operação prática naquele momento:

a) Quem pergunta usa regras fonéticas e linguísticas para indicar que sua frase é uma busca por informações; o uso do "por favor", do tom interrogativo e eventualmente de sinais corporais que indiquem a dúvida enquadram a comunicação que vem a seguir como uma "pergunta".

b) A pergunta será formulada em termos que permitam uma resposta:

– Quem pergunta usa referências mais ou menos explícitas que permitem ao interlocutor verificar o conhecimento do autor da questão e, a partir disso, formular a resposta. O julgamento de quem responde a respeito da quantidade de informações de quem pergunta é necessário para construir uma resposta. Se o cobrador julgar errado, quem perguntou está irremediavelmente perdido na cidade.

c) A pergunta será feita em um contexto que responde por sua validade:

– Na interação do exemplo, só é possível um número limitado de perguntas vinculadas às possibilidades de resposta. Perguntar para o cobrador se ele usa suspensórios ou o que ele acha dos submarinos nucleares não faz parte da pragmática universal.

d) O cobrador presume que a questão tem uma motivação, é séria e vai gerar uma ação:

– Dificilmente alguém faz uma pergunta ao cobrador só para checar o nível de conhecimentos dele. A pergunta implica uma motivação séria o suficiente para ser levado a cabo e esperar uma resposta em termos lógico-racionais.

e) A resposta será dada em termos adequados ao contexto da pergunta:

– A partir da interlocução imediata, a resposta será formulada tendo como princípio que a dúvida é verdadeira e seu grau de informação é exatamente o demonstrado.

f) Quem perguntou presume a resposta como verdadeira e, portanto, fidedigna o suficiente para gerar uma ação válida:

– De posse das informações, a interlocução tende a chegar ao fim. O vínculo do contexto intersubjetivo se desfaz e a interação é racionalmente dirigida para uma ação de quem perguntou no uso da informação – a comunicação se torna ação. Pragmática.

Nem todo mundo fica pensando nisso enquanto fala com o cobrador. Para a maior parte das pessoas, ao contrário, essa interação é absolutamente normal, e qualquer falha é imediatamente notada.

Habermas não considera esse uso da linguagem livre de quaisquer interferências. Ao contrário. A *performance* da comunicação na situação do exemplo é em parte o que Habermas entende como uso racional da comunicação, em contraste com o uso estratégico. Se toda linguagem gera resultados, basta usar a linguagem de uma maneira x para obter o resultado x de outra pessoa. A mentira deliberada seria um caso máximo da comunicação sistematicamente distorcida, mas Habermas mostra como, em alguns casos, essa comunicação pode existir em articulação com questões éticas.

Ao selecionar as informações, o profissional de mídia utiliza sua premissa de ser o portador de um discurso válido e, no entanto, faz um uso estratégico da comunicação na medida em que a informação passada gera uma ação enquanto as que não foram selecionadas simplesmente não têm existência social. Aqui é possível notar a unidade da obra de Habermas: a seleção das informações que atingem a esfera pública é uma das situações de uso estratégico da comunicação. Suas ideias sobre comunicação não são apenas um conceito ou uma teoria, mas uma revisão do valor da mídia. A comunicação é um elemento central nos processos históricos e sociais, em sua forma mais abstrata e elementar, como atividade da vida cotidiana.

Texto principal

HABERMAS, J. *A inclusão do outro*. São Paulo: Ed. Unesp, 2018.

_____. *Mudança estrutural na esfera pública*. São Paulo: Ed. Unesp, 2012.

III. A crítica marxista

1. O conceito de ideologia em Marx e Engels

Marx e Engels pertencem a um seleto grupo de pensadores cuja obra pode ser medida em metros. Não é brincadeira: o volume dos *Collected Works* de Marx e Engels, publicado pelas Edições Progresso, de Moscou, tem um metro e vinte de extensão. Alguns centímetros foram responsáveis por notáveis mudanças sociais.

Elaborar uma teoria marxista da comunicação é mais ou menos como criar uma teoria geral do universo. A variedade das interpretações da mídia e da sociedade feitas a partir da obra de Marx e Engels torna difícil, senão impossível, identificar *a* teoria marxista da comunicação. Os conceitos marxistas chegaram à comunicação a partir dos vários intérpretes de Marx: Theodor Adorno, Louis Althusser, Walter Benjamin e Antonio Gramsci podem ser considerados marxistas – ao menos em *algum* sentido – e, no entanto, suas interpretações da mídia são diferentes.

Ao pensar em uma interpretação marxista da comunicação, não se vai entrar na disputa sobre a maior ou menor autenticidade das inúmeras correntes marxistas do século 20, mas pensar em quais elementos dentre as ideias de Marx e Engels de fato foram interpretados de diversas formas e, a partir daí, aplicados à comunicação. Dentre as rotas mais utilizadas para se chegar à mídia, uma das mais importantes passa pela compreensão do conceito de ideologia. De fato, um de seus mais conhecidos trabalhos intitula-se justamente *A ideologia alemã*.

O conceito de ideologia começou a ser usado no tempo da Revolução Francesa como um sinônimo para o "estudo das ideias", "ideologia". Esse estudo se incluía no projeto de encontrar algum fundamento ou explicação para o modo de pensar dos seres humanos. Assim, "ideologia" seria uma espécie de metaestudo do conhecimento humano. O conceito de ideologia para Marx e Engels continua

69

a busca de uma origem das ideias e da consciência. A novidade foi identificar a origem social das ideias. Essa mudança abriu caminho para se questionar a relação entre a consciência e as relações sociais.

O materialismo deles se distingue de outros por sua aposta no caráter dinâmico e contraditório dessas relações sociais – o mundo não é óbvio nem previsível. Relações sociais são entendidas como um dos principais fatores na elaboração do pensamento humano. Pessoas vivem em relações sociais das quais não pode se livrar, mas podem transformá-las. Uma pessoa não pode escolher onde nasce, mas pode, em determinadas circunstâncias, ir para outro lugar.

Não há uma consciência completamente independente do espaço social onde existe, na medida da impossibilidade lógica de uma existência fora da sociedade e das formas materiais de relação social onde o ser humano aparece. As ideias são construídas nas relações sociais. E, por sua vez, essas relações estão vinculadas sobretudo à produção de bens e mercadorias.

Dentro da teoria marxista, um elemento identificado como central nas relações sociais é essa produção. Marx, em *O capital*, deixa claro de saída a importância da mercadoria como elemento central da sociedade capitalista. Mais do que o capital, a mercadoria é o fundamento da economia capitalista e ponto central das relações sociais.

As relações sociais de produção se organizam como a base da sociedade. Há uma lógica: se a mercadoria é o elemento central da sociedade, as relações de produção dessa mercadoria serão igualmente importantes. Daí a noção marxiana de uma base econômica da sociedade. Isso não significa que a economia domine todos os setores da vida social, mas que o centro da sociedade são as relações dinâmicas e contraditórias existentes na produção de mercadorias. As relações econômicas de produção, portanto, são consideradas por Marx como a base ou *estrutura* da sociedade. A partir daí, o imenso edifício das relações sociais se estabelece. Sobre a estrutura econômica fica a *superestrutura* social – cultura, religião, educação e política podem ser localizadas na superestrutura. Marx define a relação entre estrutura e superestrutura como uma espécie de reflexo: as mudanças na economia, a estrutura, tendem a influenciar mudanças nos outros espaços sociais, a superestrutura; se há conflitos em uma, haverá conflitos na outra. Mas é interessante não levar muito longe a aparente dualidade do modelo.

Marx e Engels não reduziam as relações sociais apenas às relações econômicas. Ao dizer que a base material determina as outras formas sociais, Marx não parece ter criado uma relação mecânica causal entre os dois elementos. E, vale ressaltar também, não se está lidando com conceitos abstratos, mas com relações concretas entre seres humanos no espaço de ação social relativamente restrito. Da união dos contrários aparecem resoluções. É a "dialética", do grego *dia* (duas) *logos* (razão, linguagem). A dialética social é a transformação da sociedade a partir da solução das contradições do presente em novas formações sociais do futuro. O pensamento dialético lida com a contradição como o motor a partir do qual novos caminhos e procedimentos são encontrados. Assim, o método dialético da conta de relações sociais dinâmicas e contraditórias em si sem o risco de se cair em um determinismo econômico ou social. A relação estrutura-superestrutura não é desprovida de conflitos.

Na estrutura ficam as relações de produção responsáveis pelas mercadorias. Essas relações se baseiam na permanente contradição entre dois grupos, separados por Marx e Engels conforme sua vinculação com os meios de produção, isto é, elementos técnico/tecnológicos e institucionais a partir dos quais é possível produzir mercadorias. Assim, a mercadoria está vinculada aos instrumentos necessários para sua produção. A posse desses meios garante a produção de mercadorias e, portanto, tem uma importância vital no sistema capitalista. O domínio dos meios de produção abre caminho para o domínio de outras áreas sociais. Marx e Engels dividem a sociedade em dois grupos. Os detentores dos meios de produção, os burgueses, e o restante da sociedade, que, sem a posse dos meios, nada tem para contribuir com a produção de mercadorias, exceto sua força de trabalho – os proletários. A divisão da sociedade entre burgueses e proletários vincula-se à lógica decorrente da produção de mercadorias – quem pode regular a produção, de um lado, aos que só têm a força de trabalho, de outro.

A partir da ideia de reflexo da infraestrutura na superestrutura, é fácil imaginar que o grupo dominante em um dos elementos será o grupo principal no outro. Assim, Marx e Engels sugerem uma dimensão política para os fatos e fenômenos da superestrutura na medida em que enxergam uma dimensão de classe em instâncias até então consideradas autônomas, como a política, a justiça, a comunicação, a arte e a religião. A mídia – como, de modo mais amplo, a linguagem e a comunicação – está na superestrutura como um elemento a mais na produção humana.

A crítica da cultura em Marx e Engels é uma crítica política, partindo da concepção de que a cultura obedece aos mesmos princípios, em essência, que regem a construção do sistema capitalista. Assim, a concepção de mundo dominante em uma sociedade capitalista será necessariamente alguma que justifique, regule e legitime esse sistema. Concepção de mundo: chega-se assim ao centro da concepção marxista de ideologia.

O conceito de ideologia

O conceito de ideologia pode ser entendido, em uma primeira análise, como um modo específico de ver o mundo. De acordo com essa noção, a compreensão que os indivíduos têm da realidade não é neutra, pura ou natural. Ao contrário, o intelecto e a prática são dirigidos por concepções derivadas de uma ideologia, isto é, princípios responsáveis por organizar o mundo real segundo uma lógica específica. Em outras palavras, uma ideologia é um conjunto de ideias e práticas a partir das quais uma pessoa interpreta o mundo ao seu redor.

No pensamento de Marx e Engels, a noção de "ideologia" é vista como uma "falsa consciência", isto é, a consciência de uma classe imposta sobre a outra – no caso, e "ideologia" seria a falsa consciência imposta pela burguesia ao proletariado com o objetivo de esconder a real situação da classe trabalhadora. Uma ideologia, neste sentido, é um conjunto de valores, práticas e aspirações responsáveis por criar a moldura a partir da qual o indivíduo entende o mundo ao seu redor.

Os valores ideológicos se caracterizam por raramente se apresentarem como tais. Ao contrário, uma das principais características de qualquer ideologia é apresentar como naturais, verdadeiras e inevitáveis suas ações. Uma ideologia é sempre um grupo organizado de práticas, valores e ações orientados para um determinado fim, interpretação particular do mundo e ações decorrentes disso.

Nesse sentido, toda ideologia está orientada para uma utopia. As ações ideológicas se justificam quando contrastadas com a doutrina. A razão de uma ação é sempre a ideologia que a orienta, de um lado, e o fim proposto, de outro. Uma ideologia existe voltada para o resultado a ser obtido no futuro. Uma ideologia pode ser compreendida como um ponto de vista a partir do qual se vê o mundo – e as ações de uma pessoa nesse mundo serão orientadas por esse ponto de vista.

Ao que parece, a ideia de "falsa consciência" explicada por Marx e Engels diz respeito à adoção, pelo proletariado, do ponto de vista burguês. Os proletários são levados a compartilhar ideias, valores, projetos e expectativas que não são do seu interesse, mas, ao contrário, auxiliam a classe dominante a manter sua dominação. A ideologia dominante cria o consenso entre as diferentes partes de uma sociedade, disfarçando as diferenças sob uma capa de igualdade. Assim, burgueses e proletários dividem os mesmos valores, as mesmas práticas, as mesmas ideias e concepções de mundo, como se todos ocupassem o mesmo lugar. As diferenças ficam ocultas pela capa ilusória da ideologia. A expressão do senso comum de que um empregado "é como se fosse da família" é um exemplo comum de ideologia: o vínculo familiar esconde a relação de trabalho. Note-se que esse processo é disseminado na sociedade, e nem mesmo a burguesia tem consciência disso. "Ideologia são as práticas cotidianas", na expressão de Ciro Marcondes Filho.

A análise da mídia no século 20 usou rios de tinta para desmontar textos culturais em seus elementos ideológicos, mostrando o que havia de "subtexto" nos produtos da cultura de massa. Desmontar um texto cultural é o caminho para encontrar quais valores estão escondidos nas entrelinhas. Negar a existência dessas entrelinhas é um ato ideológico. No caso do jornalismo, a leitura crítica mostrava como diversos tipos de valores estavam de certa maneira incrustados nos textos das reportagens, dirigindo automaticamente a percepção do leitor a partir do ponto de vista do produtor da notícia. O discurso da neutralidade passou a ser visto em si como uma forma de manipulação ideológica – quanto mais o repórter parecia falar de lugar nenhum, menos era possível atribuir suas escolhas na criação da notícia a valores, ideias e opiniões pessoais ou de grupo. Sob a ótica da objetividade, conteúdos ideológicos eram transmitidos como se fossem naturais.

O entretenimento também não escapou dessa desmontagem. Um dos estudos mais conhecidos nesse ramo crítico-marxista é um trabalho feito nos anos 1960 por Ariel Dorfmann e Armand Mattelart, *Para ler o Pato Donald*, sobre a ideologia dos quadrinhos Disney. Ao mesmo tempo, mas em outra chave de análise, Umberto Eco estuda o "Mito do Superman", enquanto no Brasil Moacir Cyrne e Orlando Miranda seguiam a linha crítica das histórias em quadrinhos. Dorfman e Mattelar, na leitura das aventuras da família Pato, identificam conteúdos ideológicos em histórias em quadrinhos aparentemente inofensivas. (Esse tipo de leitura ideológica, se levada às últimas consequências, pode terminar na paranoia de ver atos ideológicos onde não existe – algo que Engels previne em uma carta no final de sua vida.)

Veja-se, por exemplo, Tio Patinhas. Inspirado em um dos tipos mais avarentos da literatura, o Uncle Scrooge de *Um conto de Natal*, de Charles Dickens, Patinhas é dono de uma fortuna incalculável – se refere a ela como sendo "um quaquilhão", a partir da onomatopeia "quack", do som do pato. De origem escocesa, Patinhas chegou aos Estados Unidos ainda criança e começou a trabalhar como engraxate, ganhando sua primeira moeda de 10 *centavos* – a "moedinha nº 1", que se tornou uma espécie de amuleto. A partir desse primeiro salário, em uma série espetacular de negócios, vai enriquecendo até se tornar o "pato mais rico do mundo". O impulso para as aventuras é o lucro – o capital não tem fronteiras, já observavam Marx e Engels no *Manifesto comunista*. Certamente Marx nunca leu revistas em quadrinhos, mas dificilmente outra personagem se encaixaria na definição como o Tio Patinhas. No convívio com outros povos, Tio Patinhas e o clã Pato são superiores – em aventuras em países distantes, os habitantes são estereotipados na figura do selvagem, e os negócios terminam com lucros para o pato.

A moral das histórias do Tio Patinhas é o elogio do trabalho duro. Nunca descansa, não perde a chance de fazer negócios. Econômico, ou pão-duro, como dizem seus adversários, tem como máxima que "dinheiro economizado é dinheiro ganho". Seu uso do dinheiro é gerar mais dinheiro. Tio Patinhas não usa sua fortuna para nenhum outro fim exceto multiplicá-la. Raramente se beneficia dela: sua ética do trabalho é um fim em si. Vindo de família pobre de imigrantes europeus, conseguindo ficar rico na nova e promissora terra americana, Tio Patinhas é o protótipo do mito norte-americano do *Self-Made Man*. No caso, um *self-made duck*.

Os super-heróis, por exemplo, foram submetidos a uma análise igualmente crítica. Em alguns grupos de heróis, a mensagem é de tal maneira explícita que um exame detalhado chega a ser constrangedor. As cores da bandeira norte-americana estão nos uniformes do Super-Homem, Mulher-Maravilha, Homem-Aranha e, claro, no do Capitão América. A opção é pela causa norte-americana. Os limites da pesquisa marxista em comunicação não foram traçados. A leitura crítica da ideologia perdeu terreno no final dos anos 1980 por conta de certas restrições na concepção de comunicação que a orientava. A noção de uma ideologia sendo passada por um grupo dominante às vezes é aplicada de maneira mecânica e automática, sem levar em conta as possibilidades de resistência do receptor. Com isso, questiona-se em que medida o conceito de ideologia não foi levado além dos limites propostos por Marx e Engels e transformado, pela força do uso, em uma ferramenta metodológica igualmente rígida em sua concepção, deixando de lado a concepção dialética do conceito.

Um texto fundador

MARX, K. & ENGELS, F. *A ideologia alemã*. São Paulo: Hucitec, 1993.

2. Gramsci: mídia, hegemonia e cultura popular

De todos os teóricos marxistas do século 20, poucos consagraram tanta atenção ao estudo da mídia quanto o pensador italiano Antonio Gramsci. Nos seis volumes de seus póstumos *Cadernos do cárcere* há centenas de trechos sobre comunicação e cultura. Mais do que suas reflexões sobre jornais e revistas, a aplicação de alguns dos seus conceitos principais – hegemonia, bloco histórico, senso comum – foi responsável por uma mudança significativa nos estudos de comunicação e da cultura a partir dos anos 1960 e 1970.

As ideias de Gramsci estão espalhadas em notas escritas na prisão. Marxista em um país fascista – a Itália era totalitária desde 1922 –, não demorou muito para que suas atividades fossem consideradas um perigo para o regime e Gramsci fosse preso. Em sua cela, formulou toda uma teoria política de ação para compreender as ações do Estado e pensar em estratégias para a conquista do poder. O sentido da luta política ia por outros domínios além do confronto entre partidos e das ações revolucionárias, acreditava. O conflito pelo poder, em sua visão, passava por uma disputa pelas mentalidades. Não era possível exercer o poder sem a cumplicidade, mesmo despercebida, de largas partes da população. E essa articulação acontecia na esfera cultural.

Gramsci contrapõe ao poder visível da política a ação invisível da cultura. Um regime político pode ter consequências práticas imediatas, mas a ação cultural pode efetivamente transformar as mentalidades. Não é a sociedade política – os partidos e suas articulações – que constrói o poder, mas a cultura, expandindo o conceito de política como uma luta existente não apenas pelo Estado, mas também pela vida cultural de um povo.

A cultura é o espaço privilegiado de luta política. A autonomia da esfera cultural em relação à esfera política, de acordo com Gramsci, é uma ilusão criada sobretudo para manter o controle mediante a articulação de sentidos. A conquista do poder estabelecido não podia se dar apenas, ou em certas circunstâncias, pela via política, e Gramsci sabia disso. A ação revolucionária acontecia na cultura, em uma mudança na visão de mundo – o que ele chamava de *senso comum* – e que abriria caminhos para a ação política.

Gramsci não rejeitava a ideia marxiana do reflexo estrutura-superestrutura. No entanto, acreditava que a política e a cultura reagiam sobre a economia de várias maneiras. Não era rejeitando o poder constituído que ele seria conquistado. Era tomando o controle desse poder usando as mesmas armas. Esse confronto está na base do conceito gramsciano de hegemonia. Cultura, para Gramsci, não é apenas a produção artística ou literária, mas o modo como se vê o mundo, a perspectiva a partir da qual se compreende a realidade ao redor. Essa realidade construída é o que ele denomina "senso comum", visão de mundo compartilhada por todos, sem o rigor da concepção científica, mas voltada para a ação prática sobre a realidade.

Esse senso comum é o repositório de saberes acumulados tradicionalmente por um povo, onde se misturam conhecimentos científicos, tradições, crendices, mitos e a aprendizagem formal, escolar, bem como as informações trazidas pela mídia. O senso comum é histórico, mas se apresenta como se fosse criado do nada. Ninguém, a princípio, discute o que é evidente – e o senso comum procura se apresentar como sendo de tal modo evidente que qualquer questionamento mais profundo chegaria às fronteiras do absurdo e do bom-senso.

A armadilha está nessa equivalência, inexistente em português, entre senso comum e bom-senso. Se o primeiro se refere sobretudo a um grupo compartilhado de ideias, o segundo implica um julgamento de valor, garantindo que essas ideias são boas porque são comuns. Em escala social, o valor de uma ideia será medido de acordo com o número de pessoas que compartilham o mesmo ponto de vista, independente se esse ponto de vista é verdadeiro ou falso.

É nesse sentido que o senso comum é o mais poderoso instrumento de dominação – ele jamais se apresenta como tal e qualquer pergunta feita a ele parece um desafio à racionalidade. Esse controle do senso comum, no qual as contradições tendem a ser despercebidas, está ligado ao conceito gramsciano de hegemonia.

Em uma definição provisória, hegemonia é o controle dos elementos responsáveis pela formação do senso comum. A hegemonia está sempre em disputa e nunca é absoluta; é uma situação obtida a partir do controle dos elementos responsáveis pela construção do senso comum. Em particular, Gramsci centra sua atenção em três aspectos fundamentais da criação do senso comum: a escola, a mídia e a cultura popular. Gramsci via na cultura da mídia um caminho para compreender o senso comum.

Mídia e hegemonia

A lógica da operação era simples: se imensas parcelas da população leem um livro, é evidente que a mensagem desse livro seja incluída, com mais ou menos impacto, ao repertório de referências culturais das pessoas. Não adianta negar o fato, criticá-lo ou rejeitá-lo por se tratar de cultura de massa. Essa produção é parte do senso comum.

A cultura de massa tende a se articular com outros significados já existentes na cultura popular. Essa articulação é a dinâmica do senso comum, sempre em construção nessa negociação de sentidos. Ao invés da relação direta cultura dominante-cultura dominada, que para alguns pensadores significaria cultura de massa X cultura popular, Gramsci contrapõe a ideia de uma contínua articulação de sentido na construção de uma visão de mundo.

Daí que, pensando em termos atuais, se milhões de pessoas assistem ao mesmo programa, ao conhecer esse programa é possível entender alguns elementos da mentalidade dessas pessoas. Os componentes do senso comum não existem por si só, e seu sentido não é imposto aos espectadores. A apropriação dessas mensagens é um dos centros de preocupação de Gramsci.

No sexto e último volume dos seus *Cadernos do cárcere*, Gramsci volta os olhares da crítica para a literatura de massa, não para condenar, mas para decifrar suas mensagens e compreender as possíveis junções de sentido entre esse conteúdo difundido em massa e o senso comum. O resultado é um estudo da ideologia presente na diversão. A esfera da cultura, mesmo em sua formulação mais criticada de uma cultura de mercado para a massa, não deixa de ser política em sua mensagem.

Seu alvo principal é o antepassado da telenovela e das séries, a literatura popular de folhetim. A compreensão do folhetim parece ser um dos pontos fundamentais para se pensar um dos conceitos gramscianos mais próximos da pesquisa em comunicação, a ideia de "popular de massa". Nesse conceito, Gramsci articula duas ideias ao mesmo tempo próximas e contraditórias – a articulação entre uma cultura popular, baseada em tradições de um povo, e uma cultura de massa, produzida pelos meios de comunicação.

A ideia de construção de uma hegemonia está vinculada às possibilidades de um consenso, uma ideia mais forte de apropriação, articulação e adaptação em lugar de um conceito direto de dominação. A falha nessa hegemonia e as possibilidades de resistência, identificadas por Gramsci, trazem à tona os momentos em que a cultura de massa simplesmente é rejeitada pelos consumidores.

Um exemplo pode ilustrar a questão.

Na novela *Torre de Babel*, exibida pela Rede Globo em 1998, havia um casal homossexual protagonizado por Silvia Pfeiffer e Cristiane Torloni – uma das primeiras vezes em que o tema aparecia na mídia. Bonitas, ricas, donas de uma loja em um *shopping center*, eram tratadas como qualquer outro casal na trama. No entanto, os índices de rejeição do público eram altos, a ponto de interferirem na audiência da telenovela. Ao que parece, certos conceitos da moral popular se articulavam com a mensagem da telenovela no sentido de uma resistência vista na queda no número de telespectadores. A solução encontrada pelo autor foi tirar o casal da trama, matando-as em uma explosão no *shopping*.

A definição da cultura como "popular" ou de "massa" tende a ser vista, a partir de Gramsci, como necessariamente incompleta. A existência de uma requer a outra em uma articulação definida como "popular de massa", em um sentido dialético de contradições existentes na própria essência do acontecimento. O "popular de massa" ultrapassa as fronteiras de uma redução à esfera da produção cultural dominada por esta ou aquela forma. O lugar da mídia na teoria gramsciana, portanto, está vinculado à formação de uma visão de mundo. Os meios de comunicação ajudam a formar as estruturas de ação do senso comum.

No lugar da dominação autoritária prevista por outros teóricos da comunicação de massa, Gramsci entende as relações entre mídia e sociedade como um processo de articulação cultural, no qual nem a mídia, nem nenhuma outra instituição, obtém de antemão o controle do espaço social, mas, ao contrário, estão disputando a hegemonia das concepções de mundo. A insistência de Gramsci no estudo da cultura popular e/ou de massa deriva da preocupação em conhecer os elementos de formação do senso comum sem deixar uma perspectiva crítica, em particular nas expressões, nos modos de agir e de falar, na incorporação de elementos da mídia na cultura popular e, mais do que isso, nos processos de articulação entre elementos distintos em uma amálgama chamada senso comum.

Linguagem e senso comum

Gramsci pensa as relações entre linguagem e política a partir de uma dupla perspectiva. De um lado, a linguagem é o meio pelo qual concepções de mundo são compartilhadas em uma determinada trama social. Ao mesmo tempo, a forma específica de uma linguagem – falar "bem" ou "mal", por exemplo – em relação com as outras dentro de uma mesma sociedade tende a ser outro elemento a ser analisado. O senso comum ao mesmo tempo se revela e se reconstrói na linguagem.

Na medida em que o senso comum se articula nas formas linguísticas, ganha progressivamente a aparência de verdade e a ilusão da ausência da história é criada. A linguagem cotidiana do senso comum deixa para trás a história de sua própria construção. Quando se utiliza uma linguagem no cotidiano, usa-se todos os conceitos e ideias carregados com essa linguagem. A hegemonia no campo da linguagem abre caminho para a criação do consenso a respeito dos conceitos possíveis para se ver o mundo, e, desse modo, uma interpretação específica da realidade torna-se, pela via do senso comum, *a* concepção de mundo.

Gramsci vê essa articulação de uma maneira rica, complexa e contraditória: a construção de uma hegemonia na linguagem convive com contradições e contra-hegemonias. As diversas linguagens existentes ao lado das linguagens oficiais seriam formas de resistência a um discurso hegemônico que desabilita o uso de qualquer outra forma linguística como desvio da norma oficial.

A apropriação de Gramsci pelo campo da Comunicação ocorre sobretudo a partir do seu conceito de hegemonia, ideia amplamente aproveitada em particular na articulação feita pelos *Cultural Studies* britânicos a partir dos anos 1970. Gramsci tem uma visão mais sutil e filigranada do poder como algo existente na negociação constante de sentido. Sua leitura de Maquiavel parece ter ensinado que existem modos mais sutis de dominação – e que o poder, quanto menos visto, mais eficaz.

Texto principal

GRAMSCI, A. *Cadernos do cárcere.* Vols. 1, 2, 3 e 6. Rio de Janeiro: Civilização Brasileira, 1999.

3. A mídia como aparelho ideológico: Althusser

A contribuição de Louis Althusser aos estudos de comunicação se deu, sobretudo, a um de seus conceitos mais conhecidos, a noção de "Aparelhos Ideológicos do Estado", apresentada em um ensaio de mesmo nome publicado no final dos anos 1960. A ideia em si não é das mais complexas, mas sua formulação implica uma revisão do que se entendia por "dominação" dentro da teoria marxista. Vindo dos campos da Filosofia, procurou fazer uma leitura ortodoxa de Marx.

Althusser parte de uma pergunta bastante simples: por que a revolução não aconteceu? A resposta aponta para o poder dos Aparelhos Ideológicos do Estado em manter os trabalhadores quietos.

Althusser inicia seu ensaio a partir de uma afirmativa de Marx em uma carta a Klugelmann: "até uma criança sabe que as formações sociais que não reproduzem continuamente suas condições de existência não duram um ano". O capitalismo precisa o tempo todo reproduzir as condições de sua própria existência, em um processo autorreferente e cumulativo. No entanto, Althusser questiona sob quais condições existe de fato essa reprodução. Em *Por Marx*, resolve essa questão pensando que apenas, em última instância, a infraestrutura determina a superestrutura.

A leitura de Marx feita por Althusser indicava que era preciso compreender a sociedade como um todo para entender suas partes. Althusser indicava a existência, na superestrutura, de um conjunto de instituições responsáveis por defender o capitalismo no plano das ideias, não só como um sistema econômico, mas como um modo de vida a ser compartilhado. Os elementos do discurso capitalista, para se tornarem efetivos, precisavam combinar a dominação na esfera econômica com o domínio na esfera social – e o caminho para isso era a cultura. Althusser propõe uma análise automática do processo no conceito de Aparelhos Ideológicos do Estado.

A ideia de um "aparelho" indica um complexo organizado no qual as partes estão vinculadas em uma forma específica. Um "aparelho ideológico" é uma instituição social organizada para promover e defender a imposição dissimulada de um conjunto de valores e práticas sociais vinculadas ao pensamento de uma classe. A família, a escola, a Igreja, as formações jurídicas, e, em particular, os meios de comunicação estão entre esses aparelhos, voltados para difundir, da maneira mais sutil possível, os valores de uma classe social, a burguesia. Em termos mais claros, divulgar, em suas práticas e ações, uma ideologia. Desse modo, a ideologia é algo concreto e prático no cotidiano.

Os Aparelhos Ideológicos do Estado mantêm, na esfera simbólica, a dominação exercida pelos Aparelhos Repressivos do Estado na esfera política. Atuam ao mesmo tempo e garantem, dessa maneira, a reprodução das condições em que o capitalismo pode se reproduzir.

O Aparelho Repressivo do Estado constitui-se, para Althusser, no governo, exército, polícia, tribunais e prisões, enquanto o Aparelho Ideológico do Estado manifesta-se no sistema religioso, educacional, político, sindical, jurídico, na comunicação e na cultura. Enquanto existe apenas um aparelho repressivo, existe uma pluralidade de aparelhos ideológicos. E, mais do que isso, aponta Althusser, enquanto o aparato repressivo é público, os aparelhos ideológicos são em grande medida privados. Finalmente, enquanto o aparelho repressor funciona pela violência, os aparelhos ideológicos atuam pelo convencimento.

Althusser não foi muito mais longe em sua crítica da mídia na forma de um aparelho ideológico, embora aluda aos jornais pré-revolucionários que auxiliaram a eclosão da Revolução Francesa e mencione igualmente o domínio da cultura pelo Estado no sentido de selecionar e especificar *o que é* cultura como uma maneira de manter esse domínio. No entanto, a análise estrutural de Althusser teve uma grande e efêmera influência nos estudos de mídia.

A noção de "aparelho ideológico" parece deixar pouco espaço para as complexidades da dinâmica cultural. Não existe, por exemplo, possibilidade de resistência dentro do pensamento althusseriano: uma vez imposta pelo aparelho ideológico, uma determinada visão de mundo não encontrará dificuldade em se impor sobre o conjunto da sociedade.

Texto principal

ALTHUSSER, L. *Sobre a reprodução*. Petrópolis: Vozes, 2000.

IV. Comunicação interpessoal

1. Intersubjetividade, experiência e comunicação

De todos os fatos e eventos da realidade, apenas uma proporção mínima ultrapassa os limites da experiência imediata. A realidade coincide com o alcance dos sentidos em sua relação com as atividades mentais responsáveis por processar esses dados. A comunicação pode ser vista como uma maneira de expandir o universo mental das pessoas na troca de significados com outros indivíduos. Na vida social, esse procedimento tende a se expandir em quantidade e complexidade. Os conceitos, práticas e valores de um grupo ganham validade no momento em que são compartilhados por outro. Essa esfera de significados existentes de maneira objetiva – na medida em que são reconhecidos por todos e não pertencem a nenhum indivíduo em particular –, construída na intersubjetividade a partir de relações de troca de significado – e, portanto, relações comunicativas – pode ser entendida como o que chamamos de realidade.

Em outras palavras, a realidade social é construída a partir de relações de comunicação, no sentido de atribuir às práticas, valores e ações um significado compartilhado. O significado dado por um único indivíduo aos elementos que o cercam no mundo real tem valor limitado; apenas a intersubjetividade garante a validade das proposições, das práticas e dos valores. Não existe, nesse sentido, uma realidade única, e a construção da realidade social é objetiva na medida em que não está vinculada a um único indivíduo, mas a todos dentro de um grupo ou comunidade.

A noção de que o mundo social existe na intersubjetividade ajuda a resolver um dos principais problemas das ciências humanas: o que entendemos por "realidade"?

Se a realidade é construída na mente de cada um, qual é a prova de que o mundo ao redor simplesmente não é uma ilusão? Se a realidade pode ser resumida a um conjunto de impulsos elétricos e combinações químicas no cérebro humano, não há razão nenhuma para crer que esses estímulos de fato refletem o que os sentidos captam a cada momento. Até os sentidos podem ser simulados por impulsos elétricos, e até o que chamamos de realidade pode não existir. É a perturbadora ideia proposta por John Searle – a realidade não existe, somos apenas cérebros em uma cuba, sem corpos, alimentados por uma sopa orgânica e controlados por estímulos elétricos aplicados diretamente nos centros nervosos principais, construindo imagens, pessoas e fatos.

A ideia da subjetividade absoluta do conhecimento deriva de uma concepção filosófica baseada na precedência do conhecimento empírico sobre a reflexão mental. A realidade, sob esse ponto de vista, é definida como aquilo que nossos sentidos são capazes de captar. A partir daí, a realidade é construída na mente humana. A interpretação radical dessa proposição leva à ideia da subjetividade absoluta: se não existe um mundo além dos meus sentidos, consequentemente a realidade sou eu.

No entanto, essa hipótese parece de certa maneira repugnar ao senso comum mais elementar. É óbvio, pode-se dizer, que há uma realidade exterior. Mas o que prova a existência dessa realidade? A rigor, nada. Exceto ela mesma.

A noção de intersubjetividade desloca o foco dessa discussão para pensar nos aspectos da realidade compartilhados por um grupo de indivíduos. A compreensão da realidade deriva de conceitos divididos por várias pessoas e, de certo modo, constituindo uma trama de significados compreendidos como uma realidade social. O que garante a existência de uma realidade além dos meus sentidos e interpretações é a existência de outros indivíduos a partir dos quais pode-se compreender a mesma realidade. A realidade não é uma alucinação minha por conta do reconhecimento dos mesmos elementos, objetos, fatos e significados por outras pessoas além de mim. Esse reconhecimento mútuo dos significados, essa atribuição dos mesmos sentidos e significações às coisas é garantia da existência de algo além de mim, de uma realidade considerada comum, normal e aceitável por outros indivíduos. Em outras palavras, uma realidade social.

Aliás, um dos elementos distintivos dos comportamentos considerados patológicos é a ausência dessa compreensão do significado comum. A loucura, de certo modo, se caracteriza pela construção discursiva e prática de uma realidade particular à qual ninguém, exceto o louco. É preciso lembrar que a ação do louco *tem* sentido para ele. O que o torna louco, aos olhos do restante da sociedade, é sua recusa – ou impossibilidade – de compartilhar o mesmo conjunto de práticas e significados com os outros indivíduos.

A intersubjetividade ganha existência na forma compartilhada de signos, símbolos, interpretações e significados entre os indivíduos. A realidade é construída a partir do conhecimento mútuo dos indivíduos que compartilham um determinado espaço e tempo. Daí a ideia de construção social da realidade, na medida em que a atribuição de significados às coisas e aos fatos é uma característica, até onde se sabe, particular dos seres humanos. Daí a realidade ser apreendida pelo ser humano não apenas como um modo de decifrar signos, mas de elaborar e dividir significados com outros.

Um texto

BERGER, P. & LUCKMANN, T. *A construção social da realidade*. Petrópolis: Vozes, 1998.

2. Empatia e comunicação: a abordagem de Edith Stein

> Quando olho nos olhos de uma pessoa, seu olhar me responde. Me deixa penetrar por dentro ou me rejeita. É o senhor de sua alma, pode abrir e fechar suas portas. Pode sair de si mesmo e entrar nas coisas. Quando as pessoas se olham, estão frente a frente um eu e outro eu. Pode ser um encontro no limiar ou no interior da pessoa. Se é um encontro interior, o outro é um tu. O olhar do humano fala (Edith Stein, *Sobre o problema da empatia*, p. 94).

No senso comum, a palavra "empatia" geralmente é entendida como "se colocar no lugar do outro", "entender como a outra pessoa está se sentindo", um pouco parecida, às vezes com "compaixão" ou "pena". Em outros momentos, a empatia é apresentada como uma estratégia: "entender o outro" seria uma forma de persuasão, motivação ou liderança. Nada mais distante do que a concepção de empatia formulada pela filósofa Edith Stein.

Como toda boa pergunta filosófica, Edith Stein propõe uma questão simples para pensar em empatia: até que ponto é possível "se colocar no lugar do outro"? É fácil usar essa expressão no cotidiano, mas, na prática, podemos *mesmo* sentir o que outra pessoa está sentindo? É possível "se colocar no lugar de alguém" e vivenciar algo que nunca se teve? Como "sentir" o mesmo do que outra pessoa sem que isso resulte, na melhor das hipóteses, em um exercício de imaginação (na pior, a simulação de uma maneira alheia de sentir)?

Em seu livro *Sobre o conceito de empatia*, a autora desafia as concepções simples e propõe algo mais forte: a empatia é uma *ação*, um ato na direção de outra pessoa. Não dá para simplesmente "se colocar no lugar do outro" de maneira automática ou rápida, como se isso dependesse apenas de nossa vontade. É uma forma profunda de estabelecer um vínculo com os outros, e exige tempo, dedicação e esforço para encontrar *algo em comum* com outras pessoas. "Algo em comum": o ponto de encontro da empatia com a Comunicação.

Vale a pena explorar um pouco mais cada uma dessas questões.

Diante do outro, como posso colocar-me no lugar dele? Se nunca tive as experiências que a pessoa tem, de que maneira é possível entender o que ela está sentindo? E mesmo que já tenha vivido algo semelhante, minha maneira de sentir talvez não seja igual a de outras pessoas – uma experiência triste para uma pessoa, que a deixa mal durante semanas, pode não significar tanto para outra.

Ao mesmo tempo, se não existir nenhum ponto de contato com outra pessoa, seria impossível, ou pelo menos muito difícil, qualquer comunicação com ela.

Pathos, uma chave da empatia

Uma chave para resolver esse enigma é voltar para a origem da palavra "empatia". A palavra vem do grego antigo *pathos*, termo de tradução incerta: pode ser entendido como "paixão", não no sentido romântico, mas como sentimento muito intenso, quase próximo do sofrimento – a tradução latina de *pathos* é *passio*, de onde vem nossa palavra "paixão" e "passional". Não por acaso, a palavra também – com ressonâncias mais sombrias – também está ligada à "patologia". Isso destaca o aspecto de "sofrer", não no significado comum da palavra ("alguém está sofrendo"), mas de "ser intensamente afetado". Em um nível emocional profundo, em última instância, o sentido é de tal intensidade que arrisca a ser perdido no vazio, o "patético", além da possibilidade de nomear.

O *pathos*, portanto, não é qualquer sentimento, mas algo muito mais forte e intenso, no limite da sensibilidade. E também é uma "resposta" emocional ou passional, a alguma coisa – geralmente uma ação ou acontecimento que a desencadeia. E não precisa acontecer neste exato momento: podemos sentir essa mesma intensidade quando lembramos de um acontecimento ou imaginamos uma situação.

O termo "empatia" tem uma dimensão de movimento, de gesto, da ação de ir ao encontro do outro. O contrário de "empatia" não é "anti-*pathos*", mas o indiferente, o "a-*pathos*".

A empatia como fundamento da comunicação

Para Edith Stein, a empatia é um dos fundamentos da relação com o outro. Ela permite ter uma noção, ainda que aproximada, do que se passa com a alteridade. E isso é uma *ação*, tanto quanto um sentimento: não por acaso, Stein usa o verbo "empatizar". O comunicar parece requerer o "sentir-interno", o "*en-pathos*".

"Saber o que o outro está sentindo" depende, antes, de um vínculo com o que Edith Stein chama de "sensações originárias" ou "primordiais", isto é, minhas próprias experiências. Elas não são, de maneira alguma, *iguais* às de outra pessoa, mas são próximas e me ajudam a entender: alguém pode não saber qual é a alegria que sua amiga está sentindo, mas já sentiu alegria – sua "sensação originária" em relação a outra pessoa.

Cada uma de nossas experiências é única. Acontecem em uma época e um lugar determinados, são momentos únicos na trajetória de uma pessoa. Por outro lado, não são *completamente* diferentes das experiências de outras pessoas também. Isso permite encontrar aspectos parecidos, ainda que não idênticos – o caminho para a empatia passa por aí: não é "se colocar no lugar do outro", mas encontrar, nas minhas vivências, experiências e sensações, um ponto em comum com o que está acontecendo com a outra pessoa, a partir da qual é possível vislumbrar o que se passa no outro.

Adaptando um exemplo da autora, vejo no rosto de outra pessoa uma expressão de alegria, dor, alegria ou sofrimento; entendo seu gesto como revolta, descaso, júbilo; seu semblante denota tristeza, felicidade, desafio. Não há como saber, lembra Stein, se a pessoa está sentindo *mesmo* o que parece, mas é possível presumir isso a partir das sensações próximas que tenho e tive.

Conhecer as próprias sensações não é garantia de acesso ao que o outro está sentindo, mas oferece uma oportunidade para a ressonância da experiência alheia dentro das próprias limitações. A empatia não é se colocar no lugar do outro, mas um desejo de aprender o outro.

A dimensão do reconhecimento e do encontro

Isso requer tempo, abertura e sensibilidade.

A empatia não é automática, imediata, e menos ainda forçada: a situação de outra pessoa pode resultar apenas em indiferença de minha parte. Não é possível obrigar a empatia ou torná-la uma estratégia a ser usada com esta ou aquela finalidade: sua dimensão como *pathos* parece comandar algo diferente.

A empatia parece ser um processo aberto de percepção e conhecimento dos outros, a partir da qual se pode estabelecer uma relação de comunicação. A inexistência dessa abertura para o outro dificulta o estabelecimento da comunicação na medida em que o terreno comum necessário para isso não é construído.

As desigualdades na comunicação podem derivar, entre outros aspectos, dessa diferença: o conhecimento da própria vivência não se iguala ao conhecimento da experiência do outro senão em linhas gerais.

Empatia não é apagar das diferenças o que tornaria impossível a comunicação, mas reconhecê-las e incluí-las na Comunicação. Não é sinônimo de "harmonia"; ao contrário, há tensionamentos constantes com as relações de poder e assimetrias histórico-sociais existentes na interação entre sujeitos.

Aprender a empatia

A construção da empatia, para Edith Stein, começa na infância. Desde pequeno, explica a autora, aprende-se a reconhecer, nos outros, sensações parecidas com as suas ("ele está alegre", "papai está feliz", "ela está com dor") e percebe que, para além de si mesmo, sensações e sentimentos comuns a outras pessoas. É possível, assim, pensar a empatia para além de seu sentido comum de "se colocar no lugar do outro", mas como um "sentir-com" o outro.

Dessa maneira, a empatia se apresenta como a possibilidade de "sentir em relação", não "sentir no lugar" do outro. A vivência originária permanece inapropriável por outrem; no entanto, na abertura da generalidade de sua experiência é possível traçar uma aproximação que permite não apenas construção de um espaço comum, mas abre caminho para a comunicação.

Para agir em direção ao outro

STEIN, E. *Textos sobre Husserl e Tomás de Aquino*. São Paulo: Paulus, 2019.

_____. *Sobre el problema de la empatia*. Madri: Trotta: 2005.

_____. *Ser finito e ser eterno*. Rio de Janeiro: Forense-Universitária, 2018.

3. O modelo ABX de Newcomb

Ao que tudo indica, as relações sociais são, por excelência, relações de comunicação. A troca de informações entre um grupo é uma herança dos outros animais que os seres humanos desenvolveram em um alto grau de complexidade. Um dos elementos responsáveis por definir o que se entende por "vida social" é a existência de um tipo específico de relação entre duas pessoas chamado "relação social".

As relações sociais, de acordo com Max Weber, se pautam na alternância de ações sociais, isto é, ações que significam alguma coisa e estão voltadas para outra pessoa. A relação social acontece na interação entre as ações sociais – cada indivíduo, ao agir, espera algum tipo de ação proveniente do outro. Nesse sentido, uma ação social pode ser pensada como uma interação comunicativa entre dois indivíduos, uma ação mutuamente orientada na qual a ação do indivíduo A, uma vez compreendida pelo indivíduo B, cria um tipo de expectativa mútua da próxima ação.

Essa dinâmica acontece por conta do efeito mútuo das ações: em uma relação interpessoal, cada ação é influenciada pela anterior e vai alterar a seguinte. Quando se conversa, por exemplo, cada nova frase será criada a partir da última frase dita pela outra pessoa. Espera-se reciprocidade de temas e assuntos, embora quase ninguém combine isso com antecedência. Uma frase como "a inflação está caindo" espera uma resposta vinculada a questões econômicas. Uma resposta como "Sério? Eu gosto de mocotó" estaria fora dos limites aceitáveis de reciprocidade.

Um dos estudos que encontraria uma vasta descendência nas pesquisas em comunicação foi feito por Theodor Newcomb no início dos anos de 1950. Suas pesquisas tinham como objetivo compreender de que maneira a comunicação interpessoal é mutuamente orientada entre duas pessoas para se referir a um determinado objeto. Em outras palavras, ele queria entender como dois indivíduos interagiam em relação a um terceiro elemento, e como as afirmações de um influenciavam as frases seguintes do outro. Newcomb partia do princípio de que seres humanos tendem a evitar o conflito e buscar equilíbrio nas relações pessoais, evitando, o quanto possível, o desconforto de sustentar uma discussão.

Essa noção de tendência ao consenso e da tentativa de se chegar a uma opinião comum teria larga descendência nos estudos sobre opinião pública nos anos seguintes. A pesquisa de Newcomb mostrou em que medida conflito e consenso tendem a se equilibrar em uma situação de relação interpessoal. A partir disso, ele criou uma hipótese de comunicação interpessoal transformada em um modelo de orientação.

O modelo de comunicação de Newcomb prevê que, em uma situação de relação pessoal entre os indivíduos A e B a respeito de um fato, assunto ou ação X, haverá uma tendência de A e B a se orientarem mutuamente na direção de um consenso a respeito de X, isto é, progressivamente evitarão posições de confronto até encontrarem um denominador comum de suas opiniões a respeito de X. O modelo ABX de Newcomb, como ficou conhecido nos estudos de comunicação, define que na dinâmica de uma conversa entre duas pessoas sem um alto grau de intimidade, A e B, as opiniões divergentes em relação a um elemento X tendem a ser abandonadas conforme os interlocutores notem, um no outro, as direções a seguir.

Dessa maneira, as opiniões comuns serão valorizadas até que se chegue a uma situação de equilíbrio entre ambos a respeito de X. Com isso, evita-se arcar com o peso psicológico de uma discussão. Evidentemente há inúmeras variações nessa dinâmica, dependendo, entre outros fatores, do grau de conhecimento mútuo dos interlocutores. A chance de discordar de alguém não está apenas vinculada ao desacordo cognitivo entre ambos, mas também à possibilidade de fazer críticas e ressalvas. Quanto maior o grau de intimidade entre os dois interlocutores, por exemplo, maior a chance de se expor uma crítica. Da mesma maneira, a proximidade etária tende a facilitar esse tipo de relação. Ao contrário, em situações de hierarquia essa tendência ao consenso tende a desaparecer no respeito a uma opinião. O modelo ABX, portanto, parece indicar a existência de dois interlocutores em aparente igualdade de condições.

O modelo ABX de Newcomb

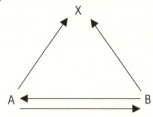

NEWCOMB, T. "An approach to the study of communicative acts". In: *Psychological Review*, 60, 1953, p. 393-404.

Há um outro detalhe: o tempo. A interação A/B relativa à X pode se alterar conforme o tempo de relação vai fluindo. O modelo ABX foi criado a partir da pesquisa com estudantes que moravam em uma acomodação universitária coletiva. A pesquisa teve dois momentos: no início do ano letivo, quando todos eram praticamente estranhos, e um semestre depois, quando a convivência já tinha atingido certo grau de intimidade que permitia uma interação mais descontraída. Newcomb notou a existência de certo padrão nas conversas e, posteriormente, nas decisões. Na relação interpessoal entre ambos, a tendência ao consenso evita que pontos de desacordo sejam discutidos e valoriza os pontos em comum. Os limites da comunicação interpessoal e a influência mútua se tornariam um dos assuntos principais da comunicação política nos anos seguintes, mostrando que um voto, mais do que uma decisão pessoal, depende de vários tipos de interação.

4. Festinger e a Teoria da Dissonância Cognitiva

Outra teoria da comunicação interpessoal relacionada ao estudo do comportamento mútuo e igualmente aplicável à compreensão de alguns elementos da comunicação pública foi a hipótese formulada por Leon Festinger em 1957, com o nome de *Teoria da Dissonância Cognitiva*. Em termos bastante simples, a ideia básica afirma que, no contato com uma fonte de informações, as pessoas apresentam uma tendência a buscar as que reforcem seus pontos de vista, evitando, por conseguinte, dados que possam fortalecer opiniões diferentes das suas.

Distanciando-se do senso comum, Festinger mostrou que o conhecimento e as novas informações não são necessariamente responsáveis por alterar as opiniões de uma pessoa; ao contrário, mesmo diante de evidências, os indivíduos buscam reforço para suas ideias. No limite, há uma tendência a eliminar o contato com as informações contrárias. Dessa maneira, a informação não tende a diminuir, por exemplo, o preconceito de uma pessoa. Ao contrário, há uma possibilidade de, no contato com informações a respeito do objeto de seu preconceito, o indivíduo procurar dados que reforcem suas concepções.

Festinger mostrou que existe uma dificuldade das pessoas em enfrentar situações onde suas opiniões, práticas e crenças são confrontadas de maneira direta com uma informação contrária. Esse choque entre o conhecimento antigo e o novo é a *dissonância cognitiva*, isto é, o desacordo entre dois conjuntos de dados igualmente obtidos por uma pessoa. O resultado desse choque é o desconforto psicológico, outra expressão usada por Festinger para descrever a instabilidade do indivíduo diante do choque de informações. Diante dessa situação, a tendência em geral é evitar o contato com a informação dissonante e procurar imediatamente o apoio de informações que possam equilibrar a situação, oferecendo suporte cognitivo para o indivíduo.

A pesquisa conduzida por Festinger testava o comportamento de indivíduos numa situação de desacordo informativo entre suas opiniões e atitudes, de um lado, e a informação disponível, de outro. Para isso, reuniu proprietários de carros novos que tinham comprado seus veículos há pouco tempo. Esse grupo foi exposto a dois tipos de informação: de um lado, propagandas do veículo recém-adquirido, falando das vantagens e utilidades; de outro, notícias sobre os possíveis problemas da marca e do carro. Festinger notou uma tendência dos motoristas a evitar qualquer contato com a informação contrária, procurando, ao contrário, ler a propaganda e se inteirar a respeito das vantagens do veículo. Era difícil para os proprietários enfrentar a exposição a uma informação frontalmente contrária a uma atitude recém-tomada, fruto de um gosto e de uma opinião.

Em outra pesquisa semelhante, Festinger repetiu o experimento, desta vez tendo como objeto o fumo. Pediu-se a um grupo de fumantes que escolhesse artigos de jornal deixados aleatoriamente à sua disposição. Os artigos, em sua maioria, eram opiniões contra ou a favor do cigarro, ora reforçando os possíveis males, ora mostrando que não existiam provas conclusivas a respeito de nenhuma doença causada pelo cigarro. Novamente os participantes evitaram o desconforto de enfrentar uma informação contrária à sua opinião e procuraram se munir de informações que dessem respaldo a seu ponto de vista.

Há inúmeras situações cotidianas nas quais é possível encontrar exemplos da formulação de Festinger.

A partir dela é possível explicar, por exemplo, porque tomar uma bronca coletiva é mais fácil do que uma individual. Supondo, por exemplo, que um professor mandasse um e-mail para cada aluno dizendo "Você não foi bem na avaliação", haveria uma tendência ao desconforto na medida em que cada um poderia pressupor ser o único a ter ido mal, e veria em todos os outros uma silenciosa cobrança – uma informação contrária à esperada, portanto. No entanto, mandando um e-mail coletivo dizendo "Nenhum de vocês conseguiu a nota mínima" o desconforto é claramente reduzido na solidariedade mútua da perspectiva de certo alívio, "eu não fui bem, mas eles também não".

O desconforto psicológico pode assumir várias formas, de um simples constrangimento à timidez, em um sentido de deslocamento entre o indivíduo e a situação ao seu redor. Dessa maneira, encontrar pessoas que pensam e agem como nós reforça a percepção de que estamos agindo corretamente – não é da ação em si que garante o conforto psicológico, mas o número de indivíduos com quem se compartilha essa ação. Nesse sentido, em termos de dissonância cognitiva, tende a causar menos desconforto psicológico estar errado em grupo do que estar certo sozinho.

Dessa maneira, é mais fácil e mais simples conviver com pessoas que compartilhem nossas opiniões, questões e problemas. A ideia de Festinger tornou-se um ponto de partida nas ciências sociais e na psicologia, e encontrou um campo fértil de aplicação nas teorias posteriores sobre a construção da opinião.

A tendência ao equilíbrio na busca de informações tende a girar em torno do equilíbrio entre o individual e o coletivo na construção das práticas e opiniões. A comunicação interpessoal é uma referência importante na comunicação de massa – uma opinião não é criada a partir de decisões individuais, mas da relação recíproca entre os indivíduos em contato com um objeto e, mais do que isso, a partir do momento em que compartilham práticas, ideias, atitudes e julgamentos de valor. Uma perspectiva que se revelaria importante nos anos seguintes, em particular nas pesquisas sobre comunicação política e opinião pública.

Texto principal

FESTINGER, L. *Teoria da Dissonância Cognitiva*. Rio de Janeiro: Zahar, 1976.

5. A poética da realidade da mídia: Niklas Luhmann

Na obra de Niklas Luhmann, dedicada em parte à Teoria dos Sistemas e à Sociologia do Direito, a Comunicação ocupa um lugar independente. Ela existe não por conta de outros fatores – o indivíduo, por exemplo –, mas como um tipo particular de atividade que transcende a esfera humana, organizando-se em um sistema à parte. Em um sistema, a relação entre seus componentes é um elemento dos mais importantes na medida em que define *como* será essa interação. Quando se pensa que toda relação é, fundamentalmente, um tipo definido de comunicação, pode-se ter uma ideia da sua importância na teoria da comunicação de Luhmann. O autor foi um dos primeiros a trabalhar o problema dos limites da Comunicação e apontar os problemas da chamada "incomunicação". Qual a probabilidade de que uma comunicação seja de fato compreendida? Para o autor, comunicar é o resultado de uma tripla seleção:

1) A partir do conjunto possível de informações, α, uma parte é selecionada como relevante a ser efetivamente transformada na mensagem: $\alpha_{informação}$.

2) Essa mensagem, no entanto, é em si limitada pelas características específicas de cada meio de comunicação, o que implica escolher, dentre as mensagens selecionadas, o que será comunicado. Isso novamente prevê uma seleção na mensagem α original, que se torna α informação + transmissão.

3) Nada garante que a mensagem α será compreendida pelo receptor. Essa mensagem só pode ser entendida na medida em que estiver vinculada ao contexto de quem a recebe – seu repertório, sua memória, o contexto social no qual está inserido. Com isso, a seleção de mensagens α necessariamente se converte em β no receptor: a mensagem é recebida e compreendida em razão de outro sistema de seleções e escolhas do receptor – seu interesse no assunto, sua disposição para prestar atenção, seu repertório para entender plenamente. Compreender, explica Luhmann, nunca é apenas duplicar a mensagem em outra consciência, mas é o ato de criar conexões com outros elementos que permitam ao indivíduo articular novas mensagens dentro do sistema de comunicação. Desse modo, argumenta o autor, a comunicação é o elemento responsável por criar a comunicação. Não há um indivíduo ou sujeito do qual ela dependa, não outro que ela mesma. Dito de outra maneira, a troca/criação da comunicação só é possível dentro de um sistema de comunicação, em uma autorreferência criadora denominada "autopoética" por Luhmann.

A comunicação, em parte, reside nessa relação de escolhas e seleções entre emissor e receptor – a comunicação se delineia como o elemento residual entre as seleções presentes em cada etapa do processo. Perguntar "você está me entendendo?", nesse sentido, oscila entre o inútil e o redundante: mesmo em uma situação ideal de comunicação, na qual todos os pressupostos de integração estão definidos, aquilo que é "entendido" continuaria sendo apenas uma fração da comunicação original – e, no entanto, na medida em que a realidade social se estabelece a partir disso, essas frações se tornam responsáveis por definir, a partir da comunicação, o que se entende por "cotidiano".

As preocupações de Luhmann, nesse sentido, o levaram a expandir seu foco de análise para o estudo dos meios de comunicação de massa, especialmente em seu livro *A realidade dos meios de comunicação*, no qual explora as diversas formas e possibilidades dessa relação entre os elementos do sistema social – sem perder de vista, é claro, que a própria mídia é também um sistema. O sentido de "meios" é amplo, incluindo da interação humana à mídia eletrônica.

O título é polissêmico. A "realidade" em questão não é apenas a *dos* meios de comunicação, mas também a realidade social *pelos* meios. Essa ambivalência é utilizada pelo autor para desenvolver um estudo da comunicação em seu contexto social a partir dos meios: "Aquilo que sabemos sobre nossa realidade, ou sobre o mundo no qual vivemos, o sabemos pelos meios de comunicação", explicado na p. 19.

Na medida em que a realidade social é construída na comunicação, a relação entre elementos de um sistema pode ser vista como uma imensa produção e troca de mensagens. O cotidiano é uma enorme trama de sentidos e significações constantemente em circulação, produzidos e trocados a partir de cada indivíduo. Essas mensagens são uma produção dos meios, mas ao mesmo tempo os envolvem. Tendo na linguagem sua matéria-prima, os meios de comunicação de massa são instâncias mediadoras da realidade, em uma redefinição contínua da constelação de conhecimentos potenciais. Eles trabalham os signos recebidos e os devolve à trama social, sendo ao mesmo tempo sujeito e objeto do processo de criação da realidade, estabelecendo uma relação entre o público e o publicado. Narrar significa relatar um fato, desenvolver uma narrativa minimamente coerente que contemple um começo, um desenvolvimento de acordo com regras estilísticas. Toda história tem um começo, um meio e um fim. E, sobretudo, tem um sentido, uma moral. Os meios de comunicação veiculam discursos específicos na construção de universos simbólicos que pautam a ótica que terá o leitor-receptor da realidade.

Nesse particular, os meios de comunicação, como instituições sociais, de certa maneira condicionam a obrigatoriedade de acatar as escolhas alheias como critério de ação social. Assim, para que o indivíduo possa compreender o que o circunda, é preciso que se opere uma seleção e organização dos símbolos do mundo real e uma redução da complexidade social – a seleção torna o mundo inteligível. Improvável, mas compreensível.

Na probabilidade de ler

LUHMANN, N. *A realidade dos meios de comunicação*. São Paulo: Paulus, 2005.

_____. *A improbabilidade da comunicação*. Lisboa: Vega, s.d.

MARCONDES FILHO, C. *Até que ponto nos comunicamos?* São Paulo: Paulus, 2005.

Seção B

Do texto ao contexto

I. Comunicação e linguagem

Abertura

• *Texto*, em uma definição aproximada, é qualquer agrupamento de signos que tenha um sentido relativamente completo. Um texto escrito é um "texto", mas igualmente uma pintura – um "texto visual" – ou uma música – o "texto musical".

• O nome é aplicado também para designar produções e artefatos culturais gerados em um sistema de signos – é um "texto cultural". A produção cultural forma um texto, isto é, uma representação da realidade que tem um significado a ser decodificado.

• *Discurso* é a produção textual – o que é dito, escrito, pensado, falado – vinculada a um determinado lugar, tempo e agrupamento específico na sociedade.

Dizem que falar é fácil. Mentira. É uma das atividades mais complicadas que a espécie humana já inventou. O número de fatos em uma conversa é tão alto que, se nos déssemos conta, provavelmente teríamos outra atitude em relação ao desperdício de palavras no cotidiano. O estudo da linguagem articula-se com ideias no campo da Linguística, Filosofia da Linguagem, Fonética e Semântica, pelo menos. Há também apropriações na Teoria da Literatura e na Psicologia, sem mencionar a Sociolinguística – e a lista poderia seguir.

Questões de linguagem ocupam um lugar privilegiado no pensamento ocidental. Desde a Grécia Antiga, várias culturas produziram suas próprias concepções a respeito de como linguagem, realidade e pensamento estão relacionados. Poucos filósofos deixaram de tocar no tema, de Platão, nos diálogos *Górgias*, no *Mênon* e no *Político*, e Aristóteles, no *Organon*, e na *Retórica*, até a filosofia contemporânea – certos estudos chegam a mencionar a "virada linguística" no pensamento filosófico do século 20.

Há uma relação tripla entre linguagem, pensamento e sociedade. Eliminar uma dessas dimensões tende a criar obstáculos para a compreensão dos fenômenos de comunicação. No entanto, se não é possível *eliminar*, é necessário *delimitar*, e, nesse sentido, o estudo do uso da linguagem neste texto será feito a partir de um quadro de referências dos usos sociais da linguagem como prática comunicativa. O estudo da linguagem não se resume a isso.

Dentre os autores que trataram dessa questão, Piaget e Chomsky questionaram a formação da linguagem, enquanto Wittgenstein e Austin dirigiram seus trabalhos para pensar a linguagem como uma ação social. Essas divisões são por uma questão de texto e, na prática, não são rígidas. Um dos primeiros estudos dedicados a essa relação tripla, mais em termos de apropriação no campo da Comunicação do que cronologicamente, foi um trabalho pioneiro de C.E. Ogden e I.A. Richards, por onde esta seção começa.

1. O modelo de Ogden e Richards

Em 1923, os pesquisadores britânicos Charles B. Ogden e I.A. Richards propuseram um audacioso modelo de comunicação para explicar as relações entre linguagem e pensamento. Sua intenção era mostrar como linguagem, pensamento e realidade estavam vinculadas em uma relação de causa e efeito. A partir das ideias combinadas de Saussure, Pierce e de uma vasta formação em Linguística e Filosofia, os autores estabeleceram que o significado das palavras, embora seja arbitrário, isto é, seja fruto de uma convenção, é a ligação necessária entre as palavras e objetos para que possamos compreender a realidade ao redor.

No livro *O significado de significado*, autores partem de uma questão óbvia: quando conversamos, as palavras criam significados em nossa mente. Esses significados ligam a linguagem e o pensamento em uma relação de causa e efeito: quando dizemos uma frase, nosso pensamento causa uma série de expressões linguísticas; ao ouvirmos o que é dito, essas palavras produzem em nossa mente um significado.

O ponto de partida é que não existe nenhuma ligação necessária entre uma palavra e o seu significado. No entanto, na vida cotidiana, essa ligação *parece* óbvia: as expressões estão indelevelmente ligadas ao seu significado, e portanto não há como pensar em uma palavra sem pensar no conceito definido por ela. No entanto, se não fosse essa impressão de que palavra e significado são uma coisa só, nosso pensamento não daria conta de entender a realidade.

As relações entre a linguagem e os conceitos em nossa mente, para eles, é direta. Mas por que *uma* determinada palavra cria *um* significado? Por que aquele e não outro? De acordo com os autores, é porque aprendemos a estabelecer essa relação de causa e efeito entre palavras e coisas. Não existe nenhuma relação definida entre uma expressão e o objeto para o qual ela aponta, isto é, seu significado. O vínculo só existe em nossa mente, como expressão de uma ordem que aprendemos a manter. Os autores propõem um diagrama para explicar essa relação:

OGDEN, C. & RICHARDS, I.A. *The meaning of meaning.* Londres: Routledge, 1960.

Quando associamos o som "cachorro" a uma simpática criatura de quatro patas, fazemos uma associação arbitrária entre o *símbolo* (c-a-c-h-o-r-r-o) e o *referente*, isto é, o objeto externo ao qual se refere. No entanto, essa aparente verdade na relação só existe porque o pensamento/referência identifica o símbolo, ou signo, com o referente (ou significado). Para Ogden e Richards, a linguagem é o elemento usado por nossa mente para organizar a realidade exterior. A sequência gramatical é uma ordem lógica que torna compreensível uma realidade que é por si só desprovida de qualquer organização ou significado. Dessa maneira, a ordem no caos é mantida pela linguagem. O ato de falar inclui aspectos biológicos, sociais e psicológicos em uma espécie de espiral: um elemento não existe sem o outro. O desenvolvimento da linguagem está vinculado ao do pensamento; o pensamento, por sua vez, se apoia em uma estrutura biológica em constante mudança.

Ao mesmo tempo, a linguagem existe como um fenômeno social: nós *aprendemos* a falar, e, junto com ela, aprendemos categorias de ação, percepção e comportamento sociais. Dessa maneira, as três dimensões da linguagem – biológica, psicológica e social – estão diretamente interligadas. Se a divisão aqui é arbitrariamente focada nos aspectos ligados ao raciocínio e à interação social, é porque seria difícil tratar de todos os aspectos ao mesmo tempo.

A linguagem não é apenas uma troca de informações. É um elemento constitutivo da realidade onde se vive e um indicador de ações futuras referentes a aspectos externos à linguagem. Isso sugere que a linguagem é o único tipo de atividade que aponta para elementos *fora* de si mesma. O ato de comunicação verbal não começa nem termina de acordo com o canal de comunicação. Ele começa antes e termina depois. A partir das trocas de linguagem são determinados os significados do mundo exterior, que estruturam a realidade imediata de uma forma coerente e, a partir daí, interpretam os fatos de alguma maneira e não de outra.

No entanto, essa linguagem não foi criada por nós. Desde os primeiros anos de vida aprendemos uma língua e, com ela, a *lógica* particular desse idioma, com suas possibilidades e limitações e, de certa maneira, isso imediatamente interfere na nossa maneira de ver o mundo. A língua de um povo não é apenas um meio de criar significados para coisas e ideias, mas, de certa maneira, cria e mantém todo o repertório de significados e práticas – daí a vital importância política da linguagem: mais do que parte da cultura, a linguagem é um instrumento que define e fixa a produção cultural e o modo como o mundo será estruturado.

Texto principal

OGDEN, C.K. & RICHARDS, I.A. *O significado de significado*. Rio de Janeiro: Zahar, 1972.

2. Ludwig Wittgenstein e os limites do silêncio

Em *Vidas secas*, de Graciliano Ramos, o protagonista, Fabiano, é quieto. Lavrador expulso de suas terras pelas terríveis condições de vida, inicia uma jornada até a cidade grande, onde espera encontrar uma situação melhor. Vindo do interior do Nordeste em uma situação de agricultura familiar em decadência, sem acesso à linguagem legítima, Fabiano compreende o mundo com as categorias linguísticas que tem. Algumas situações lhe parecem incompreensíveis: ele simplesmente não tem como dizer aquilo que está vendo. A linguagem é seu limite, não pode ir além dela no terreno da compreensão mais ou menos completa daquilo que está sendo visto.

Sem ter como falar, Fabiano é quieto. A personagem exemplifica uma das proposições mais conhecidas do filósofo austríaco Ludwig Wittgenstein, segundo a qual "os limites de minha linguagem são os limites do meu mundo".

Wittgenstein foi um dos poucos filósofos que criou dois sistemas filosóficos completamente diferentes: de um lado, os estudos da relação entre linguagem e realidade como uma forma lógica de possibilidade enunciativa – ou seja, o que eu posso ou não dizer; de outro, foi o precursor dos estudos relativos aos atos da fala como uma interação social baseada na comunicação. Da ética à linguística, da estética à comunicação, foram poucas as áreas em que Wittgenstein não teve alguma influência.

Em seu único livro publicado em vida, o *Tractatus logico-philosophicus*, Wittgenstein substitui a forma tradicional de argumentação – exposição de uma tese, argumentação, conclusões – por uma coleção de frases numeradas e relacionadas entre si. O livro começa: "1. O mundo é tudo o que é o caso; 1.1. O mundo é a totalidade dos fatos, não das coisas". E assim, sem explicação, o livro vai até a proposição 7.0: "Sobre aquilo que não podemos falar, devemos nos calar". As impressões ao término da leitura oscilam entre pessoas fascinadas pelas possibilidades de trabalho com a linguagem e leitores desconcertados pela aparente montagem surrealista das afirmações.

O trabalho examina por que podemos falar aquilo que podemos falar. A linguagem é uma estrutura lógica para dar conta de uma realidade que não é lógica, e esse paradoxo não passa despercebido para Wittgenstein. Ao falar reduzimos a complexidade dos fatos a uma condição gramatical que tende a simplificar ao máximo esse fato específico, garantindo sua compreensão. Ao menos em aparência. E essa é a questão: como acreditar que compreendemos uma linguagem? Quais são as possibilidades e consistências do ato linguístico, partindo do princípio que a linguagem estrutura uma realidade plural em uma lógica singular? A linguagem é uma representação do mundo, mas Wittgenstein desconfia da possibilidade dessa representação.

Não se trata de um retrato da realidade, mas de uma nova formulação da realidade dentro dos limites dessa linguagem – daí a proposição 5.6 dizer com todas as letras que "os limites da minha linguagem são os limites do meu mundo".

Para além dessa linguagem está o inexprimível, aquilo que ultrapassa o próprio pensamento e não pode ser apreendido pela linguagem. A ética, a estética e a existência de Deus são assuntos sobre os quais não se pode falar simplesmente porque estão além dos limites da linguagem. Não importa o que se diga *logicamente* sobre esses assuntos, é impossível verificar sua existência em outros termos que não o da pressuposição linguística. Dessa maneira, a questão problema se elimina em si mesma.

Para Wittgenstein, os problemas filosóficos que não podem ser resolvidos podem ser dissolvidos em questões de linguagem: eles não existem na medida em que não podem ser contidos em uma linguagem que represente o cotidiano. Não existem porque não podem ser falados em uma relação lógica com a realidade; falar sobre isso ou não, em última instância, não fará a menor diferença e, nesse sentido, não conduzem a discussão para lugar algum.

Sobre os elementos da realidade a respeito dos quais não é possível fazer algum tipo de ligação entre sua existência e a lógica da realidade, não é possível falar – o resultado é o silêncio. Além dos limites da linguagem existe, como mencionado, "o inexprimível". Daí sua proposição final do *Tractatus* ser um perturbador "sobre aquilo que não podemos falar, devemos nos calar".

A postura de Wittgenstein a respeito do que pode ou não ser expresso na linguagem referia-se a uma possibilidade lógica. O resultado prático de uma afirmação está na possibilidade de ligação entre as palavras utilizadas e a realidade. O mundo representado está na linguagem usada para representá-lo. As diferenças nesse uso são relacionadas às possibilidades de alguém se situar diante da realidade onde está – é o caso, por exemplo, de Fabiano em *Vidas secas*. O silêncio da personagem pode ser decorrente de sua impossibilidade de falar sobre o que está vendo na inexistência de uma linguagem disponível para tanto.

As fronteiras da realidade de Fabiano mudam em sua jornada; essa mudança espacial, no entanto, não encontram correspondentes mentais. Ao se deslocar de uma realidade conhecida e imediata para outra, Fabiano não dispõe do repertório léxico e conceitual para compreender as novidades que vê, e torna-se um estrangeiro dentro de sua própria linguagem. Fora dos limites da linguagem há o nada.

Depois de mostrar, no *Tractatus Logico-philosophicus* que os limites da linguagem eram intransponíveis, Wittgenstein tomou a coerente atitude de transpor os limites da linguagem nas *Investigações filosóficas*. Essa atitude deixou as gerações seguintes de filósofos bastante curiosas a respeito da relação entre as duas obras, e é atualmente comum falar no "primeiro" e no "segundo" Wittgenstein. As *Investigações filosóficas* estão ligadas ao estudo prático dos usos da linguagem.

As relações entre as palavras e seu significado não são simplesmente arbitrárias, nem são permanentes. A linguagem não existe como um sistema puro, independente da maneira como é usada. O significado das palavras só é dado nos chamados "jogos de linguagem", isto é, nas interações linguísticas do cotidiano. Dessa maneira, o estudo da linguagem só pode ser feito a partir da análise da relação entre os indivíduos em situações "normais" – na falta de um nome melhor – de conversa, um "jogo de linguagem" no qual é possível identificar em que medida e em quais situações um determinado uso é dado às palavras. Assim, há um deslocamento do conceito puro de uma linguagem descritivo-analítica e logicamente coerente do *Tractatus* para se entender o significado atribuído às palavras em cada situação. A diferença é que a lógica aqui está no uso.

A pragmática preocupa-se com a *performance*, isto é, o modo como as palavras são usadas para significar alguma coisa. Há sentenças gramaticalmente perfeitas, semanticamente aceitáveis que não existem em termos pragmáticos porque não podem ser usadas em nenhuma situação, exceto na criação poética. Por exemplo, não há nada de errado em afirmar "O céu amanheceu amarelo" ou "Esta chaleira é redondamente prateada", exceto pelo fato dessas frases não terem uso prático.

A linguagem cotidiana apresenta-se geralmente como o oposto desse tipo de construção: ao conversar, os interlocutores esperam que as frases *tenham sentido*, isto é, possam ser compreendidas. As falas são estruturadas de maneira que, obedecendo a um conjunto comum de regras, possam ser corretamente decodificadas pela outra pessoa.

Uma conversa implica inúmeras variáveis que nem sempre estão sob controle dos falantes. Nem todas as expressões em uma conversa têm o mesmo valor. Há regras do uso que garantem o desenvolvimento de uma conversa.

O grau de importância das diversas frases é medido pelo contexto da conversa. Quando uma pessoa diz "bom-dia!", na verdade está dizendo "Olá. Queira considerar que a partir deste momento entramos em uma interação linguística, procure me dar atenção". O "bom-dia" uma forma mais prática de dizer a mesma coisa.

A compreensão das frases, em uma conversa, depende da pressuposição imediata dos interlocutores. A cada frase ouvida, cada um reestrutura sua disposição em relação a outra pessoa. Há uma expectativa do que acontecerá nos instantes seguintes. Ao se encontrar um amigo que não se vê há anos, o ato linguístico seguinte implica geralmente algum tipo de questão sobre o tempo durante o qual não houve contato – "e aí, o que você tem feito?" – pontuado por expressões que ressaltem o lapso temporal: "Puxa, faz tempo!" ou "Não te vejo desde..."

No entanto, na medida em que a interação comunicativa vai se tornando mais densa no decorrer de uma conversa, as pressuposições tendem a ocupar um espaço maior. O sentido de uma conversa, por exemplo, pode ser completamente alterado a partir das pressuposições que antecedem a conversa. Ao receber um e-mail do superior dizendo "Precisamos conversar. Más notícias" é um exemplo extremo: o indivíduo já vai para a conversa pressupondo cada frase como negativa. A desconfiança mútua entre interlocutores, por exemplo, desmonta qualquer possibilidade de entendimento de antemão: a cada frase pronunciada a outra pessoa pressupõe que há um elemento de malícia.

A pressuposição de fatos anteriores à interação linguística tende a modelar todo o sentido da conversa – a compreensão será orientada para encontrar sinais, na conversa, que confirmem a predisposição do interlocutor.

Expressões como "já sei o que você vai dizer" mostram esse tipo de predisposição. Grande parte desses pensamentos anteriores é construída a partir de ligeiras evidências, não de provas. Além disso, dada a incapacidade de grande parte da humanidade em ler pensamentos, a pressuposição "já sei o que você vai dizer" traz em si um risco de erro, por menor que seja. A intenção do interlocutor é sempre desconhecida do ouvinte na medida em que não há uma determinação dos seres humanos para o comportamento verbal desta ou daquela maneira. Na comunicação interpessoal, a pressuposição do sentido da ação linguística da outra pessoa diminui a possibilidade de entendimento.

O significado de uma expressão está em permanente estado de flutuação: não é nem o que se pensou, nem o que se disse, nem o que se ouve, mas o mínimo denominador comum desses elementos. Nesse sentido, a pergunta "o que você quer dizer com isso?" não pode ser respondida na medida em que o significado não é fixo, mas está em trânsito permanente entre os espaços de produção e recepção da fala. Mesmo no uso não existe *um* significado, mas quantos forem os parâmetros de referência dos interlocutores.

As complexidades da interação comunicativa se objetivam nos atos da fala, isto é, na estruturação em signos dos conteúdos da mente do indivíduo.

A linguagem tende a limitar a compreensão de mundo do indivíduo falante dentro de suas estruturas. Dessa maneira, pensar o mundo exterior está ligado às possibilidades desse pensamento; não existindo uma referência, não há o meio de expressão – e o resto é silêncio.

Textos mais desconcertantes

WITTGENSTEIN, L. *Investigações filosóficas*. Petrópolis: Vozes, 1996.

_____. *Tractatus logico-philosophicus*. São Paulo: Edusp, 1993.

3. A Teoria dos Atos da Fala: J.L. Austin

Os estudos da prática de linguagem, como vimos, têm dois pontos de partida. O primeiro são as *Investigações filosóficas*, de Wittgenstein. O outro é um trabalho do filósofo inglês J.A. Austin, *How to do things with words*.

A Teoria dos Atos da Fala (*Speech Acts*), tal como a entende Austin, trabalha com uma concepção da linguagem a partir das possibilidades de ação das palavras. Essa perspectiva representou uma inversão na maior parte dos estudos linguísticos realizados até então, preocupados com o significado das palavras a partir de sua relação com a realidade exterior.

Wittgenstein já havia proposto nas *Investigações filosóficas* que a linguagem não é apenas uma representação, mas pode igualmente ser um elemento de interferência na realidade. Trabalhando de maneira independente, Austin chegou a conclusões similares mais ou menos na mesma época.

A preocupação comum era uma inversão na direção das relações entre linguagem e realidade. Na Teoria dos Atos da Fala, a questão "como a linguagem *representa* a realidade?" é substituída por outra: como a linguagem *interfere* na realidade? Essa noção de "interferência" não é apenas no sentido de estruturar a representação do mundo para as pessoas; Austin sai da esfera da representação e vai para a esfera da *ação*. A linguagem não serve apenas para representar: ela é, em si mesma, uma ação que movimenta a realidade. Existem certos atos da linguagem, expressos na fala, que não *representam* nada, mas, antes, são em si mesmos ações. A esse tipo de uso prático da fala a tradição de pesquisa deu o nome de "atos da fala". A linguagem existe como um agente na realidade – a postura é ativa, não apenas reflexiva.

Não é por acaso que o livro onde estão compiladas as palestras de Austin sobre o assunto tenha o nome de *How to do things with words*, em português, "Como fazer coisas com palavras". De fato, o *to do things* poderia ser pensado em "como interferir na realidade", ou "fazer coisas". *How to do thing with words* começa diferenciando dois tipos de linguagem.

O primeiro inclui os atos de linguagem utilizados para afirmar alguma coisa ou descrever um evento. Ao fazer isso, o falante está reportando – o termo é de Austin – fatos, mencionando eventos passados ou futuros, fazendo referências a outros tipos de eventos transformados em textos. A realidade se reflete/refrata na linguagem e é expressa de acordo com as regras específicas de cada gramática. Ao dizer "o céu é azul" ou contar como foi um jogo de futebol, a linguagem está sendo usada de maneira descritiva/narrativa: não há interferência em absolutamente nada fora do próprio texto. Nesse primeiro modo descritivo/narrativo, as ações e os fatos da realidade são convertidos em linguagem.

No entanto, existe uma classe de sentenças que, ao contrário, não descreve, narra ou explica coisa alguma. Não se referem à realidade, mas, ao contrário, interferem nessa realidade. Para usar um exemplo de Austin, quando, em um casamento, os noivos dizem "sim", essa palavra é uma ação: ela interfere na realidade como uma ruptura entre duas situações. As palavras são o próprio ato, existente na forma de linguagem. Elas *agem* no mundo real. Quando, nos rituais religiosos, um indivíduo é batizado, as palavras de quem batiza são atos performativos que têm valor em si: eles representam uma ação da linguagem sobre a realidade.

Outro exemplo vem da ficção. Na literatura envolvendo bruxos e mágicos, bem como nas narrativas populares, há uma curiosa classe de palavras que, quando ditas, realizam algum tipo de transformação – as "palavras mágicas". Seu componente "mágico" é a capacidade de realizar algum tipo de ato performativo na realidade.

O ato da fala, no entanto, só pode ocorrer em situações específicas. Nem toda ação verbal é um ato da fala, mas apenas dentro de regras sociais nas quais ele é esperado que sua validade é verificada. Assim, as condições para um ato da fala são geradas na predisposição do grupo social onde esse ato é dito para aceitá-lo como tal. A inexistência de uma convenção social que aceite uma determinada elocução como um ato da fala evidentemente o inviabiliza. Assim, da mesma maneira que as ações sociais estão determinadas por conta de hábitos, costumes e convenções, da mesma maneira o ato da fala está vinculado aos padrões e referências de uma sociedade para existir.

4. Linguagem e pensamento em Jean Piaget

Há muitas escolas chamadas Jean Piaget. À primeira vista, pode-se concluir que ele deve ter alguma coisa a ver com educação infantil. De fato, mas não da maneira mais comum. Piaget dedicou apenas dois textos à educação: *Psicologia e pedagogia* e *Para onde vai a educação?* O objeto de investigação era a origem do conhecimento e as maneiras pelas quais o indivíduo adquire sua capacidade de pensar, a *Epistemologia genética*: uma investigação da gênese do conhecimento, o modo como são construídas as estruturas a partir das quais o ser humano conhece o mundo.

Piaget acredita que a pergunta "Qual a origem do conhecimento?" está errada. A inteligência é uma interação circular, sem princípio nem fim, entre as exigências biológicas, os dados dos sentidos e a atividade intelectual. Não há linha divisória entre o biológico, o pensamento e a ação: esses três elementos se dispõem em uma linha contínua e fluida em uma relação constante.

De fato, para ele, a mente não é uma *tabula rasa* nem tem ideias formadas, mas dispõe das estruturas elementares para a aquisição do conhecimento. Essas estruturas não são estáticas: elas se desenvolvem para acomodar novos conhecimentos sensoriais e perceptivos adquiridos na ação.

Esses esquemas mentais parecem ser responsáveis pela *racionalidade*. A compreensão pode ficar mais fácil quando se lembra a origem de "racionalidade" no latim *ratio*, com o significado de "razão" (como em matemática) ou "proporção". Estabelecer a "razão" ou a "proporção" pressupõe o estabelecimento de uma conexão entre dois elementos regida por uma lógica.

Quando essa lógica não dá conta de compreender a realidade, as estruturas cognitivas são reorganizadas de maneira a dar conta do elemento novo – é o instante quase mágico onde a inteligência se desenvolve. Quando uma pessoa está diante de uma situação nova, que desafie e desequilibre sua lógica, os sentidos são preenchidos por outros dados e as estruturas cognitivas devem ser reajustadas de maneira a dar conta dos elementos recebidos. O indivíduo aprende.

A tomada de consciência no indivíduo é construída aos poucos, na separação do universo em partes que não se confundem com as outras e às quais ele nomeia. Dar um nome não é apenas estipular uma relação entre um signo e um significado, mas é reconhecer as características concretas do objeto nomeado em sua relação de interação/separação com o restante do ambiente. Assim, o reconhecimento a partir do signo é o resultado da apreensão concreta do objeto nas operações mentais do indivíduo.

A unidade do conjunto se manifesta em sua dinâmica em espiral: o pensamento acompanha a ação, que por sua vez está ligada às manifestações biológicas, influenciadas, por sua vez, pelo modo como o pensamento é capaz de estabelecer essa relação. Não há princípio nem final nesse movimento de aquisição da inteligência.

As estruturas cognitivas se desenvolvem conforme o uso. A inteligência é vista de alguma maneira como uma experiência cumulativa: quanto mais se aprende, mais é possível aprender. Quanto mais desequilíbrios são resolvidos pela mente no sentido de equilibrar uma situação, maior a capacidade da mente de lidar com situações posteriores. As operações elementares, nesse sentido, revestem-se de uma importância fundamental para Piaget, na medida em que elas são o embrião de atividades extremamente complexas que, no entanto, baseiam-se em operações lógicas simples.

A ideia de *relação*, por exemplo. A criança, ao lidar com algum brinquedo no qual deve organizar objetos segundo a forma, o tamanho ou a cor, está aprendendo a estabelecer relações lógicas entre elementos diferentes. A dialética entre a diferença e a repetição no trabalho com objetos concretos – juntar, digamos, um cubo azul com uma esfera azul, ou duas pirâmides vermelhas – permite à criança desenvolver em sua mente as relações entre coisas que, em um momento posterior, será usada na articulação lógica entre elementos abstratos, por exemplo, letras, palavras, frases e operações matemáticas.

A gramática e a matemática, em sua base elementar, fundam-se na lógica de relações entre elementos abstratos de ordem diferente. Ao ligar uma letra com a outra, o indivíduo está estabelecendo uma lógica entre dois elementos e obtendo um resultado diferente a partir disso. Não é muito diferente de uma operação matemática – somar, multiplicar, o que for. Nos dois casos, há um tipo de ligação a ser feita de acordo com uma regra. Ao ligar as letras, digamos, a criança está fazendo uma operação similar àquela feita quando juntou o cubo e a esfera. Estabeleceu uma ligação específica, identificou o que havia de igual na diferença e, portanto, trabalhou logicamente. As operações concretas, portanto, tendem a conduzir aos níveis abstratos – em vez de cubos e esferas, conceitos.

Vale lembrar a natureza cumulativa dessas relações. Alguém sem acesso às condições de desenvolvimento dessas estruturas cognitivas na infância pode apresentar problemas graves de compreensão no futuro. Piaget, nesse ponto, mostra a importância da educação fundamental como principal recurso para o desenvolvimento posterior do indivíduo. Ao contrário do que se pensava até sua época, ele destacava o potencial dos primeiros anos de vida na formação da inteligência – processo que se mantém até os doze ou treze anos.

Um exemplo pode facilitar a questão. Anos atrás, visitando uma escola piagetiana, foi possível ver isso na prática no meio de uma aula.

Marina, uma aluna de seis anos, estudava em uma escola que baseia sua prática educacional nas teorias de Jean Piaget. A professora a chamou e lhe pediu que escrevesse uma palavra qualquer.

"Vou escrever 'flor', tá?" e escreveu "ois".

Ao invés de corrigi-la, a professora pede que Marina escreva "flores".

A menina escreveu "ois" novamente, desta vez reforçando o pingo no "i".

"Como você sabe que aqui está escrito 'flor' e aqui 'flores'"?, perguntou a professora.

"Por causa disso", responde Marina, apontando a diferença entre os pingos nos "is".

À primeira vista, Marina apenas cometeu uma série de erros que precisariam ser urgentemente corrigidos. Ao contrário, ela está progredindo muito no sentido de aprender, por si só, como deve escrever. Isso leva à outra dimensão dos estudos de Piaget: a relação entre conhecimento e comunicação.

Na procura pela origem do conhecimento, Piaget dedica um largo espaço à comunicação. É sintomático que seu primeiro livro, publicado em 1924, se chame *A linguagem e o pensamento na criança*. Piaget notou, desde o início, que a atividade motora estava ligada diretamente às atividades vocais, na medida em que ambas pareciam ser expressões visíveis – ou audíveis – de uma estrutura cognitiva mais profunda, a mente humana. O desenvolvimento da inteligência está diretamente relacionado à capacidade de comunicação corporal e linguística do indivíduo. A linguagem, assim como a ação, está vinculada aos progressos na inteligência da pessoa. Não há redução de uma a outra: falar, pensar e agir são partes de um mesmo processo de desenvolvimento das estruturas cognitivas. O mental, o prático e o simbólico desenvolvem-se ao mesmo tempo e um auxilia o desenvolvimento do outro.

A linguagem não existe de maneira independente do pensamento, e é sua expressão. Mas também estabelece seus limites: o que não pode ser expresso na linguagem não pode ser pensado de forma racionalizada em abstrações conceituais: para além dessa fronteira está o universo do símbolo.

As estruturas linguísticas aparecem depois de um estágio inicial de conhecimento, mas ocupam um espaço cada vez maior na medida em que são uma forma de expressão relativamente fácil de compreender e baseadas em uma atividade de nomear e descrever uma realidade para torná-la inteligível.

Em *A linguagem e o pensamento na criança* e em *O desenvolvimento do símbolo na criança*, Piaget estuda a origem dos elementos da comunicação a partir da gênese do conhecimento. O desenvolvimento das estruturas cognitivas da pessoa está diretamente ligado à comunicação. O ato de falar pressupõe o compartilhamento de experiências adquiridas no conhecimento da realidade imediata, abstraída em seus elementos, transformado em um conjunto de sons vinculados a imagens e a conceitos formados na mente individual e, somente a partir de então, expresso para ser novamente adquirido, por outro ser humano, em um processo semelhante.

Um texto introdutório

PIAGET, J. *Epistemologia genética*. São Paulo: Martins Fontes, 1993.

5. Noam Chomsky, das *estruturas sintáticas* à crítica da mídia

Quase todas as pessoas conseguem falar, mas nem todo mundo é bom para resolver problemas de física ou escrever música. A capacidade de falar deve ser diferente das outras habilidades desenvolvidas pela pessoa. Essa constatação é um dos pontos de partida usados por Noam Chomsky para explicar a questão principal de suas pesquisas a respeito da linguagem. Pesquisador do Massachusetts Institute of Technology, nos Estados Unidos, é conhecido tanto por suas pesquisas na área da Linguística quanto por sua devastadora crítica ao capitalismo, em particular ao papel da mídia na disseminação de informações que contribuem para a manutenção desse sistema.

As estruturas sintáticas

As pesquisas de Chomsky sobre linguística partem do pressuposto de que seres humanos têm uma capacidade mental especial para falar que não é compartilhada nem pelos outros animais e nem por outros tipos de aptidão – como, por exemplo, tocar um instrumento musical – pelos seres humanos.

Quando ouvimos uma palavra, o ouvido simplesmente registra um som. O significado desse som será dado um instante mais tarde, quando a associação entre som externo/conceito interno estará completa. No entanto, uma das perguntas é exatamente o que leva a essa junção. Sua explicação é o próprio conceito de estrutura sintática: é a capacidade que permite ao ser humano associar sons com determinadas classes de interpretação relativas à associação entre nomes, qualidades e ações. A organização espacial do som e a atribuição de um significado específico às palavras são atividades mentais instintivas, realizadas por essas estruturas sintáticas – assim como, por exemplo, correr diante de uma situação de perigo.

Steve Pinker, em *O instinto da linguagem*, reelabora várias proposições de Chomsky no sentido de reforçar o vínculo entre a linguagem e a mente humana. A noção de "instinto" como uma categoria inata é uma palavra forte o suficiente para deixar clara qual é sua perspectiva. Pinker, assim como Chomsky, pensa a linguagem como uma capacidade inata como respirar ou andar, e é exatamente essa característica que torna a linguagem ao mesmo tempo próxima e distante do ser humano. Não se aprende a falar, mas a usar corretamente um grupo de capacidades mentais previamente existentes no sentido de estruturar as proposições a respeito da realidade de uma maneira tangível. O resultado é a fala.

As estruturas sintáticas são inatas, isto é, nascem com cada pessoa e são próprias à espécie, assim como a capacidade de andar ou a percepção espacial. Chomsky propõe uma teoria inatista – isto é, que nasce com o indivíduo – da linguagem. Aprender a falar é desenvolver um potencial que já existe, assim como aprender a andar em duas pernas não requer conhecimento prévio. Não existe, por assim dizer, o *aprendizado* da fala: todos nascem com as estruturas necessárias para isso. Aprende-se uma língua que fará uso dessas capacidades, mas as próprias línguas baseiam-se nessas estruturas mentais prévias compartilhadas por todos os seres humanos.

No entanto, as pessoas não falam da mesma maneira. Embora todas sejam dotadas dessa característica estrutural que as habilita a ter uma expressão verbal, o número de variações no sentido da fala atinge o infinito. Aliás, mesmo dentro de um mesmo país, de uma mesma família até, os indivíduos guardam profundas diferenças entre os usos feitos da linguagem. As variações não são apenas de caráter regional – algo que Chomsky contesta –, mas chegam facilmente ao nível individual: cada um usa sua apropriação particular da língua que aprendeu a falar, e esse "microidioma" é parte da identidade do indivíduo. Até mesmo uma única pessoa fala várias línguas de acordo com sua idade: a linguagem da criança é transformada no indivíduo adulto – mudam as palavras, o modo de falar, o sentido da argumentação. Muda tudo, menos as estruturas sintáticas.

As sentenças podem mudar completamente, mas os elementos básicos da interação linguística – sujeito, predicado, verbo – mantém-se como um dos princípios básicos da linguagem. As relações entre a linguagem e o pensamento podem ser comparadas com as relações entre os movimentos e o pensamento: existe uma solução de continuidade entre os elementos – falar e agir são igualmente capacidades da mente humana. As formas de expressão do pensamento exigem a utilização dessas estruturas sintáticas da mesma maneira que o indivíduo precisa das áreas do cérebro vinculadas ao movimento para poder se deslocar.

A gramática gerativa

É a partir daí que Chomsky pensa as formas invariáveis da linguagem como um elemento inato. Apenas algo que nasça com o ser humano e esteja vinculado a raízes biológicas pode resistir aos inúmeros elementos psicológicos, culturais e sociais que cercam o uso da linguagem. Dessa maneira, a mesma capacidade – as estruturas sintáticas – operam em um grupo infinito de variações sem perder suas características principais.

Para explicar essa diferença, Chomsky introduz duas principais categorias em seu trabalho a respeito da linguagem, as noções de *competência* e de *performance*. A capacidade inata do ser humano para falar é a *competência linguística*, dividida por todos os seres humanos. No entanto, a aplicação dessa competência é regida por fatores externos à linguagem que estão ligados, por sua vez, à possibilidade de expressão – a *performance*, isto é, o uso concreto dessas capacidades. A *performance* varia ao infinito e está ligada às condições materiais e intelectuais de vida; a competência se mantém a mesma. A linguagem existe como uma ação da mente humana e não é aprendida, mas desenvolvida.

Outra característica da linguagem que Chomsky atribui às propriedades inatas da mente humana é a capacidade de ser aprendida em qualquer ambiente. De fato, ao contrário de outras atividades de aprendizado, não existe um lugar específico para aprender a falar. Ninguém tem aulas para aprender a falar e, no entanto, a fala emerge de situações onde outra aprendizagem é difícil – situações de extrema miséria, por exemplo. Isso não significa, no entanto, que não existam ligações específicas entre o uso da linguagem e as condições existentes ao redor. A competência linguística é comum, mas sua transformação em *performance* é particular.

A crítica da mídia

De certo modo, isso conduz ao outro lado das preocupações de Chomsky, analisando a mídia como instrumento do poder. Em vários livros, como *Controle da mídia* e *Manufaturando o consenso*, entre outros, Chomsky analisa como a mídia norte-americana, em particular a propaganda, serve aos interesses diretos do governo dando respaldo ao capitalismo. Sua análise da publicidade, por exemplo, concentra-se nas questões do monopólio e na distorção sistemática de informações com vistas a passar uma única opinião para o público a partir da manipulação de fatos, ideias e opiniões. Sua produção a respeito de propaganda não parece ser estruturada em torno de uma teoria particular, mas como uma vigorosa crítica da mídia e das chances de democracia minadas pelos interesses políticos e econômicos.

O trabalho de Chomsky no campo da Linguística – aberto com *Estruturas sintáticas,* e logo seguido por *Aspectos da Teoria da Sintaxe, Linguística cartesiana* e série de conferências reunidas sob o título *Linguagem e pensamento* – mostrou a vitalidade da hipótese inatista. Ao formular uma teoria inatista dos atos da fala, trouxe de volta uma perspectiva idealista da linguagem, agora enriquecida com pesquisas empíricas e dados técnicos. Os dois aspectos de sua obra se encontram na preocupação com o saber humano – uma atividade instintiva, cercada de elementos sociais.

Para começar

CHOMSKY, N. *Linguagem e pensamento*. Petrópolis: Vozes, 1978.

II. Escolas de semiótica

A ciência de todos os signos – Semiótica

Algumas definições iniciais

• Um signo é algo que está no lugar de outra coisa. É uma representação. Os signos se relacionam entre si por uma semelhança geral e uma diferença específica.

• O significado do signo é dado a partir do *código* ou referência no qual ele está inserido. Um signo pode ter vários significados conforme o código contra o qual é contrastado.

• Qualquer coisa pode ser um signo quando se refere a algo além de si mesmo.

• A *semiótica* é a ciência geral das linguagens, das relações entre os signos e os significados na construção dos sentidos.

A semiótica ou ciência dos signos é a área do conhecimento dedicada a estudar os signos de maneira geral. Signo em grego é *semeion*, de onde o nome "Semiótica" ou "Semiologia" para o estudo dos signos. E, para uma definição inicial, um signo é algo que está no lugar de outra coisa, isto é, *representa* alguma coisa. A semiótica, nessa primeira definição, é o estudo de como algumas coisas representam outras.

A relação entre os nomes "Semiologia" e "Semiótica" é uma questão de legitimação pelo uso do que uma diferença específica. Em 1957, por exemplo, Roland Barthes publica um comentário e desenvolvimento das ideias de Ferdinand de Saussure com o nome de *Elementos de semiologia*. Em 1975, Umberto Eco publica o *Tratado geral de semiótica*. Na literatura especializada o nome "semiologia" tende a ser mais vinculado à Escola Francesa, enquanto "semiótica" parece guardar mais proximidade com o modelo norte-americano – mas isso está longe de ser uma constante.

A partir de raízes na linguística e na filosofia, a semiótica desvinculou-se de suas matrizes para ampliar seu campo de aplicação em uma crítica dos fundamentos epistemológicos do próprio conhecimento, de um lado, e um estudo de todos os sistemas de linguagem, de outro. Há pelo menos três grandes desenvolvimentos da área: os fundadores Ferdinand de Saussure e Charles Sanders Peirce, de um lado, e a Semiótica Soviética, de outro. A semiótica passou a trilhar seu próprio caminho, passando pelos escombros do Estruturalismo a partir dos anos de 1970, aparecendo no grupo de teorias e métodos do Pós-estruturalismo e, em certa medida, de teorias da Pós-modernidade.

Dois textos para começar

BARTHES, R. *Elementos de semiologia*. São Paulo: Cultrix, 1989.

KRISTEVA, J. *Introdução à semanálise*. São Paulo: Perspectiva, 1974.

1. O *Curso de Linguística Geral* de Ferdinand de Saussure

O principal livro de Saussure não foi escrito por ele. O *Curso de Linguística Geral*, publicado sob seu nome em 1916, é uma compilação de notas de aulas tomadas por seus alunos. Quando Saussure morreu, em 1913, os estudantes notaram a novidade de suas ideias e não perderam a chance de reunir o que aprenderam em um livro. Começando com o estudo da linguagem, Saussure desenvolveu uma teoria geral que não se aplica apenas à fala ou à escrita, mas pode ser expandida para qualquer tipo de estrutura na qual existam elementos em uma relação específica. Ele ampliou o conceito de linguagem como um elemento vinculado à construção dos significados da realidade.

Langue e parole

Uma das primeiras distinções feitas por Saussure é a diferença entre *língua* ("langue") e *fala* ("parole"). A linguagem existe na fala. As regras de qualquer sistema linguístico se atualizam na sua aplicação concreta no ato da fala. Essas regras que regem a linguagem existem em um plano abstrato, como um sistema de controle. É na fala que essas regras se realizam e, a partir do mútuo conhecimento dessas regras, se depreende um significado. Assim, a palavra "cachorro" só faz sentido enquanto aplicação de uma regra linguística abstrata vinculada ao idioma português. Mudando a regra, os mesmos elementos têm um significado diferente – basta pensar que o conjunto de letras da palavra "chat", de acordo com as regras do idioma francês, significa "gato", e "bater papo", em inglês.

Saussure, analisando a *parole*, a fala, mostra que os significados são criados a partir de formas específicas – as regras – de compreensão das unidades básicas de uma estrutura, que ele define como *signos*.

Em sua expressão mais simples, um signo é algo que se refere a alguma outra coisa que não a si mesmo. Quando se olha para uma placa de trânsito ninguém fica prestando atenção na originalidade do desenho ou na perfeição das cores, mas ao aviso que a placa dá – ou seja, no sentido que está *além* da placa. Se uma pessoa acena para outra na rua o gesto não é decodificado como "mão abanando", mas como "oi" ou "tchau". O emblema de um clube não é visto como um punhado de cores aleatórias, mas como a presença daquele time. O sinal de trânsito, o gesto e o escudo do time têm em comum o fato de serem representações, isto é, remetem o pensamento de quem os vê para outra coisa que não eles mesmos. Para decifrar um signo é preciso contrastá-lo com um *código*. Quando o código é desconhecido, não há como decifrar o signo.

Não é possível descrever com palavras ou pintar uma música e obter o mesmo efeito estético da audição. Isso é válido para qualquer outra linguagem artística – por mais que se descreva um quadro ou uma obra arquitetônica, não é possível escrever a experiência causada pela visão. Cada sistema de signos, a princípio, faz referência apenas aos próprios componentes. Em termos saussurianos, cada *língua* se realiza em uma *fala* específica.

Saussure usa a imagem de um jogo de xadrez para ilustrar a diferença entre a língua e a fala. As regras do jogo de xadrez são a *língua* – uma série de princípios fixos dentro dos quais a partida se desenvolve. O movimento das peças acontece em relação a essas regras, como momentos práticos nos quais essas regras são utilizadas – a *fala*. O uso das peças está condicionado ao conhecimento e utilização das regras. As peças são iguais para os dois jogadores, e qualquer tentativa de transformação das regras imediatamente encerra o jogo, enquanto os movimentos farão a diferença se tornar concreta a cada jogada.

Do significante ao significado

No entanto, o movimento das peças não se refere a nada além dele mesmo. O jogo de xadrez não faz referência a nada além de cada partida. A linguagem, ao contrário, faz referência a todo um universo de elementos que não estão restritos ao universo específico da linguagem. As palavras se referem a objetos fora do sistema de signo das palavras.

Ao se ler uma história de ficção, as descrições servem para o desenvolvimento das imagens mentais a partir da qual se imagina a história. Não por acaso "imagem" e "imaginação" estão vinculadas. No entanto, como o signo linguístico nunca substitui o signo pictórico, por mais que um autor descreva bem uma cena ou personagem, cada leitor vai imaginar os acontecimentos de um jeito diferente. Quando um livro é levado ao cinema há sempre uma mudança na história. Códigos diferentes usam signos diferentes e implicam a tradução de signos de um sistema para outro. Como não existe equivalência perfeita, as transformações são inevitáveis, para alegria ou desespero do público.

Isso remete a um dos principais problemas do universo dos signos, a quantidade possível de significados. Se existisse apenas um significado para cada signo a comunicação seria perfeita. Não haveria dúvidas. No entanto, também não haveria piadas, e grande parte da literatura estaria comprometida. Os signos têm mais de um significado. Conforme o sistema onde está inserido ou conforme o uso feito do signo, seu significado muda imediatamente.

Os trocadilhos, jogos de palavras e certas piadas são feitas exatamente a partir dessa ambiguidade no uso dos signos: em algumas, o elemento cômico nasce a partir do súbito e imprevisível deslocamento, no final da piada, de algum signo de seu sistema particular para outro, no qual parece improvável ou absurdo. Esse efeito de surpresa gera a graça – daí também que uma piada, se adivinhada na metade ou contada pela segunda vez, perde o efeito.

Para que duas pessoas se compreendam é necessário um prévio entendimento do código – o conjunto de regras – que orienta suas ações. Quando uma delas desconhece o código a comunicação simplesmente não existe. Ao ver alguém acenando, a interpretação "oi" ou "tchau" depende da posição do gesto na organização temporal da relação entre as pessoas. O sistema de gestos é organizado segundo um código específico e, na medida em que ambos conhecem essas regras, o código é plenamente válido e a comunicação acontece.

Saussure mostrou que os signos estão relacionados entre si de duas maneiras principais. A primeira, por semelhança e possibilidade de substituição; a segunda por contraste e diferença, sem possibilidade de nenhuma troca que mantenha o mesmo sentido.

Os eixos sintagmático e paradigmático

Por exemplo, como lembra Johnatan Culler, é fácil entender essa relação dupla na qual alguns elementos podem ser substituídos e outros não. Pense-se, por exemplo, nessas nove peças: camisa social, bermuda, calças *jeans*, tênis, sapatos, regatas, camisetas, calça social, chinelos. Todos eles estão na classe "roupas". Para formar o significado esperado, os elementos precisam ser dispostos na combinação de semelhança e contraste:

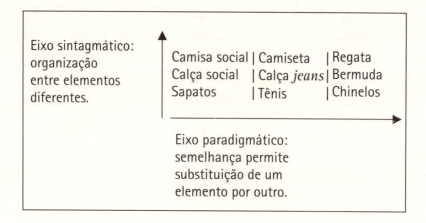

Essas referências acontecem por semelhança – no caso, por exemplo, entre "camisa" e "camiseta" – ou contraste, como entre "sapato" e "bermuda". No primeiro caso, os elementos são intercambiáveis, no segundo, não. O sistema formado pela semelhança Saussure chamou de "eixo paradigmático", do grego *para*, "ao lado". Já o sistema formado no contraste entre signos diferentes o autor chamou de "eixo sintagmático", do grego *syn*, "junto com".

Em termos mais próximos de Saussure, a organização dos signos em sequência, como em uma frase, não permite substituições entre os elementos – é o eixo sintagmático em ação, criando o significado; no entanto, é possível substituir entre si palavras de uma mesma classe, mudando o significado, mas mantendo a organização pelo uso do eixo paradigmático:

A sequência dos produtos em um supermercado é outro exemplo prático: em uma prateleira onde há latas de conserva são encontrados vários produtos, mas dentro de um padrão sintagmático – eles todos devem pertencer à sequência "latas de conserva". A presença de um tênis à venda entre as latas desconcertaria o consumidor por conta da intromissão de um elemento fora do eixo sintagmático "latas de conserva". Já a presença de molhos prontos não causa espanto: trata-se de outros elementos na sequência sintagmática "comida", que se opõe a "calçados", por exemplo. Dentro dessas sequências, a presença de elementos paradigmáticos permite a variedade – na seção "latas de conserva" tanto faz se há ervilhas, milho ou feijões.

Johnatan Culler menciona outro exemplo: em um restaurante, os pratos costumam se organizar por contraste. Um prato que leva bife dificilmente tem picadinho de carne junto. É necessário escolher um dos dois para contrastar com outros componentes. Esse jogo de aproximação e distância forma o significado. Da mesma maneira, prosseguindo um exemplo anterior, é possível criar vários efeitos humorísticos pela substituição inesperada de um elemento do eixo sintagmático por outro do paradigmático, criando trocadilhos e novos significados.

A ambiguidade dos sistemas de signos, bem como suas infinitas possibilidades de significação, decorre da intersecção dos eixos sintagmáticos e paradigmáticos que foram os códigos. Na escrita, em algumas formas, os signos se organizam como referência a um objeto externo. As diversas modalidades da linguagem nascem exatamente do modo como os signos são utilizados e de suas referências mais ou menos distantes a outros sistemas que não os da linguagem verbal. Um poema e uma notícia de jornal são formas diferentes de usar o mesmo conjunto de signos. Enquanto na poesia ganha destaque a forma de entrelaçamento das palavras, a notícia se preocupa com a clareza da mensagem. Nos dois casos, a organização dos signos define o significado.

As ideias de Saussure foram largamente adotadas por vários movimentos teóricos do século 20, em particular pelo Estruturalismo. Nada mal para quem não publicou seu livro mais importante.

O clássico

SAUSSURE, F. *Curso de Linguística Geral*. São Paulo: Cultrix, 1975.

2. Charles S. Peirce e as categorias semióticas

A ideia moderna de signo também foi desenvolvida pelo pensador norte-americano Charles S. Peirce. Autodidata, desenvolveu pesquisas em inúmeras áreas do conhecimento humano. Em particular, elaborou sua noção de signo a partir do interesse em compreender as relações entre mente, representação e realidade.

Dentre as definições de Peirce para signo, uma das mais simples é a noção segundo a qual signo é *algo* que *está no lugar de outra* coisa para *alguém*. Portanto, um signo é uma relação triádica, isto é, de três partes interligadas. O signo, para ser compreendido, isto é, para efetivamente criar uma representação mental, precisa ter uma referência. A relação do signo com a referência leva à construção do significado na mente do indivíduo. Daí a importância de compreender a definição como uma interação entre três partes.

Um signo está no lugar de alguma coisa para alguém.

Começando de trás para frente. O signo está no lugar de alguma coisa *para alguém*. Isto é, para qualquer outra pessoa o mesmo signo pode não ter o mesmo significado. O signo é compreendido por sua relação com algo além de si mesmo, a *re-*

ferência ou *significante*. Trata-se do código contra o qual o signo será entendido – lembrando que código é a regra que reúne um conjunto de signos por similaridade.

Só é possível compreender um signo relacionando-o com o conjunto de signos com os quais ele compartilha elementos gerais mantendo uma diferença específica. O signo "2" só pode ser compreendido no conjunto dos números naturais, com os quais compartilha um elemento geral – é um número –, mas mantém uma diferença específica – só existe um número "2". O mesmo se aplica a letras, sons, placas e qualquer outro signo. Portanto, não basta exibir um signo na frente de alguém para que exista um significado. O significado acontece na relação do signo com o *significante*, uma relação construída pelo receptor de acordo com sua referência.

O signo está no lugar de *alguma coisa*. Isto é, o signo raramente vale por ele mesmo, mas sempre em relação a algo que está além de si mesmo, fora da esfera concreta do signo. Quando se lê "ônibus" a combinação das seis letras joga o pensamento para um objeto diferente das letras. As pessoas que compartilham o *código* da língua portuguesa – isto é, o *referente* ou *significante* língua portuguesa – fazem uma conexão entre essas letras e o objeto. As letras estão *no lugar de alguma coisa*, o ônibus, para os detentores do código. O valor concreto do signo é construído na relação entre o signo e a sua referência. Não existe uma regra básica necessária para a conexão entre um signo e um significado. Daí a afirmação genérica do signo no lugar de *alguma coisa*.

O signo é *alguma coisa*. Dada a flutuação de significado da definição, pode-se inverter o fator de definição e dizer que qualquer coisa pode ser um signo. A rigor, qualquer objeto, palavra, gesto, marca gráfica, som, ruído ou até mesmo, em última análise, ação ou manifestação pode ser um signo. O objeto que causa indiferença para alguém pode ter um profundo significado para outra pessoa.

Os signos existem em seu uso prático – de onde se pode recordar a ideia de pragmatismo associada a Peirce. Do grego, *pragma*, ação. Signos não existem em plano abstrato ou metafísico.

Um exemplo: A arquitetura de alguns locais usa elementos similares – vitrais, pias batismais, torres, crucifixos. Às vezes, imagens de santos e pinturas representando passagens bíblicas conforme a religião. Juntos, esses elementos formam um espaço delimitado de prática ritualística devocional. Qualquer pessoa familiarizada com o código ocidental reconhece essas construções como igrejas. No entanto, esse uso é arbitrário. Em várias cidades da Europa os prédios de antigas igrejas são usados para outros fins – centros culturais, salão de exposições e até mesmo sede de um banco. Os signos religiosos estão todos lá, mas não significam "religião" para os novos ocupantes. O signo pode virtualmente ser qualquer coisa no momento em que é usado como tal. As três partes dessa relação – signo, significante, significado – não existem de maneira separada.

Um estudo de todas as concepções de Peirce sobre signos esgotaria os limites deste texto. No entanto, vale assinalar uma das principais divisões dos signos. O autor divide os signos em três tipos fundamentais conforme sua relação com o objeto representado, isto é, conforme sua vinculação ao referente. No que se segue, é importante manter em mente essa relação triádica: os signos são divididos em *ícones, índices* e *símbolos*.

Ícones

Os *ícones* têm uma relação direta de semelhança entre o signo e o significado. Um ícone ou signo icônico é semelhante ao seu significado. Uma escultura ou pintura é um signo icônico ligado ao significado, o objeto representado. Eles são similares, embora não sejam a mesma coisa, e estão diretamente vinculados – o retrato pintado de alguém, em boa parte dos casos, lembra em primeiro lugar esse alguém. Pinturas, estátuas e qualquer representação direta são ícones – alguns autores incluem a fotografia também nesta categoria.

O ícone é a representação imediata do objeto representado no tempo. Não existe ícone do passado ou do futuro que possa levar esse nome, porque o ícone está sempre vinculado ao momento da representação. O ícone congela o tempo do significado. Quando se olha pinturas antigas o tempo do ícone se mistura com o tempo presente, geralmente provocando alguma reação em quem está olhando – a convivência de dois tempos distintos, o momento do ícone e o fluxo presente tende a gerar uma reação da memória. No ícone, o signo está próximo do significado por relação direta.

Índices

Essa distância aumenta nos signos indiciais ou *Índices* – no inglês de Peirce, *Index*. Os signos indiciais não mostram diretamente o significado, mas, vistos em relação ao significante, mostram o significado do objeto representado pelo signo.

Em outras palavras, o índice mostra geralmente o que aconteceu, enquanto o ícone mostra o que é. O índice é um indicador da presença do significado, ou de qualidade do significado diferente dele mesmo. Mostra o passado do signo em relação com o presente.

O exemplo do próprio Peirce é a ideia de fumaça como índice do fogo. A fumaça não é o fogo, mas permite a qualquer um que a veja identificar seu significado – fogo. A fumaça não é um retrato do fogo, e não está vinculada temporalmente a ele: fumaça existe durante o fogo, mas também depois. A mesma coisa quando se vê uma pegada ou uma bituca de cigarro. São índices de eventos passados e permitem ao observador entender o significado – alguém passou por lá, alguém fumou. Em suma, o índice permite que o significado seja deduzido do indício encontrado.

A palavra "indício" frequenta o noticiário policial. E não é à toa: é a partir da observação de signos icônicos que uma investigação é feita. Não por acaso, uma das maneiras de entender o que é um índice é ler as histórias do melhor decifrador de signos da literatura, Sherlock Holmes. O exemplo foi extraído de um livro de Umberto Eco e Thomas Sebeok, intitulado *O signo de três*, em clara referência ao livro de Conan Doyle *O signo dos quatro*, uma das aventuras do detetive. A atividade do detetive, vinculada à ideia de detectar, notar, é uma atividade semiótica por excelência.

Nos livros de Sherlock Holmes, Conan Doyle leva essa arte às últimas consequências. Ele mostra todos os signos para o leitor. No entanto, desprovido do código, o leitor não consegue deduzir um significado lógico do montante de indícios encontrados pelo detetive. Holmes tem a chave para a decodificação, o significante. Em sua mente, relaciona os signos entre si, bem como história de crimes anteriores e deduz o que o indício mostra antes dos outros investigadores. Essa capacidade semiótica de Holmes é adquirida, não inata. Os índices não se resumem a fornecer bons argumentos para histórias policiais. Sendo compreendidos no tempo, possibilitam um jogo narrativo de aproximação e suspense. Os índices, à medida que não compartilham a materialidade do objeto representado, mas indicam sua existência, deixam um ponto de flutuação de sentido. Isso fica evidente em filmes de suspense.

Um exemplo é *Sinais* (EUA, 2002), *Signs*, ou Signos, em português. Dirigido por M. Night Shymaialan, se mantém o suspense com uma notável economia de meios. O uso comedido de signos indiciais mantém o efeito de expectativa. A his-

125

tória: estranhos sinais aparecem em campos de milho no interior dos Estados Unidos, na fazenda de Grahan Hess. O diretor vai lentamente pontuando a narrativa com índices de uma estranha presença no planeta. Uma noite, Hess investiga um dos círculos recém-desenhados no milharal. Usa uma lanterna, e o foco de luz guia o olhar do público. De repente, as espigas são agitadas. Pode ser alguém passando, algum vizinho ou o vento. Hess dirige o foco de luz para lá. Aparece algo como um calcanhar – é um momento e desaparece. O efeito é estarrecedor: o indício se confirma e o significado é ajustado, confirmando as sombrias expectativas das personagens.

Símbolos

Há ainda um terceiro tipo de signo, o *símbolo*. O uso da palavra na linguagem cotidiana guarda algumas semelhanças com o sentido dado pelo filósofo norte-americano. O símbolo, do grego *syn bolos*, "aquilo que vem junto", é a forma mais distante de relação entre um signo e o significado. O símbolo não guarda qualquer tipo de relação com o significado. Mantém uma relação de convenção com o objeto, e depende inteiramente do significante para ser decodificado. A palavra "árvore" não guarda nenhuma similaridade com árvore alguma. Não é parecida com uma, não indica sua existência. No entanto, ao ver esses sete símbolos – seis letras, um acento – as convenções da língua portuguesa se referem ao objeto com raízes, caule, galhos e folhas. Para quem gosta de futebol, ao ver o símbolo de um time, imediatamente tende a se lembrar do clube, dos campos e dos jogos. A percepção dos símbolos depende inteiramente do código na medida em que eles não guardam nenhuma relação direta com o objeto representado – não necessariamente parecidos, como no caso dos ícones, não sugerem a presença do objeto, como os índices.

A convenção do símbolo é sustentada culturalmente, construídas ao longo da história de cada grupo social, compartilhada pelos membros desse grupo e vinculada desde sempre a um conjunto de representações coletivas que garantem sua força. Daí a eficácia do símbolo como elemento agregador do tecido social, largamente explorada pela antropologia. Os símbolos percorrem as práticas sociais. O aperto de mão, a continência militar, as cores das bandeiras nacionais são símbolos legitimados pelo tempo de prática e também pelo número de indivíduos que compartilham essa significação. Não é por acaso que, em regimes de exceção, uma das providências é tomar conta dos símbolos coletivos. Por exemplo, os símbolos do regime soviético estavam presentes em todos os lugares do chamado "Bloco Comunista", desmoronado em 1989.

Uma ilustração disso acontece no filme *Adeus, Lenin* (Alemanha, 2003). A história se passa na Alemanha durante a queda do Muro de Berlim, em novembro de 1989. No filme de Wolfgang Becker, a ação começa na então Alemanha Oriental, um dos países mais fechados do "Bloco Comunista". No filme, Christiane Kerner, uma comunista convicta, tem um choque emocional e fica inconsciente durante vários meses, período durante o qual o regime comunista cai e a Alemanha, reunificada, passa por um acelerado processo de transição para a economia de mercado. Quando Christiane acorda, seu filho, Alex, preocupado com os efeitos de um novo choque emocional da mãe, não conta para ela que o comunismo acabou. Para manter essa história, precisa recriar o mundo como era meses antes, isto é, isolar sua mãe em uma redoma de símbolos do passado. É possível notar, a partir de uma análise peirceana, o cruzamento de vários níveis de símbolos. No início do filme, a então Alemanha Oriental está carregada de símbolos comunistas – a bandeira com a foice e o martelo, retratos e imagens de Marx e Lênin.

A queda do regime é acompanhada pela retirada progressiva dos símbolos, agora identificados com um passado que precisa ser esquecido, e a chegada de novos, como uma enorme propaganda de refrigerantes. Christiane, sem sair de casa por ordens médicas, vai notando as estranhas alterações no cotidiano. No entanto, desprovida do significante, não consegue senão ter uma intuição do que acontece.

No ápice do filme, Christiane sai à rua e vê uma gigantesca estátua de Lênin ser retirada do pedestal onde estava. A estátua passa por ela como uma espécie de despedida sarcástica do antigo regime em seus símbolos. Uma conclusão semiótica negativa.

O primeiro

PEIRCE, C.S. *Semiótica*. São Paulo: Perspectiva, 1998.

3. A semiótica soviética: Yuri Lotman e a Escola de Tartu-Moscou

O desenvolvimento da semiótica como ciência geral dos signos levou ao surgimento de diversas tendências e aplicações ao longo de seu desenvolvimento. Uma classificação mais detalhada estaria fora dos propósitos deste trabalho, mas pelo menos uma escola deve ser citada, a semiótica desenvolvida na então União Soviética. Sua história está ligada às relações, nem sempre amigáveis, entre o Partido Comunista e as diversas correntes intelectuais.

Na primeira década após a Revolução de 1917, os estudos sobre a linguagem poética e a criação artística estavam decididos a encontrar novas teorias e conceitos para compreender a arte de vanguarda, da literatura ao cinema e outras formas de produção cultural. Esse primeiro desenvolvimento teve várias dificuldades nos anos seguintes, e não foi até a década de 1950 que a semiótica soviética ganhou espaço internacional, sobretudo graças aos trabalhos de Yuri Lotman, Boris Uspênski e dos estudos do centro de estudos da Universidade de Tartu, na Estônia.

Uma das principais contribuições da semiótica soviética foi definir e expandir as fronteiras da pesquisa em comunicação. A partir de um grupo de ideias relativamente simples, como a maior parte das boas ideias, Lotman, Uspênski e seus colegas mostraram que qualquer coisa pode ser compreendida como um elemento de comunicação. Dessa maneira, o campo da Semiótica torna-se o estudo de todos os sistemas de signos e significados.

Na prática, como é difícil encontrar alguma coisa que *não* tenha um significado, a semiótica soviética ampliou seu campo de trabalho para toda a produção cultural. No entanto, não é o tamanho do objeto que define esse campo, mas o *método*: a compreensão de qualquer produção cultural como um sistema de signos com um significado particular que é comunicado a partir dele.

Talvez um bom começo para se pensar o método da semiótica soviética é entender o que eles chamam de "sistema modelo" ou "sistema modelador". Em linhas gerais, Lótman parte do princípio de que todos os sistemas de signos têm como modelo a linguagem humana e são construídos a partir dela. O caminho para se chegar a uma semiótica da cultura passa pela linguagem, na opinião deles, e é por conta disso que esse será o ponto de partida aqui. A linguagem é um sistema de signos. Isso quer dizer que seus vários elementos guardam ao mesmo tempo uma semelhança geral e uma diferença específica entre si. Além disso, são organizados por uma regra, e qualquer tentativa de violação dessa regra implica a destruição do sistema – no sistema linguístico da língua portuguesa usado neste livro, por exemplo, os caracteres 菽蓼徇守俗陝攝 não significam nada, e, portanto, aniquilam o sistema em sua tarefa de levar um significado. (Pode-se fazer outra leitura: esses caracteres *significam* um exemplo de como as coisas não significam.)

A linguagem é o modelo para os outros sistemas de signos. A partir da linguagem, suas oposições, suas regras específicas e, sobretudo, sua ligação dinâmica com a vida cotidiana dos outros sistemas de signos são modelados. Na medida em que os signos existem de maneira concreta nas relações sociais, a semiótica soviética parece ter encontrado um caminho para conciliar o estudo das relações humanas concretas, em termos históricos e sociais, com o estudo dos signos. De um lado, as relações sociais, as coisas e os fatos existem nas relações entre os seres humanos; por outro, essas relações só existem se pensadas como a interação entre signos. Dessa maneira, é possível fazer uma semiótica da cultura, ou uma semiótica social, compreendendo como as relações humanas estruturam-se em torno de significados construídos socialmente em seu uso.

Dessa maneira, rigorosamente qualquer produção cultural pode ser pensada como parte de um sistema de signos. É possível perguntar, nesse caso, qual é o limite da semiótica e qual é seu objeto. Na prática, o objeto pode ser visto como o *significado*. Coisas significam, e o que explica esse significado é a semiótica. Não se trata, portanto, de uma ciência de tudo, mas de um estudo sistemático dos significados.

É nesse sentido que Yuri Lotman, um dos principais responsáveis pelo desenvolvimento da semiótica soviética e da Escola de Tartu em particular, propõe o conceito de *semiosfera*. A analogia pode ser pensada em termos de uma *atmosfera*, como "algo que envolve": se na atmosfera, por sua origem grega, significa uma esfera de átomos que envolve os indivíduos, é fácil derivar semiosfera como sendo a esfera de signos que existe ao redor/dentro/com as pessoas.

Mergulhada em um universo de signos que ao mesmo tempo o envolve e o define, a pessoa atua dentro da semiosfera: nesse sentido, Lotman ressalta não apenas que o pensamento humano e sua prática cultural utilizam os elementos da semiosfera, mas também é limitado por eles. Dessa maneira, a *semiosfera* é ao mesmo tempo meio e limite das formas de expressão humana, definindo em suas inúmeras formas o que pode ser pensado/criado e o que está para além de suas fronteiras e, portanto, não existe dentro de um determinado sistema semiótico. As produções culturais valem-se de elementos disponíveis na semiosfera para serem criadas; no entanto, uma vez prontas, essas produções vão igualmente enriquecer a semiosfera, mantendo-a em uma dinâmica contínua de uso/troca de significados.

Um escritor, diante da folha em branco, usa elementos da semiosfera – significados anteriores, ideias, filmes, conversas que ouviu, músicas –, e, a partir desse material reorganizado segundo sua possibilidade de criação, elabora um *texto*. Um músico, escrevendo um concerto, usa elementos da semiosfera – músicas anteriores, ideias estéticas, conceitos diversos – e elabora um *texto musical*. Assim por diante, qualquer elemento de produção cultural pode ser pensado como um *texto* no sentido de que tem começo, meio e fim, e é organizado em um sentido fechado: um texto cultural pode ser "lido" porque faz sentido em si.

Da mesma maneira, ao escrever um texto jornalístico o repórter não tem outra opção exceto escrever no idioma do público e usando letras. O publicitário também não pode escapar disso. Essas regras são intrínsecas ao sistema linguístico. No entanto, as regras de como escrever em um determinado estilo fazem parte do sistema de signos da publicidade ou do jornalismo, bem como as escolhas, ideias e ações do repórter estarão ainda mais próximas da semiosfera quando se pensa que a ideia de *criatividade* é a possibilidade de arranjar/rearranjar elementos já existentes. Dessa maneira, para Lotman, um texto cultural é qualquer produção que tenha um sentido relativamente completo.

A semiótica soviética abriu espaço para se pensar o cotidiano a partir das relações de comunicação e, mais do que isso, da cultura como um sistema de significados. Em certa medida, o resultado foi uma expansão sem precedentes do campo da Comunicação na medida em que praticamente tudo pode ser entendido dentro de um sistema semiótico ao qual pertence, de um lado, e compreendido como o resultado da produção social de significados – o estudo da comunicação, nesse sentido, torna-se o estudo das relações de comunicação na cultura.

Para começar

LOTMAN, Y. "Texto, discurso, cultura". In: SCHNEIDERMAN, B. *Semiótica russa*. São Paulo: Perspectiva, 1992.

4. Mikhail Bakhtin, intertextualidade e política do signo

A noção de "intertextualidade", geralmente vinculada ao pensador soviético Mikhail Bakhtin, nunca foi pensada por ele nesses termos. A ideia tornou-se conhecida por esse nome graças a um trabalho escrito anos depois por Julia Kristeva, em uma análise de sua obra. A ideia se afirmou progressivamente como uma das mais frutíferas ideias para se compreender o trânsito de significados entre diferentes espaços sociais. A análise da televisão, da música popular e do cinema, por exemplo, aproveitou-se largamente das ideias de Bakhtin. Um ponto de partida é pensar na noção de "signo" para depois chegar até a ideia de "texto", e daí à intertextualidade.

O signo é um resultado das condições materiais de produção, dentro das quais a consciência humana está inserida. Os signos não existem fora das relações sociais, não estão nem fora do tempo nem fora da história. O pensamento e a linguagem estão vinculados ao espaço em que foram produzidos, não são sistemas autônomos de significação como se tivessem vindo do nada. A materialidade do signo está nos seus vínculos com a sociedade de onde ele se origina. Os signos acompanham as dinâmicas da sociedade, mas não há nada automático no processo.

A noção de signo é fluida, em constante movimento: signos e significados estão em permanente trânsito pela sociedade onde são produzidos e compreendidos. Todo signo é político – mas, bem entendido, na medida em que está ligado a condições sociais e relações de produção dentro de uma sociedade. O signo não é neutro: seu significado vai além daquilo que ele "representa" e está ligado a uma imensa cadeia de referências. O estudo dos signos tem início nessa percepção da dimensão política: a produção dos signos não está separada da vida social.

Os signos são uma produção material, mas existem em uma esfera diferente dos elementos materiais. Essa esfera é o conjunto de pensamentos de uma sociedade, o resultado materializado da integração entre os signos e as condições de sua produção específica: o discurso. O discurso é uma produção gerada a partir dos signos; assim como os signos, o discurso existe como um elemento político e social. O discurso é o resultado da trama – o texto, tecido – dos signos. Assim, o discurso, como o signo, está sempre vinculado a sua origem.

A noção de discurso

A noção de discurso é uma das mais complexas na literatura e nas ciências humanas, mas é possível entender discurso como o conjunto de coisas ditas, pensadas e faladas – toda produção textual – vinculadas a um determinado tempo e espaço.

O discurso é o texto produzido em um lugar específico, que carrega em si as marcas das condições de sua produção. Cada grupo social, por conta de sua prática cotidiana, carrega em si um grupo particular de palavras, signos, significados, expressões; em suma, um modo de pensar a partir dessas palavras. Essas palavras formam o discurso desse grupo. Discurso é uma ligação entre a criação textual e as condições sociais dessa criação. As palavras, os signos, o pensamento são dotados de vínculos sociais; o discurso é a manifestação desses vínculos na comunicação.

Dessa maneira, há um discurso próprio a cada espaço social. O discurso dos médicos é diferente do discurso dos engenheiros, que por sua vez não está ligado ao de um padeiro. O discurso traz as marcas de sua produção: o modo de falar e de pensar de cada indivíduo está ligado à realidade material das relações sociais. *Um* tenista, por exemplo, tem um discurso diferente de *uma* tenista na medida em que há vínculos de gênero no discurso; o discurso de ambos difere do de *uma* advogada, que é diferente do de *um* médico. O discurso está ligado à realidade cotidiana.

Os discursos estão em uma contínua relação de diálogo uns com os outros. Sua convivência dentro da sociedade acontece nas tramas dialógicas entre vários discursos, vindos de lugares diferentes, com mais ou menos força, com mais ou menos impacto. Os discursos se integram em uma relação dialógica – colidem, transformam-se, trocam significados e signos, enfim, se rearranjam em novos discursos a partir de uma interação constante.

Quando se diz alguma coisa, a escolha das palavras é ao mesmo tempo livre e determinada. Livre, porque o indivíduo não precisa necessariamente usar uma ou outra palavra; há um leque de opções. O problema é a extensão dessas opções: ninguém domina todo o repertório de uma linguagem. Quando a pessoa vai dizer alguma coisa, sua fala é única na combinação desses elementos – e, assim, é igualmente individual.

Intertextos

O ser humano vive se apropriando e refazendo discursos já existentes, criando novos signos a partir de textos conhecidos, retornando para a sociedade textos que, por sua vez, se recombinam com outros em uma cadeia infinita. A expressão ouvida em uma telenovela é repetida no ônibus, ouvida por uma terceira pessoa e incorporada ao discurso do escritório, trazida novamente para casa e identificada com a televisão. Há poucos limites para o discurso.

O conhecimento existe no diálogo. A troca entre signos e discursos é responsável em larga medida pela criação do conhecimento e pelo acesso da pessoa a outras formas culturais. O diálogo prevê a pluralidade; o dialógico requer o múltiplo. Assim, a noção de "intertextualidade" está igualmente vinculada à possibilidade de existência simultânea de muitas vozes – uma inferência democrática que não demorou a ser percebida pelos censores soviéticos e que custou a Bakhtin anos de exílio e prisão. Regimes autoritários se caracterizam exatamente pelo *monologismo*, isto é, uma única voz, um único discurso imposto a qualquer preço.

Na arte, o "autor" é alguém que direciona, no texto, discursos sociais preexistentes em uma trama compreensível. Os discursos encontram sua origem na sociedade, mas são retrabalhados a cada novo modo de uso. A dialética entre *produção social* e *uso individual* do discurso se faz notar com precisão na produção literária, mas é possível expandir o conceito para outras áreas. A noção de "texto" estende-se para designar o lugar onde os discursos sociais anteriores são rearranjados em uma forma mais ou menos nova. A ideia de "dialogismo" mostra que nenhum texto é completamente autônomo nem vinculado: a questão está centrada na *interação* entre os textos.

No trabalho de Julia Kristeva sobre Bakhtin, ela propõe a ideia de "intertextualidade" para designar o dialogismo. A análise de um texto implica conhecer as relações intertextuais dele, isto é, a quais outros textos ele faz referência. Essa referência pode ser mais ou menos explícita, e nem sempre é deixada clara. Graus de intertextualidade variam ao infinito conforme a referência, *dentro* de um texto, aos outros elementos que estão *fora* do texto, isto é, em outros textos.

Um texto é construído a partir da apropriação mais ou menos explícita de ideias, significados e formas de outros textos. Nesse sentido, toda produção cultural está vinculada a algum elemento histórico e social. Até a mais avançada ficção científica é construída a partir de referências do autor, e não existe texto suficientemente original que não faça referência a nada – não seria possível ler um texto desse tipo; seu grau de novidade seria alto a ponto de explodir os limites da gramática, do alfabeto e do simbólico, e a leitura seria ao mesmo tempo impossível e ilimitada.

Quando Goethe escreveu *Fausto*, no século 18, a lenda já existia há séculos na Europa. Ele aproveitou-se de inúmeras narrativas que circulavam a respeito do velho sábio que fazia um pacto com o demônio, oferecendo sua alma em troca de juventude e sabedoria. Goethe, provavelmente um dos mais eruditos escritores alemães, apropriou-se de uma narrativa popular e lhe deu um novo *status*, tornando-a um clássico. No início do século 20, Thomas Mann apropriou-se novamente do tema no livro *Doutor Fausto*. Mann aproveita-se do texto de Goethe, mas transforma a personagem principal, Fausto, em um compositor, Adrian Leverkhün. Ele troca sua alma pela criação de músicas que jamais tinham sido ouvidas. Finalmente, em uma adaptação feita por Roberto Gomes Bolaños no seriado humorístico *Chapolin*, a lenda de Fausto é trabalhada do ponto de vista do humor: Doutor Fausto busca a juventude outra vez, enquanto o demônio, atrapalhado, é ludibriado no final. Assim, a lenda popular transformada em clássico por Goethe, reescrita por Mann, torna-se popular de massa na televisão.

A noção de intertextualidade dissolve os conceitos de "alta cultura", "cultura popular" e "cultura de massa" em uma trama de produções de discursos pensados como textos culturais composto a partir da intersecção de signos em um código e dotado, por isso, de algum sentido. As fronteiras da cultura se diluem na produção do texto.

O elemento produzido como um discurso da "cultura erudita" é apropriado pela televisão; retrabalhado, torna-se popular. Ideias da cultura popular usam formas da "alta cultura". Adaptações para a televisão de *Memorial de Maria Moura*, a partir de Rachel de Queiroz, ou *Morte e vida Severina*, de João Cabral de Melo Neto, ou mesmo a construção de narrativas a partir de fortes elementos populares – *A paixão segundo Ouro Preto* ou *Hoje é dia de Maria,* – mostram a articulação desses elementos como referências intertextuais. O diálogo se apresenta como uma alternativa de compreensão da cultura contemporânea que leva em consideração da diversidade as transformações próprias de cada período.

Foi, entre outros, o pesquisador britânico Robert Stam quem articulou as ideias de Bakhtin com as análises da cultura de massa. Para Stam, a adaptação cultural leva em conta a polifonia de discursos no "mosaico de citações" feitos pelo autor de qualquer obra cultural.

A *paráfrase* e a *paródia* são alguns dos principais tipos de interação textual. Em ambos existe a raiz grega *para*, isto é, "aquilo que está ao lado". A paráfrase é o "texto ao lado" da frase, enquanto a paródia, no mesmo sentido, é o que se constrói ao lado – e a partir – da "ode", o poema composto para louvar. A ideia de "seguir ao lado", no entanto, não representa a cópia. Ao contrário, parece estar ligada à elaboração de um novo texto, ainda que o sentido seja invertido.

Assim, um primeiro tipo de intertexto é a *paráfrase*, na qual o texto original é modificado em sua adaptação, mas permanece reconhecível. No filme *Reino de fogo* (EUA, 2002), por exemplo, há uma citação explícita de *Star Wars*. Em *Star Wars*, há uma reapropriação de textos ocidentais medievais (a ordem jedi faz refe-

134

rência tanto às ordens monásticas quanto aos cavaleiros da Europa Medieval) e orientais (jedis estão próximos dos samurais em seu código de conduta; o manejo dos sabres de luz e a roupa de Darth Vader fazem referência direta à história japonesa).

Um segundo tipo de intertexto é a *paródia*. Nele há uma inversão do sentido da ode, poema de louvor. Na paródia, o elemento épico é substituído pelo humorístico. Assim, a paródia é um metadiscurso que lembra a audiência das falhas do discurso original, das fragilidades dos elementos de uma história e também da própria audiência que, envolvida com o texto sério, aceita-o como certo.

Filmes criados como paródia exploram os limites do original. Em *Shrek*, por exemplo, os contos de fada são invertidos no sentido de fazer do príncipe o vilão da história, e do ogro o herói. Na sequência de abertura de *Shrek 2*, são parodiados *O Senhor dos Anéis*, *A um passo da eternidade*, *Robin Hood* e *Homem-Aranha* em pouco mais de um minuto. A paródia questiona os elementos sérios do texto original. Por exemplo, quando o Super-Homem tira seu terno de Clark Kent para iniciar uma missão, o que acontece com sua roupa? Em uma sátira da revista *Mad*, vemos o Super-Homem voltar de uma tarefa e ficar procurando seu terno, sem imaginar onde ele foi parar.

Dessa maneira, na paródia, há uma inversão de valores que Bakhtin denomina *carnavalização*. A ideia retoma o sentido do "carnaval" como um momento de transformação das regras do jogo, período de tempo durante o qual as estruturas sociais eram invertidas: tudo o que era "errado", "baixo" e "desprezível" torna-se nobre durante o carnaval, e dessa maneira há uma ruptura/subversão das regras – é o "mundo às avessas", um tema caro ao imaginário medieval. No carnaval, esse imaginário era liberado para se apropriar do real. A figura do Rei Momo, por exemplo, deriva do "Rei dos Loucos" medieval: em cada vila, a pessoa mais feia ou covarde era escolhida para ser rei por três dias, no lugar do soberano belo e valente. Assim, o carnaval implicava o sentido de diversão em uma alteração das estruturas vigentes por três dias.

Evidentemente esses exemplos são explícitos. Há textos muito menos fáceis de identificar, e a relação intertextual pode ser extremamente sutil – por exemplo, em *O mandarim*, de Julio Bressane, filme sobre o compositor Mário Reis. A trama textual/intertextual entre os compositores da MPB atual e os contemporâneos de Reis não é explícita, e a audiência precisa conhecer os textos anteriores – isto é, a história da MPB – para compreender o filme de Bressane. A intertextualidade varia em diferentes graus de hermetismo.

A referência de Bakhtin à produção das formas literárias ultrapassa o universo da literatura e torna-se, dessa maneira, uma arquitetura teórica da produção cultural, particularmente útil na compreensão dos elementos produzidos pelos meios de comunicação. O resultado é um desafio às interpretações redutoras e a abertura para o conhecimento a partir do diálogo – uma perspectiva democrática do saber que o próprio Bakhtin não experimentou.

Um clássico

BAKHTIN, M. *Marxismo e filosofia da linguagem*. São Paulo: Hucitec, 1998.

III. Estruturalismo

Uma maneira de iniciar um estudo do Estruturalismo é definir *estrutura* a partir de uma situação extremamente simples: pregos e madeira reunidos ao acaso não resultam em nada inteligível. No entanto, quando organizados como uma mesa, a *forma* ou *estrutura* pela qual os elementos estão reunidos define o objeto. Uma estrutura é um conjunto de elementos interligados de uma maneira específica. A organização das partes modifica o todo. Mudando as ligações entre os elementos, a estrutura se transforma completamente. É possível criar várias estruturas apenas alterando a combinação entre seus componentes.

Um exemplo pode ser retirado da química. Parece existir um número limitado de elementos na natureza. No entanto, sua combinação tende a dar origem a infinitos compostos. As combinações entre prótons, elétrons e nêutrons geram a diversidade de elementos químicos existentes. Se a lembrança das ciências exatas estiver assustando, pode-se pensar na música. Ao ouvir uma música, o ouvido escuta todas as notas, uma por uma. A compreensão da melodia, porém, só aparece na *relação* de uma nota com a seguinte, a anterior e as concomitantes.

Em uma estrutura, os diversos elementos estão inter-relacionados, e qualquer mudança em um elemento imediatamente afeta os outros. A estrutura da linguagem usa essa combinação. A disposição de cada letra em uma palavra define o som, o uso e o sentido da palavra, assim como a leitura da próxima. O mesmo vale para estruturas maiores, como as sentenças, parágrafos e textos completos. Aliás, completos em termos, porque uma estrutura nunca é completa em si, mas completa-se em sua relação com outras.

Da estrutura de relação das partículas mais elementares até o universo, a realidade pode ser compreendida como um conjunto de estruturas relacionadas, no qual cada uma das estruturas não deixa de ser uma unidade em outro nível de organização.

Signos e cultura de massa

As origens do Estruturalismo como escola teórica estão ligadas às pesquisas de Saussure sobre a teoria dos signos e uma discussão sobre onde termina o Estruturalismo e começa a Semiótica ultrapassa os limites deste livro.

As aplicações do Estruturalismo no campo da Comunicação vieram dos estudos literários que buscavam compreender as estruturas da narrativa literária. Não demorou muito, porém, para esses estudos serem aplicados em outras formas de narrativa que não a escrita. Foi o grande momento do Estruturalismo, na passagem das décadas de 1950 e 1960. A literatura, mas também os mitos, as tradições populares, o inconsciente e a história passaram a ser pensados em termos estruturais, gerando uma dúzia de obras-primas de vários autores. No meio do caminho, o olhar de alguns pesquisadores se voltou para as narrativas da cultura de massa. A primeira ocasião em que isso aconteceu, em 1966, foi talvez o mais importante.

Trata-se do número 8 da revista *Communications*, editada pelo Centre Nationale de Recherche Scientifique, em Paris. Dedicada nominalmente à "Análise estrutural da narrativa", trazia alguns dos textos mais importantes do movimento. "Introdução à análise estrutural da narrativa", de Roland Barthes; "Elementos para uma teoria da interpretação do texto mítico", de Algirdas J. Greimas; e "James Bond, uma combinatória narrativa", de Umberto Eco, nomes que, nos anos seguintes, dedicariam várias páginas ao estudo dos textos da mídia.

Isso alterou algumas ideias a respeito da cultura de massa, dando um novo *status* a essa produção: se era possível analisar os livros de Ian Fleming, criador de James Bond, com a mesma metodologia usada para se estudar os clássicos da literatura, talvez a cultura dos meios de comunicação pudesse revelar as implicações políticas e sociais.

A maior parte dos autores desse número de *Communications* dirigiram contribuições diretas ao estudo da Comunicação. Roland Barthes, com o livro *Mitologias* e os três volumes dos *Ensaios críticos* trouxe novas perspectivas no estudo da mídia; Umberto Eco, com *Apocalípticos e integrados*, *Obra aberta* e *O super-homem de massa* aplicou o método estrutural a objetos considerados até então pouco dignos da atenção acadêmica, como histórias em quadrinhos, filmes de sucesso e folhetins. Edgar Morin dedicou os dois volumes de seu *O espírito do tempo* a um estudo detalhado das estratégias de sedução e aplicação da cultura de massa. Finalmente, Michel Foucault, sem estudar especificamente a mídia, mostrou como comunicação e poder estão interligados. A compreensão desses textos fundadores exige uma análise de suas concepções.

138

1. Roland Barthes

Roland Barthes no YouTube, falando de seu livro sobre Michelet. Capturado na imagem de televisão, transformado no infinito de pixels. Oblíquo, tímido, não olha para a câmera. Fala baixo, voz clara definindo cada palavra. A articulação de cada som é importante, como na delicada força de seus escritos. Barthes, texto digital, transposição do texto escrito. Sob a superfície dos múltiplos temas tratados em seus escritos, Barthes estuda as relações entre a linguagem e o poder. Apenas desmontando os textos é possível encontrar as formas escritas do poder. "Texto" é qualquer produção cultural, em especial a escrita. E, para desmontar esses textos, Barthes propõe um tipo particular de análise, a atividade estruturalista.

A atividade estruturalista

Quando usamos um método de pesquisa para compreender a vida cotidiana, deixamos o terreno da esterilidade científica para fazer da pesquisa uma parte integrante da realidade – uma *atividade*. "A atividade estruturalista comporta duas operações típicas: desmontagem e arranjo. Desmontar o primeiro objeto, o que é dado à atividade de simulacro, é encontrar nele fragmentos móveis cuja situação diferencial gera certo sentido; o fragmento não tem sentido em si, mas é, entretanto, tal que a menor variação trazida a sua configuração produz uma mudança do conjunto. [...] ...Colocadas às unidades, o homem estrutural deve descobrir-lhes ou fixar-lhes regras de associação: é a atividade do arranjo", explica Barthes em "A atividade estruturalista", texto, no Brasil, publicado no livro *Crítica e verdade*.

Porém, conforme sua configuração estrutural, o todo muda. Barthes chega a criar um livro a partir de citações, recortes e reconstruções temáticas sobre as diversas nuances do tema – os *Fragmentos de um discurso amoroso*. A forma, de acordo com a qual estão dispostos os componentes em uma estrutura, revela o estado de sua ação e suas relações particulares. A explicação estruturalista se baseia na atenção às relações, diferenças e descontinuidades.

Uma estrutura é sempre transpassada por relações de poder existentes em seu interior. A relação entre os diferentes elementos é desigual, envolvendo fluxos contínuos de ações sociais e ações comunicativas. O poder está incorporado aos discursos tanto quanto às ações.

A linguagem forma as estruturas de significado a partir das quais estruturamos nossa ação cotidiana. Ela não apenas *mostra* o mundo, mas, ao mesmo tempo, nos *ensina a ver* a realidade a partir dos significados estabelecidos anteriormente. O discurso, nesse sentido, apresenta-se como uma das formas mais bem acabadas dessa criação, mantendo-se como um espaço de poder – tema precioso a Barthes, explicado de maneira completa anos depois, em sua *Aula*. O discurso, para o autor, articula-se com o poder, fixando os significados do mundo imediato, criando os sistemas de referência nos quais o indivíduo se articula e delimitando sua atividade mental: "A linguagem não é autoritária, ela é fascista, pois fascismo não é proibir de falar, é obrigar a dizer".

Uma de suas questões principais não é "qual é o significado" de um texto, mas saber *como um significado é fixado*. Há muito pouco de acaso na construção de significados no mundo social, e Barthes parece se esforçar por mostrar isso.

Em *Aula*, Barthes mostra que textos são produzidos em espaços de poder nos quais seu significado é modificado pelo uso político. Conforme explica, "não há dúvida de que cada regime possui sua escrita, cuja história ainda está por se fazer. A escrita, por ser a forma espetacularmente engajada da palavra, contém ao mesmo tempo, por uma ambiguidade preciosa, o ser e o parecer do poder, o que ele é e o que ele quereria que se acreditasse que ele fosse: uma história das escritas políticas constituiria, portanto, a melhor das fenomenologias sociais".

Conhecer as estruturas sociais produtoras do discurso é construir o fundamento para a identificação e crítica da ideologia que o apoia. Aliás, a ambiguidade do discurso está manifesta nas possibilidades de uma espécie de "auto-ocultamento" na medida em que se vincula a outras formas de ação social diferentes de sua prática comum. O sentido de um texto pode ser disfarçado sob outro ou dissimulado sob o postulado da neutralidade – o "grau zero" da escrita. Aliás, o autor francês identifica: "a escrita no grau zero é uma escrita indicativa, ou, se preferir, amodal; seria justo dizer que é uma escrita de jornalista, se precisamente o jornalismo não desenvolvesse em geral formas optativas ou imperativas" no ensaio "O grau zero da escrita".

A ação política se objetiva nos discursos e nas proposições, bem como nas articulações de poder existentes no uso da linguagem. A dupla face da linguagem – como representação e criação – deixa aberta a possibilidade de seu uso político no estabelecimento de uma realidade discursiva única, fechada em si.

As *Mitologias* e os signos cotidianos

No livro *Mitologias*, por exemplo, Barthes analisa fotografias publicadas em revistas, textos, esportes e hábitos. Estuda, por exemplo, cada uma da revista *Paris-Soir*, o mundo do boxe e o bife com batatas fritas. Sob a aparente banalidade desses objetos e práticas, o autor mostra como eles transmitem vários outros significados. Barthes lê a realidade como um texto, procurando, com a análise estrutural, ver o que está nas entrelinhas. E como essas entrelinhas às vezes são mais importantes do que o original.

A preocupação com a fixação do significado também está presente em *A mensagem fotográfica*. Barthes mostra um aparente paradoxo: de um lado, a fotografia parece mostrar diretamente o real. Não se pode duvidar da imagem – está lá, é o fenômeno visível. No entanto, ao mesmo tempo, o autor identifica vários processos de conotação, isto é, de atribuição de sentidos à foto vinculados à pose, ângulo, presença de objetos – em poucas palavras, a construção sígnica da fotografia. Dessa maneira, atrás da realidade imediata da foto esconde-se uma série complexa de escolhas prévias, definições de estilo e mesmo julgamentos de valor no sentido de dar à fotografia um sentido e não outro – colocando em xeque a ideia de representação objetiva da realidade.

Essas questões, bem como os limites teóricos do próprio conhecimento do texto, são os principais elementos do último Barthes – uma preocupação crescente com os espaços de poder existentes dentro da sociedade, e como era possível escapar – e a literatura é uma das alternativas ao fechamento do discurso pelas bordas da política. A literatura explode os limites dessa linguagem. É o antídoto para a fixação de significados exatamente porque questiona e propõe novos. A escrita literária é o instante de desafio às fronteiras, levando às últimas consequências as possibilidades do texto. Escrever é uma exploração de caminhos livres.

Para começar

BARTHES, R. *A aventura semiológica*. São Paulo: Martins Fontes, 1999.

_____. *O grau zero da escritura*. São Paulo: Martins Fontes, 1998.

2. Na hiper-realidade cotidiana: Umberto Eco

À primeira vista, a obra de Umberto Eco se divide entre o escritor, autor de *O nome da rosa* e *A ilha do dia anterior*, e o teórico da comunicação, autor de obras sobre estética, mídia e semiótica, como *Obra aberta, Apocalípticos e integrados* e *A estrutura ausente*[1]. Nos limites deste livro, interessa o ensaísta. Na vasta obra teórica, aplicar uma análise estética e semiótica aos produtos da cultura de massa.

Após escrever uma série de tratados, entre eles *A estética de Santo Tomás de Aquino*, sobre o pensamento a respeito da arte na Idade Média, e *Obra aberta*, sobre a indeterminação na produção de vanguarda, Eco publica, em 1964, *Apocalípticos e integrados*, coletânea de estudos sobre histórias em quadrinhos, música *pop* e televisão, provavelmente o primeiro livro a tratar desses temas. *Apocalípticos e integrados* trazia em sua introdução uma das primeiras tentativas de classificar as pesquisas em comunicação de massa. É o ponto de partida aqui.

Vale a pena lembrar que o título completo do livro é *Apocalípticos e integrados diante da cultura de massa*. Sua primeira constatação é simples e fácil de verificar: a cultura de massa é parte do cotidiano e pode ser criticada, mas não evitada. A cultura de massa, em 1960, já estava plenamente estabelecida como parte do repertório cultural do planeta. Gostando dela ou não, era impossível voltar atrás e retornar a um tempo no qual rádio, televisão e cinema não existiam. Dessa maneira, diante do inevitável, qual seria a postura da crítica? Eco identifica duas respostas.

De um lado, as pesquisas em comunicação norte-americanas, a *mass communication research*. Os estudos americanos de comunicação estavam vinculados às produções da indústria de comunicações: em linhas gerais – bastante gerais –, essas pesquisas não faziam uma crítica do processo em si, mas estudavam os processos e efeitos da comunicação. À defesa da cultura de massa estaria alinhada uma defesa do sistema social e econômico no qual ela era produzida e do qual ela era o principal elemento de diversão – seus defensores, os *integrados*.

Do outro lado do Atlântico, os críticos da cultura de massa – uma referência à Escola de Frankfurt, em particular a Theodor Adorno. Para eles, a cultura de massa representava o fim da cultura e sua transformação em simples mercadoria de consumo, no colapso da última barreira contra a ação da civilização industrial. Os ensaios teóricos procuravam mostrar a destruição da cultura pela indústria cultural. Na visão de Eco, os *apocalípticos*.

---

1. Essa divisão facilitou a vida de algumas gerações de estudantes, geralmente ignorando uma advertência do próprio Eco: seria profundamente injusto subsumir a atividade como a pesquisa, complexa, cheia de detalhes, nuances e desenvolvimentos inesperados, em duas categorias estanques como "apocalípticos" e "integrados". E, no entanto, até certo ponto foi isso que aconteceu.

Eco prossegue, fazendo um inventário das críticas e defesas da cultura de massa:

Argumento integrado	Crítica apocalíptica
A cultura de massa permitiu o acesso de mais pessoas a bens culturais antes restritos a poucos.	A cultura de massa modifica, adapta e destrói a verdadeira cultura para poder vendê-la.
A cultura de massa eleva o nível intelectual das pessoas e permite a popularização da arte: agora todo mundo conhece Beethoven e a Mona Lisa.	A cultura de massa nivela por baixo e equipara tudo nesse patamar: mostra Beethoven, a Mona Lisa e o Pica-Pau como se fossem a mesma coisa.
A cultura de massa acabou com os preconceitos: agora qualquer um pode conhecer arte, ouvir todo tipo de música, ter acesso à cultura.	Nem todo mundo está preparado para ter acesso à cultura. A ideia de uma "cultura para as massas" é uma contradição.
A cultura de massa facilita o acesso à obra de arte, tornando-as mais populares e conhecidas.	"Facilitar" significa mudar, cortar, adaptar: a cultura é destruída em nome do sucesso e do lucro.
Cultura não é mais uma coisa erudita e distante: qualquer coisa se torna cultura imediatamente.	Os valores humanos são deixados de lado, enquanto futilidades ganham *status* de arte e política.
Artistas sempre trabalharam para os nobres, para os reis, e tinham que criar conforme a vontade deles. A cultura de massa deu até mais espaço para a criação individual – veja-se Chaplin, Disney, Griffith.	Na indústria cultural os artistas são transformados em operários. A criatividade é substituída por fórmulas e padrões, e a inovação é sempre vista com desconfiança: sucesso significa lucro.

Após essa primeira seção, começam os ensaios analíticos. Eco escreve no auge do Estruturalismo como método de interpretação de texto, e concentra-se no estudo da mensagem da mídia entendida como um "texto" a ser analisado. O primeiro alvo é a literatura popular, em particular os romances de folhetim: Eco faz um dos primeiros estudos sérios de *Os mistérios de Paris*. Na sequência, desmonta as fórmulas responsáveis pelo sucesso dessa literatura – a narrativa fácil, a repetição, o sentimentalismo *kitsch* – e mostra como isso se manteve na cultura da televisão. Em seguida, capítulos temáticos fazem uma leitura crítica dos textos da cultura de massa. *O mito do Superman* questiona algumas das estruturas narrativas da história; *Leitura de Steve Cannyon* mostra a construção do herói nos quadrinhos e *O mundo de Minduim* explora o universo de *Peanuts* – Snoopy e Charlie Brown são tratados com a mesma seriedade das iluminuras medievais.

A palavra "leitura" é usada para explicar seu método: trata-se de uma análise do significado da mensagem, mas também de como esse significado é construído. Desmonta as histórias em quadrinhos, a literatura de massa, a canção popular e a televisão para mostrar seus significados e auxiliar na sua compreensão. Em um pretendido meio-termo entre apocalíptico e integrado, Eco reconhece a existência da cultura de massa e sua potencialidade, mas entende que isso só poderá se realizar na medida em que o receptor estiver preparado para uma leitura crítica que a análise estrutural – e mais tarde semiótica – permite. Aceitar a cultura de massa não elimina a necessidade da crítica..

Eco, ao desmontar a cultura de massa, não deixa de notar que esses produtos são feitos para agradar e, de fato, agradam – uma estética da cultura de massa não pode deixar de lado a questão da satisfação envolvida quando se está diante da tela. O fato de se conhecer os mecanismos da indústria de Hollywood ou a ideologia presente em um *anime* não pode deixar de lado a satisfação estética que se tem diante de um filme ou um desenho animado.

Apocalípticos e integrados foi ao mesmo tempo síntese e ponto de partida da análise estrutural da narrativa da mídia, seguindo um caminho aberto por Roland Barthes em *Mitologias* e que seria desenvolvido por Edgar Morin em *O espírito do tempo*. Nos anos seguintes, Eco manteve esse estudo da cultura de massa em uma perspectiva mais próxima da Semiótica, mas mantendo o tom ensaístico. Em *Viagem à irrealidade cotidiana* ou em *O super-homem de massa*, por exemplo, ele volta a percorrer os caminhos de uma realidade na qual a mídia está cada vez mais presente, mantendo a leitura crítica da cultura como um texto a ser lido e, por que não, aproveitado.

Antes do fim

ECO, U. *Apocalípticos e integrados*. São Paulo: Perspectiva, 2001.

3. As funções da linguagem – O modelo de Roman Jakobson

Em um texto clássico sobre os usos da linguagem, Roman Jakobson, um dos maiores linguistas do século 20, estabeleceu seis funções da linguagem a partir da relação entre os signos linguísticos e sua relação com os objetos externos. O modelo de Jakobson foi criado para explicar em que a linguagem poética se diferencia do uso cotidiano das palavras. "Poética", aqui, no sentido grego original, de *poiesis*, "criação", designa qualquer produção artística.

Jakobson acredita que a linguagem é usada de modos diferentes conforme o elemento da realidade ou da própria linguagem ao qual está atrelada. Não se fala do mesmo jeito sobre todas as coisas. Um texto jornalístico é diferente de um texto publicitário. Falar ao telefone não é o mesmo que escrever uma carta. Embora as palavras sejam as mesmas, a função muda. De acordo com ele, o modelo básico de comunicação mantém-se nos padrões estabelecidos por Aristóteles – *Emissor, Mensagem, Receptor* –, mas Jakobson agrega outras partes.

Em primeiro lugar, a mensagem não flutua sozinha entre o emissor e o receptor. É necessário um agente intermediário, chamado por Jakobson de *Canal*. Ao mesmo tempo, essa mensagem não existe sem ter sido elaborada sobre uma estrutura específica, o *Código*. Qualquer relação de comunicação acontece em um momento determinado no tempo e no espaço, o *Contexto*.

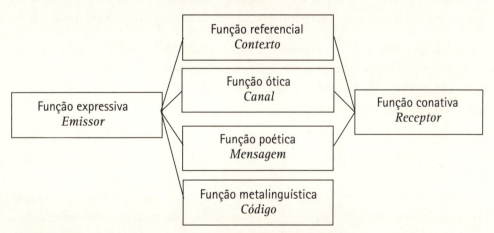

JAKOBSON, R. *On language*. Oxford: Oxford University Press, 1988.

Durante um diálogo qualquer, os falantes dirigem sua conversa a vários elementos. Cada um deles vincula-se a uma função da linguagem.

A função expressiva

Quando o foco está no emissor e em sua produção, a linguagem tem uma função *expressiva*. O ato de falar ou escrever é um exemplo dessa função da linguagem, responsável por transmitir o que o emissor pretende. A função expressiva da linguagem refere-se na maioria das vezes ao próprio emissor, com foco na transmissão de seus próprios sentimentos, opiniões e ideias. Um blog com as aventuras diárias de alguém pode ser um exemplo. O autor está falando dele mesmo, em certa medida, para ele mesmo. Ao leitor cabe simplesmente ler e opinar desde que tenha conhecimento do que trata a vida pessoal do autor, o que joga o foco para o criador do blog.

Função conativa

As mensagens podem também ter como função exercer algum efeito no receptor, gerar práticas ou persuadi-lo de algo. Jakobson denomina essa função de *Conativa*, com o foco centrado no leitor. A propaganda é provavelmente o uso mais comum dessa função, dirigida para o receptor no sentido de convencê-lo a fazer alguma coisa. A linguagem publicitária é imperativa, da mais sutil e sedutora à mais enérgica e explícita. Uma ordem – "senta aí!" – é um uso conativo da linguagem, tanto quanto a foto publicitária de uma barra de chocolate crocante.

As funções expressiva e conativa dependem da subjetividade de um emissor ou da sensibilidade de um receptor. Não existe nenhuma relação a algum terceiro elemento porque não há nada, nessas funções, designando nada além da própria expressão-recepção das pessoas.

A função referencial

Quando a linguagem é usada para apontar alguma coisa além da interação específica entre emissor/receptor, necessariamente está fazendo uma referência a algo além do próprio código e uso. Esse "algo" existe para além das relações de comunicação daquele momento determinado, residindo no contexto da interação comunicativa. Trata-se, portanto, de uma ênfase no contexto da comunicação, uma referência a ele – não por acaso, Jakobson chama isso de função *referencial* da linguagem.

A função referencial da linguagem é encontrada em descrições, relatórios e a explicação de fatos existentes fora do ambiente onde acontece o ato comunicativo. Um dos modelos é o texto jornalístico. Uma notícia é a reconstrução linguística de um evento exterior ao universo imediato tanto do repórter quanto do receptor. O texto da reportagem precisa contar algo existente nessa dimensão objetiva da realidade, alheia ao mundo de quem escreve e de quem lê. A inexistência dessa referência descaracteriza um texto como notícia – pode ser uma crônica, um conto ou outra forma de produção literária.

Metalinguística

A linguagem pode atuar igualmente no sentido de dizer algo em referência a ela mesma. Essa circularidade permite os estudos linguísticos e de comunicação e cria os principais problemas de qualquer investigação: a linguagem é a única ferramenta existente para estudar a linguagem. Essa autorreferenciação da ênfase no código da mensagem faz com que método, sujeito e objeto sejam equivalentes no estudo, tenham o mesmo tamanho e se diferenciem pelo uso, não por qualidades específicas. É a função *metalinguística*. A análise da linguagem, dos códigos linguísticos e de qualquer forma literária, nesse sentido, podem ser encaixadas nessa definição. A mensagem literalmente fala de si mesma.

O código tende a ser o suporte sobre o qual a mensagem existe. Em uma pintura, por exemplo, os códigos visuais são utilizados pelo pintor para compor uma mensagem – a imagem do quadro. A mesma coisa acontece com o teatro: a linguagem da representação teatral é o elemento real, por assim dizer, através do qual a mensagem da peça será compartilhada com o público. Os códigos tendem a ficar escondidos sob a mensagem, mantendo-se na maior parte do tempo como um elemento de apoio fundamental na construção do sentido. A função metalinguística inverte essas unidades e coloca o código em primeiro plano – a linguagem falando do código com que é feita, deixando visíveis os procedimentos de composição da mensagem. O *making-of* de um programa de TV é exemplo dessa função metalinguística da linguagem.

Um exemplo radical dessa função foram dois programas de TV que estrearam na Inglaterra em 2008. O primeiro programa, *Moving Wallpaper*, exibido às 19:30h, mostrava os bastidores de um canal de televisão. A trama girava em torno da produção de uma novela – as intrigas entre os artistas, a disputa pelos melhores papéis, as dificuldades da produção e a pressão dos donos da emissora por mais audiência. Imediatamente após o final desse programa, entrava no ar exatamente a novela cujo *making-of* tinha sido visto minutos antes: *Echo Beach*. Não havia, na novela, referências explícitas ao programa anterior, mas era possível ver os resultados – um ator que desistia da carreira, no primeiro programa, desaparecia da novela, no segundo, e assim por diante, em um jogo de espelhos entre ficção e realidade – o primeiro programa era a realidade do segundo.

A função metalinguística também existe quando a "quarta parede" que separa o público do palco ou da tela, no teatro e no cinema, é quebrada, e o público é da representação, que fala de si mesma. Os exemplos são inúmeros.

Em *O rei da vela*, de Oswald de Andrade, a certa altura o protagonista e vilão da história Abelardo I comenta com seu socioclone, Abelardo II: "Basta! Já fizemos o suficiente para o público entender quem somos nós". Mudando de século e ambiente, na abertura de *Os Simpsons – O filme*, Homer, Bart e Lisa estão no cinema assistindo a um longa-metragem do desenho animado "Comichão e Coçadinha", exibido na televisão fictícia do seriado. Homer se levanta no meio da sessão e diz que "não há nada mais idiota do que pagar para ver no cinema o que pode ser visto de graça na televisão", olhando para o público. Causa certo desconforto.

Função fática

Além do código, o outro suporte da mensagem é o canal no qual ela existe. O canal é o elemento no qual a comunicação acontece. O funcionamento do canal é visto na chamada *função fática*. A linguagem utilizada em sua função fática geralmente não diz nada, exceto que o canal da mensagem está ativo. Não há nenhuma novidade, exceto a ligação entre as partes. Centrada no canal, é também chamada de função de contato. Sua função é criar e estabelecer a interação.

O exemplo mais simples é o "oi!", dito quando se encontra alguém. A saudação tem como objetivo apenas demonstrar a presença e percepção recíproca do outro. A mensagem completa do "oi" poderia ser traduzida como "a partir deste momento você passa a existir em meu campo perceptivo-comunicativo como entidade autônoma apta a compartilhar mensagens". Na dificuldade encontrada para dizer isso a cada pessoa, a função fática resume essa ligação ao tempo mínimo.

A função fática não informa, mas relembra ao interlocutor a presença mútua. Em uma conversa, as expressões verbais fáticas demonstram a atenção – "ahã", "ah", "claro", "certo". Muitas vezes não passam de simples ruídos ou gestos. A ausência da função fática durante vários minutos evidencia o tédio e denuncia a falta de atenção do receptor, exigindo o uso da função expressiva no sentido de reavivar o interesse comunicativo – "você está prestando atenção no que eu digo?"

A função poética

A função fática não diz nada sobre a mensagem, mas a *função poética* da linguagem concentra-se completamente na mensagem em si, não necessariamente nas intenções do emissor ou nas possibilidades de recepção. A função poética se manifesta na elaboração da mensagem como um fim em si, não como uma referência ou um modo de persuasão. A construção da linguagem poética, como o nome sugere, é uma das principais características da construção literária. A função poética da linguagem preocupa-se com a forma da mensagem em suas relações internas.

De certo modo, na função poética a linguagem não "significa" ou "representa", a linguagem "é". Não aponta para nada externo a ela mesma. Os elementos da linguagem poética relacionam-se entre si em primeiro lugar. Em um poema, o jeito como as palavras são arranjadas importa tanto quanto o significado e interfere na maneira como se compreende.

Um quadro abstrato não se refere a nada, exceto a ele mesmo. A relação entre cores, formas e padrões é suficiente para garantir a existência das obras de arte. A videopoesia utiliza as correlações das imagens em movimento como uma forma de estabelecer uma autorreferência da própria imagem, compreendida apenas em seus elementos apresentados na tela.

No uso da linguagem como instrumento de comunicação, as funções se sobrepõem em linhas, parecem estar mais em fluxo do que em compartimentos separados. Em uma conversa não existem fronteiras definidas e estanques entre as funções – elas se sucedem no tempo sem uma separação aparente.

A articulação de Jakobson com o campo da Comunicação não é desprovida de conflitos. No entanto, sua inclusão se justifica por conta da aplicação desse modelo ao estudo de inúmeras situações de comunicação, não apenas a linguística. As diferenças propostas por ele certamente têm uma origem determinada, mas não se pode dizer o mesmo quanto às aplicações.

O texto fundador

JAKOBSON, R. *Linguística e comunicação*. São Paulo: Cultrix, 1989.

4. Signo e intertextualidade em Julia Kristeva

Não deixa de existir uma nota de ironia quando pensamos que Julia Kristeva, uma das principais pesquisadoras da linguagem, tenha vivido a experiência de estar *entre* línguas. Nascida na Bulgária, foi para a França em 1965, aos 24 anos, para cursar pós-graduação – e se tornar um dos nomes centrais dos estudos de Semiótica, ao lado de figuras como Roland Barthes e Roman Jakobson. Ela chega a Paris no auge do Estruturalismo, mas logo contribui para sua superação e, nos anos 1970, vai ser identificada como parte do chamado Pós-Estruturalismo, momento em que alguns pressupostos básicos da linguagem, como sua capacidade de expressão, será questionada.

Mas Kristeva não transitou apenas entre idiomas: sua obra, espalhada em mais de trinta livros, percorre diversos territórios, da psicanálise à literatura, passando pela história, pela biografia e pela ficção. Se é possível imaginar um denominador comum para toda essa obra, é o interesse pelas questões da linguagem, do sentido e do significado.

Seu primeiro livro, de 1969, tem um título em grego: *Séméiôtiké, recherches pour un semanálise*, traduzido no Brasil como *Introdução à Semanálise*. "Semanálise" não é um termo muito familiar, mesmo para quem estuda linguagem e teoria dos signos. Mas a tradução não está muito distante: a palavra *semeion*, no grego antigo, queria dizer "signo", "indicação" ou "sinal", de onde "semiótica" ou "semiologia". Assim, uma "semanálise" seria o estudo dos signos.

A semiótica de Julia Kristeva ocupa um lugar à parte nos estudos da linguagem, sobretudo pelas conexões que faz com outras áreas, como a antropologia e a psicanálise.

A linguagem como pensamento

Em linhas gerais, para Kristeva, a linguagem é parte integrante do pensamento, quase uma de suas matérias-primas, por assim dizer. Longe de ter qualquer função instrumental, ela é um dos elementos que formam a maneira como pensamos. No início de seu livro *História da linguagem*, ela lembra que a linguagem não é um *meio* para expressar nossos pensamentos, mas está ligada diretamente ao pensamento: não pensamos *com* a linguagem, pensamos *na* linguagem. Dentre outras coisas, isso significa que, ao falarmos um idioma, não estamos simplesmente usando essa língua para expressar a realidade, mas construindo a realidade a partir do idioma utilizado. A língua é uma realidade concreta, não um meio abstrato de expressão.

Os signos, principais mediadores entre a realidade e o pensamento, são responsáveis também por dar significado ao mundo real – e, por isso, conforme os signos que usamos para pensar, vemos uma realidade mais ou menos diferente de outras. Dessa maneira, não "falamos" português, "vivemos" em português.

Quando Fernando Pessoa, em sua palavra poética, escreve "minha pátria é a língua portuguesa", talvez esteja próximo dessa ideia: na medida em que a língua é um dos elementos que forma nosso pensamento, ao "pensar em português", vemos o mundo sob o prisma da língua portuguesa – não apenas suas palavras, mas também sua gramática, seu jeito de construir as expressões e frases, e, mesmo, por assim dizer, seu estilo – o som e o ritmo das palavras, por exemplo.

Falar em uma língua, pensar em outra

Em geral, podemos notar isso quando se aprende a falar uma outra língua. Às vezes, no começo do ensino, traduzimos as palavras de um idioma para outro sem levar em consideração as sutilezas da gramática e da expressão – de certa maneira, falamos no idioma novo, mas continuamos a pensar no primeiro. Por isso mesmo, leva tempo até conseguirmos trabalhar não com duas línguas, mas com duas maneiras de pensar e entender a realidade ao nosso redor. Isso significa que não existe uma tradução perfeita, nem mesmo dentro da mesma língua: o modo de falar de um grupo não pode ser descolado de seu jeito de pensar e, em termos mais amplos, de entender a realidade. Palavras, mais do que um meio de expressão, são um meio de *construção* do mundo onde vivemos.

Por isso mesmo, a semiótica é, também, em suas palavras, uma "ciência crítica", no sentido de questionar *como* essa realidade é criada, quais são seus pressupostos e relações. Entender a ação dos signos, a maneira como ele age, é um dos pontos de partida para entender a cultura e a sociedade. Leitora das obras de Mikhail Bakthin, Kristeva lembra que os signos não estão separados do contexto onde são criados, e, por isso mesmo, trazem as marcas dessa sociedade, suas características e contradições.

O signo não existe sozinho: ao contrário, está diretamente ligado a inúmeros outros, formando uma rede de sentidos dentro dos quais nos movimentamos no cotidiano. Os signos têm uma história, são criados e recriados continuamente, remetem uns aos outros, em um número quase infinito de novos arranjos – a intertextualidade. Toda produção cultural, dos filmes e séries de TV à música e à literatura, faz referência a textos anteriores, seja de maneira direta ou indireta. E, com isso, outros sentidos são criados, significados antigos são transformados ou abandonados.

A língua estrangeira

De certa maneira, uma das maneiras mais radicais de perceber a importância da língua na formação da maneira como vemos o mundo é a vivência do estrangeiro. Em seu livro *Estrangeiros para nós mesmos*, ela reconstitui a história do que é viver em outro país, mostrando que a noção de "estrangeiro", longe de ser um consenso, foi continuamente elaborada e reelaborada ao longo do tempo, com diferentes significados atribuídos a essa condição.

O título original do livro é *Étrangers à nous-mêmes*: em francês, *étranger* não significa apenas "estrangeiro", mas também "estranho", sentido que também está nas proximidades do inglês *stranger*. Isso permite uma abertura a muitas interpretações: se "estrangeiro", em seu significado comum, designa "aquele que vem de outro país", a situação parece ficar mais ambígua quando pensamos em "estranho" – não é necessário nenhum deslocamento geográfico para estar nessa condição: na vida em sociedade, é possível se sentir assim mesmo dentro dos grupos aos quais se pertence – ou se imagina pertencer.

A lição do estrangeiro não é simplesmente transitar entre idiomas, mas entre maneiras de ver o mundo. Isso não acontece apenas na passagem de um país para outro. Mesmo dentro do mesmo país, é perfeitamente possível se sentir estrangeiro diante de outras culturas e estilos de vida – às vezes, podemos nos sentir estrangeiros diante da *própria* cultura, quando ela não nos representa; indo mais longe, podemos vivenciar a condição de "estranhos" – palavra ligada, em sua origem, à ideia de "estrangeiro" – em relação a nós mesmos. A condição de estrangeiro não está ligada apenas à pessoa que vem de outro país, mas também aos deslocamentos cotidianos que temos diante de nós mesmos.

Algo a pensar diante das imagens mediadas, em circulação todos os dias, de pessoas definidas a partir de signos com esse significado.

Para pensar na linguagem

KRISTEVA, J. *Introdução à Semanálise*. São Paulo: Perspectiva, 2007.

_____. *Estrangeiros para nós mesmos*. Rio de Janeiro: Rocco, 1994.

5. O espírito do tempo: Edgar Morin

O "Espírito do Tempo" é uma expressão usada pelo filósofo alemão Friedrich Hegel para se referir ao conjunto de princípios de uma determinada época, responsável por dar características semelhantes às várias formas da cultura de um tempo. Em sua visão da história como um imenso processo dialético na complexidade das contradições da consciência da humanidade rumo ao conhecimento do absoluto, Hegel identificava as características comuns como o *Zeitgeist*, literalmente, "espírito do tempo".

Essa expressão, usada com certa ironia por Edgar Morin como título de seus estudos dedicados à cultura de massas como *O espírito do tempo*, publicado originalmente em 1965. No Brasil, o livro ganhou o título de *Cultura de massas no século XX*, próximo de seu conteúdo, mas distante da fina referência do título.

Cultura, a criação do espírito. Produzida em série, como qualquer objeto inanimado, sem vida. A dinâmica da criação cultural vinculada à lógica da produção em série. Essa contradição era a dialética da produção cultural a partir do século 20, e a força específica dessa dinâmica não se resolve, exceto em seu estudo e compreensão. Assim, se a cultura de massa é uma das matrizes da sociedade contemporânea, não há outro caminho para compreender a mentalidade do público do que estudar essa cultura.

Quando fez essa opção, no início da década de 1960, o estudo acadêmico estava geralmente reservado aos objetos igualmente consagrados como dignos desse campo – literatura, música, artes plásticas, as ciências. A novidade foi pensar a cultura de massa de maneira crítica, mas a partir da leitura dos textos da cultura de massa. Com raízes na Antropologia, privilegia a noção de "cultura" como todas as práticas, símbolos e representações onde os indivíduos estão mergulhados, e por intermédio do qual as pessoas se comunicam umas com as outras. O autor identifica na cultura de massa as novas formas do imaginário do século 20 – daí a noção de "espírito do tempo".

O espírito do tempo privilegia a leitura estrutural da mensagem, no sentido de encontrar as fórmulas e estruturas geradoras da produção cultural. No início do livro, aponta a contradição latente da indústria cultural – o artista criador se vê obrigado a trabalhar de acordo com fórmulas consagradas pela indústria para obter algum sucesso.

Morin não vincula a indústria cultural exclusivamente ao capitalismo, mas a qualquer sistema onde a produção da cultura esteja diretamente controlada por diretrizes externas à criação artística: nos países do então Bloco Comunista, liderados pela União Soviética, a produção da cultura era tão controlada quanto nos Estados Unidos ou na Europa Ocidental; a diferença era a origem do controle: as empresas, de um lado, e o aparelho estatal, do outro. A cultura de massa, para o autor, é parte da mentalidade do século 20, não de um regime econômico específico.

As características da cultura de massa estão tanto na cultura soviética quanto no cinema americano: o exagero, a trama simples, a exaltação de valores conservadores, o final feliz com a vitória do herói – ou, pelo menos, sua morte épica. O sentimentalismo *kitsch*, o discurso previsível da trama, as estruturas previsíveis da música: a cultura de massa era o fator de unidade planetária em suas fórmulas. A partir daí, passa a examinar de perto algumas dessas estruturas.

A cultura de massa, explica Morin, é construída a partir de variações em torno de um grupo de temas. Tirando seus exemplos de livros e filmes de sucesso, ele mostra como essas narrativas podem ser reduzidas a um denominador relativamente simples. O amor romântico, o erotismo, a violência, o sentimentalismo, o culto das celebridades e a necessidade de um final feliz, o *happy end*, são componentes da fórmula desmontada por Morin, os clichês da indústria cultural.

O *happy end*, por exemplo. A cultura de massa implica que o consumidor saia satisfeito de seu entretenimento, ainda que para isso seja necessário alterar fatos históricos ou, na falta de outra saída, elevar a tragédia a uma redenção. Morin cita como exemplo a adaptação de *As pontes do Rio Kwai* do livro para o cinema. A trama se concentra em torno dos esforços de um grupo de soldados ingleses e norte-americanos, durante a 2ª Guerra, para explodir uma das pontes usadas pelo inimigo. No livro, o esforço é em vão: a ponte não explode e a missão é perdida. No filme, não apenas a ponte explode como também há um tom épico na vitória.

Para citar um exemplo moderno, em *Gladiator* (EUA, 2002) o protagonista, após uma luta no Coliseu Romano contra o próprio Imperador Cômodo, mata o tirano e restabelece a paz no Império. O Imperador Cômodo, o real, até onde se sabe, morreu em seu palácio, mas isso não importa na dinâmica da indústria cultural. Há um público a ser atendido.

Outro clichê identificado é a necessidade do erotismo e da violência na construção temática das histórias. A dose de erotismo e violência é controlada de maneira a implicar a redenção no final: a violência do herói é justificada, enquanto a do vilão é gratuita – ou, pelo menos, egoísta; na fórmula clássica holywoodiana, não há espaço para a transgressão: o filme pode e deve mostrar a sexualidade e/ou a violência no sentido de dar vida à história, mas dentro das convenções da época.

Outra construção teórica em *O espírito do tempo* é o conceito de "Olimpiano". Morin faz uma analogia entre a mitologia grega e as celebridades modernas. O nome é dado a partir do Monte Olimpo, morada mitológica dos deuses na mitologia. A referência não é gratuita.

Os deuses do Olimpo eram divindades, estavam distantes, mas, por outro lado, tinham os mesmos vícios, paixões e problemas humanos. Morin explora essa dualidade para explicar os olimpianos modernos. Há sempre um ponto de flutuação nesse universo: o olimpiano é igual a todo mundo, mas por outro lado é completamente diferente. De um lado, vivem em um mundo distante das pessoas comuns. Eles têm dinheiro, fama e poder, a reverência dos fãs, que pretendem ser como eles. Suas palavras mais simples ganham importância. Sua aparência torna-se estilo, suas preferências de consumo se tornam propaganda. Ao lado dessa existência delirante, levam uma vida quase comum. Seus problemas, desilusões amorosas, momentos de tristeza ou depressão, seus conflitos pessoais e problemas econômicos são os mesmos de qualquer pessoa. Seus insucessos, falhas e conflitos os tornam humanos – assim como os deuses gregos não escapavam das mesmas paixões, intrigas e problemas dos mortais.

O espírito do tempo mostra que as práticas culturais a partir do século 20 se orientam no universo simbólico da cultura de massa. O imaginário é povoado nas telas do cinema e da televisão, na expansão sonora da música *pop*, na onomatopeia dos quadrinhos. Os ícones da imaginação, a quem a sociedade reverencia em forma mitológica, são codificados nos limites da tela e das páginas das revistas. A viagem ao imaginário do ser humano necessariamente trilha os caminhos da cultura de massa.

Referência

MORIN, E. *Cultura de massas no século 20*. Vol. 1. Rio de Janeiro: Forense, 1989.

6. Michel Foucault: discurso saber-poder

O estudo do poder é uma das linhas na múltipla obra de Michel Foucault. O tema tem sido objeto de análise desde a Grécia Antiga, mas como análise da política em grande escala. A novidade de Foucault foi deslocar o estudo para as micropolíticas e localizar o poder nas tramas do discurso.

A concepção de poder para Michel Foucault parece estar vinculada às relações de produção dos discursos dentro da sociedade. As relações de poder se reproduzem holograficamente nos textos e discursos na medida em que os fluxos de comunicação dentro de uma sociedade são responsáveis por abrir/fechar as redes de conhecimento e, por conseguinte, de poder. O exercício do poder, assim, é visto como uma atividade sutil, disfarçada nos meandros dos discursos cotidianos que não são vistos como articulações de poder.

Foucault pensa o poder em sua dinâmica na sociedade. Poder não é algo que se tem, é algo que se exerce. Está na tomada de decisão e imposição sobre outra pessoa. A Modernidade transformou as formas de controle e poder explícitos, vinculadas à violência corporal, na destruição psicológica do sujeito a partir do controle arbitrário da maneira como a pessoa raciocina. O poder está ligado à produção de discursos que o mantenham como categorias de pensamento usadas pelas pessoas sem que elas percebam.

A extensão desse horizonte de pensamento depende da produção de discursos de saber específicos que regulam o conhecimento de uma época – a *episteme*, nas palavras de Foucault –, nos fazem ver o mundo como "normal". Em uma primeira definição, a *episteme* é o conjunto de discursos aceitos como verdade a partir dos quais estruturamos a nossa visão do mundo, do certo e do errado, do natural e sobrenatural. A *episteme* de uma época mostra um mundo compreensível aos olhos formados nesse modo de ver. Pense-se, por exemplo, na diferença entre o "normal" e o "louco". O mundo "normal" é "normal" porque a episteme de nossa época define assim uma série de atitudes e procedimentos. O que está fora disso é "patológico". No entanto, em outras épocas, a *episteme* poderia considerar o mesmo fenômeno absolutamente "normal". Foucault destaca em seus livros o lado sombrio do saber: o conhecimento existe como forma avançada de controle.

A arqueologia do saber, por exemplo, investiga a história do conhecimento científico moderno não como um conjunto de datas ou invenções, mas focalizando o momento a partir do qual um conjunto específico de procedimentos, normas, práticas e discursos passou a se apresentar e ser visto como "ciência" pela *episteme* da época. *A história da loucura*, por exemplo, mostra como o discurso sobre a loucura se formou a partir do final da Idade Média para identificar como patológico um tipo de comportamento até então entendido como vinculado a uma manifestação mística. Foucault mostra o processo de progressiva institucionalização e medicalização dos comportamentos do dito "louco", de tipo social aceito à patologia mental a ser tratada em um local separado do restante das pessoas – os "normais". Essa transformação, mostra Foucault, está ligada diretamente a uma transformação no discurso sobre o louco – em vez do espanto com o comportamento, a vontade de entender o que se passa, a tentativa de diagnosticar a condição do louco em termos científicos. A "loucura" no sentido moderno nasce a partir do momento em que se constitui um discurso particular sobre "loucura".

Nesse sentido, ele questiona a noção de "história". O ensino escolar de História tende a privilegiar as datas, os grandes nomes e os fatos a partir de rupturas vistas como imediatas e totais. É ensinado que o Império Romano terminou em 476 e o Brasil ficou independente dia 7 de setembro de 1822. No entanto, sob essa camada de grandes acontecimentos há uma história de continuidades e transformações. Os romanos não acordaram num dia em 476 comemorando "Oba, começou a Idade Média!", mas mantiveram-se como "romanos" até que começou a ser formulado um discurso histórico que caracterizou o período como "Idade Média".

A noção de história parece ser muito mais uma história dos espaços, das práticas e dos discursos através dos acontecimentos de ruptura da história oficial. Ao escrever a história, Foucault pensa em como os discursos são construídos e estruturam o pensamento das pessoas.

Não existe poder desvinculado do saber necessário para constituí-lo. Do mesmo modo, não há saber que não implique um tipo de diferenciação entre a compreensão do mundo daqueles que o possuem. As duas categorias não existem separadas: há o binômio saber-poder. Na medida em que o conhecimento leva à ação – afinal, é necessário decidir o que fazer –, não existe ação possível sem um saber específico que explique e dê uma estrutura a essa ação. Sem o conhecimento específico não há ação possível.

Uma consulta médica pode ilustrar a relação saber-poder para Foucault. Há uma desigualdade de poder entre o médico e o paciente decorrente do desnível no domínio do discurso científico. O médico domina o discurso da medicina e traduz os sinais do paciente em um discurso altamente técnico que permite tomar uma decisão. Sem o conhecimento necessário, o paciente se submete ao tratamento. A decisão do médico torna-se a *sua* decisão; a ausência do conhecimento relativo ao discurso elimina as possibilidades de ação. Não há conhecimento, não há poder.

Evidentemente poucas pessoas vão ao médico preparadas para um violento combate. Em geral, nem o paciente nem o médico fazem a mínima ideia dos fluxos de poder que estão se desenrolando nesse momento: os discursos se escondem nas frestas do cotidiano para não serem vistos nunca *enquanto relações de poder*. A invisibilidade do poder é fruto da Modernidade.

Outro detalhe: o poder não está nas mãos de ninguém, ele circula na sociedade. Para Foucault, o poder está diluído nas relações sociais, não apenas na luta de classes. O poder é exercido em rede, nos dispositivos espalhados pela sociedade. As formações discursivas são como vórtices ao redor dos quais giram as relações sociais.

Arqueologia do poder

As relações entre conhecimento e poder existem em plena forma nos espaços de comunicação visual. Olhar e ver são atividades diferentes: o olhar é construído a partir dos discursos que permitem a identificação do que é visto. Ver e não ser visto é uma forma privilegiada de poder. Em uma sociedade visual não há mais espaços onde não exista o controle regulador do olhar, do olho-câmera vinculado a um sistema invisível – a presença da câmera indica que alguém, em algum lugar, está vendo, e a incerteza constrange ao comportamento.

Vigiar e punir mostra esse deslocamento no foco de controle. As primeiras vinte páginas do livro são uma descrição detalhada – realmente detalhada – de uma seção de tortura no início da Idade Moderna. Em seguida, mostra como progressivamente a destruição do corpo foi voltada para quebrar o espírito do prisioneiro, mantendo-o em uma relação de insegurança constante. A vigilância sobre a mente a partir do olhar ocupa o lugar do controle sobre o corpo. O exemplo de Foucault é uma ideia de Jeremy Bentham, filósofo norte-americano, pensada como uma prisão. Um único guarda seria capaz de tomar conta de um grupo de prisioneiros sem usar a força física. Bastaria que a prisão fosse um conjunto de celas com paredes de vidro dispostas em círculo. O prisioneiro seria continuamente visto. No centro desse círculo de celas, uma torre no alto da qual estaria o guarda, protegido por um vidro escuro. Assim, o prisioneiro não saberia nunca quando está ou não sendo visto. A incerteza do controle o impediria de agir de maneira errada. Esse modelo recebeu o nome de *panóptico*, do grego *pan*, "total" e *optikon*, "visão". A visão total ocupa o centro do poder.

A ironia da visualidade está expressa no "sorria, você está sendo filmado" que, verdade ou mentira, condiciona a ação a uma perspectiva de controle. A câmera de vigilância é em si uma punição pela incerteza. Quando Foucault escreveu isso, em meados dos anos 1970, as câmeras de vigilância ainda eram um sonho totalitário em distopias futuristas. Atualmente há milhares de câmeras espalhadas em todos os lugares – e na palma de cada mão.

Um saber inicial

FOUCAULT, M. *Microfísica do poder*. Rio de Janeiro: Graal, 1989.

7. Pierre Bourdieu: campo, estruturas, *habitus*

Quem se aventura nos caminhos da comunicação em Pierre Bourdieu a partir de seu livro *Sobre a televisão* encontra apenas a ponta de um *iceberg* teórico. O livro é a transcrição de uma aula pública televisionada. Bourdieu aceitou o convite com a condição de que o programa não utilizasse recursos técnicos do meio – falando *na* televisão *sobre* a televisão, pretendia manter distância da tecnologia. Era um discurso televisionado, não um programa de televisão com conteúdo sociológico. Aqui serão apresentados alguns auxiliares da leitura de *Sobre a televisão*.

Espaço real e espaço simbólico

A vida em sociedade pode ser definida pelos espaços compartilhados, seja no metrô ou em uma sala de aula. Ao compartilhar espaços, estão relações umas com as outras. Essas relações podem não ter maiores consequências, como no metrô, mas podem durar mais tempo e se transformar em amizade, como em uma sala de aula.

As pessoas em um vagão do metrô estão reunidas ao acaso. A pessoa precisa dividir o vagão com os outros, especialmente nas horas de pico. Ninguém está no metrô às seis da tarde pela alegria de pegar um trem lotado. Quando há interação, tende a ser rápidas e superficiais, na proporção do tempo existente. É raro alguém iniciar uma conversa de metrô dizendo "oi, você é feliz?"; o efeito de estranhamento seria proporcional às possibilidades de uma reação negativa do interlocutor.

Na sala de aula as pessoas estão por vontade própria. Dividem com os outros não apenas o espaço físico, mas também objetivos em comum. Mais do que um espaço físico, compartilham um espaço simbólico. Não há uma necessidade constante de um lugar físico para se compreenderem como um grupo – alunos continuam sendo parte de um curso, mesmo fora da universidade. Esses vínculos formam um espaço simbólico de relações sociais.

O espaço simbólico é o lugar construído a partir das relações sociais. No entanto, esse espaço é desigual: pessoas ocupam posições diferentes, e esses desníveis levam à noção de *campo*.

O conceito de campo

Um campo é um espaço estruturado de relações onde agentes em disputa buscam a hegemonia simbólica das práticas, ações e representações. Essa definição é uma expansão da ideia de espaço social, incluindo uma perspectiva de luta simbólica.

De início, a ideia de "espaço estruturado". O espaço simbólico é dividido em níveis e hierarquizado. Imagine-se a estrutura de uma tabela de classificação esportiva. Há lugares fixos a ocupar. Ninguém pode ser primeiro e último ao mesmo tempo, e esses lugares são ocupados conforme o desempenho de cada competidor dentro de um jogo regido por regras específicas. Há uma desigualdade entre o número de participantes e a quantidade de espaços bons; há competidores demais para um único primeiro lugar. As posições são fixas, portanto, *estruturadas*, mas os ocupantes podem mudar de lugar. Estar nos primeiros lugares não garante o domínio do campo, a não ser pela redefinição contínua das condições que geraram essa situação. A existência de mais agentes do que posições de prestígio leva à disputa. O uso de "agente" no lugar de "pessoa" ou "instituição" provém do caráter ao mesmo tempo pessoal e institucional dos campos. "Agente" engloba as várias categorias de quem pode agir dentro de um campo. Do campo da Comunicação, por exemplo, fazem parte as empresas de mídia, os cursos de comunicação e os profissionais.

Trabalhar na emissora de televisão que ocupa o primeiro lugar na audiência é um vínculo importante para qualquer profissional. Ao ser contratado por essa emissora, ele automaticamente é elevado a uma posição de prestígio. Mas a empresa é também um subcampo no qual o profissional deve lutar por melhores lugares. A disputa é uma condição permanente do campo, decorrente da diferença entre o prêmio – ser o melhor – e o número de participantes.

Os campos têm uma história a partir da qual são estabelecidos continuamente os prêmios e as posições específicas de cada um dos agentes participantes. A tradição de cada campo define os valores, bem como as regras e as condutas necessárias em cada uma das situações até o momento em que essas regras são subvertidas por um ou outro participante. Na Comunicação, por exemplo, os prêmios de cada área de mídia indicam a posição específica de cada um dos agentes no reconhecimento *inter pares*. Ao receber um prêmio, o participante sobe algumas posições e ganha o direito de competir até chegar nas instâncias máximas de legitimação – concursos internacionais, reconhecimento na própria mídia, a autoridade do discurso.

Isso dá ao dominante o direito de indicar caminhos e interferir nas regras do campo. Quando o dominante fala, sua fala é revestida da autoridade, ganhando um duplo significado – pela mensagem em si e pela valoração específica da posição do falante. Se um publicitário premiado nos festivais internacionais dá uma aula inaugural em um curso de Publicidade, o que ele diz importa tanto ou mais do que o fato de que é *ele*, e não outra pessoa, quem está dizendo.

Na dinâmica estrutural dos campos, o dominante tem a hegemonia do discurso criador e prático, define o certo e o errado, decide quais serão as práticas, gostos e ações. Sua prática orienta as outras práticas, é a "certa", e a imitação é um dos principais modos de reconhecimento da posição superior de um agente.

Dominantes e dominados, aspirantes e marginais

Na estrutura de um campo é possível identificar os *dominantes*, atuando nas primeiras posições, com o poder de legislar e fazer essa legislação valer, e os *dominados*, nas posições inferiores. Há também agentes *marginais*, em disputa apenas parcial, e os *aspirantes*, que ainda não ganharam o direito de competir no campo. Essa é uma das concepções possíveis para se compreender a noção de "hegemonia" – a imposição simbólica, nem sempre deliberada, de uma prática.

Em um campo, a disputa por melhores lugares em geral diz aos agentes o que fazer.

Os dominantes em um campo procuram conservar sua posição e evitar qualquer mudança que significaria sua destituição. Os riscos são calculados e a inovação está em uma margem de segurança. É preciso conservar o poder obtido e eliminar os riscos de perda. Para isso é necessário o controle dos outros elementos do campo e a repetição contínua das práticas anteriores na manutenção de uma situação confortável. Qualquer risco deve ser eliminado ou assimilado.

Ao contrário, os dominados precisam de uma mudança no campo para obter o ganho simbólico de posições. Tendem a ser agentes mais novos no campo e a própria força da inexperiência age a seu favor, podendo ser mais arrojados no sentido de criar, ainda que isso signifique caminhar, ao menos parcialmente, fora das regras: quem não tem nada não tem nada a perder.

Estrutura de campo e prática

Ocupar uma posição em um campo exige a adoção das práticas, ideias e ações decorrentes dessa posição. Dizer que alguém "se vendeu ao sistema" encontra sua explicação na lógica de campo. Não há heróis ou vilões, há posições a serem ocupadas, e o explorado de hoje é o explorador de amanhã – se a lógica não for modificada, é claro.

Assim, a noção de campo mostra que a relação entre dominante-dominado segue uma dupla lógica de ruptura e continuidade. Quando pensa no retrato de um campo como ele é no momento, isto é, em perspectiva sincrônica, é possível identificar dominantes e dominados em oposição; no entanto, um olhar histórico, diacrônico, na história do campo mostra uma solução de continuidade entre o dominado de ontem e o dominante de hoje. Essa continuidade é marcada por conflitos – não por acaso, o profissional no dilema de escolher entre suas convicções pessoais e a possibilidade de ocupar uma posição mais alta é um dos enredos recorrentes da ficção.

Reflexo de pauta: O *habitus* na comunicação

À medida que um indivíduo se vincula a um campo, tende a adotar as práticas desse campo a ponto de não mais vê-las como um elemento adquirido, mas como resoluções naturais e consequências inevitáveis da realidade. A pessoa *internaliza* essas práticas e deixa de questioná-las, torna-as automáticas e deixa de prestar atenção nelas, agindo sem perceber isso – aos seus olhos, a ação parece natural. Essa forma específica de razão prática é definida no conceito de *habitus*.

O *habitus* é o conjunto de práticas, ações, gostos e representações adquiridas pelo sujeito no decurso de sua trajetória social que, por sua vez, tendem a estruturar as práticas posteriores. O *habitus* é inexorável e não pode ser desaprendido. Ele permite o reconhecimento e interpretação prévios da realidade social e a compreensão das situações a partir da repetição.

Quanto mais se pratica uma determinada ação, mais ela se torna automática e deixa de lado o cálculo, isto é, a reflexão prévia antes do ato. Na vida cotidiana, o *habitus* elimina o tempo de reflexão e torna a ação automática, quase um reflexo mental. Bourdieu descreve o *habitus* como um "maestro invisível" responsável por guiar as ações do indivíduo. Ao mesmo tempo, permite à pessoa deduzir situações com antecedência, baseada em experiências práticas anteriores transformadas em categorias de interpretação.

O primeiro roteiro para rádio ou TV feito por um estudante é infinitamente pensado e planejado; o primeiro texto redigido em uma aula de Relações Públicas é escrito várias vezes. Há um cálculo mental da ação. Depois de um tempo, esse cálculo é transformado em um elemento automático, dispensando a reflexão. O profissional *sabe* o que vai acontecer e rege sua prática de acordo com isso. Um jornalista, por exemplo, depois de alguns anos de prática sabe de antemão se um tema é bom, ganha o "reflexo de pauta", gerado pelo *habitus*.

Esse princípio diz aos agentes do campo quais atitudes devem ser adotadas em cada situação no sentido de obter o máximo de lucro simbólico com a prática. No entanto, o profissional, longe de ver a situação nessa ótica, tende a entendê-la como óbvia e natural. E, de seu ponto de vista, é.

Ilusio e poder simbólico

A impertinência da pergunta "mas quem definiu o que é bom?" é recoberta de uma série de respostas com vistas a deslegitimar a pergunta ou, em outros momentos, apontar para o óbvio e automático da resposta. Questionar o que é uma "boa propaganda" é necessário; questionar os critérios que estabelecem o que é isso visto como o ato de questionar o óbvio. Esconder o arbitrário da decisão na forma da ilusão do natural: é a definição de poder simbólico.

O poder simbólico é uma forma de dominação invisível que define as ações corretas em um determinado campo, agregando às ações dos agentes um valor específico. A eficácia simbólica do poder está vinculada à proporção inversa de sua visibilidade. Quanto menos visível a norma, maior a influência na prática. A ideia do poder simbólico está relacionada a essa equação.

A recusa em identificar os interesses de campo como tal é um dos elementos que compõem a ideia de *ilusio*, utilizadas para descrever as situações de negação, explícita ou implícita, do arbitrário de uma ação. A ilusão do ato desinteressado, *fair play*, é uma forma do poder simbólico.

A *ilusio* mantém o campo em atividade e garante a aceitação tácita das regras envolvidas. Aprender as regras do jogo é igualmente deixar de vê-las. Depois de um tempo os agentes passam a negar sua existência. O que não pode ser organizado conforme a razão prática operacional de um campo tende a ser desprezado como irrelevante ou inexistente. A negativa dessas práticas costuma ser um indício da força simbólica de sua atuação.

Capital simbólico

Dentro de um campo, as práticas recebem valores específicos. Agir dessa ou daquela maneira altera a representação da pessoa no campo, a maneira como será reconhecida pelos outros. Em cada campo, tipos diferentes de prática são valorizados – o capital simbólico. A prática vista como legítima gera lucro simbólico. Aparecer para trabalhar na agência de comunicação com um exemplar da britânica *Q Magazine* tende a causar um efeito diferente do que seria se a mesma pessoa aparecer com o último número de *Capricho* grifada com sinais de uma leitura entusiasmada.

Os espaços sociais têm seu capital específico valorizado. Na Comunicação, o capital intelectual tende a ser mais importante do que o capital estético; o capital linguístico será mais valorizado no campo do direito do que no campo da moda. Ao entrar em um campo, o indivíduo progressivamente vai adquirindo esse capital simbólico na forma de práticas específicas – conhecer o jargão do campo, discutir os assuntos relevantes, assistir aos mesmos filmes, frequentar os mesmos lugares, usar a mesma linguagem, atribuir o mesmo valor a certas práticas estéticas e culturais. A ilusão do gosto pessoal se dissolve na imposição simbólica de uma prática coletiva, disseminada na estrutura de campo e negada pela *ilusio*, que tende a interpretar a definição coletiva como expressão de um gosto individual.

Em sua edição n. 369, de outubro de 1998, o *Magazine Littéraire* estampava uma caricatura de Bourdieu na capa, acompanhada da pergunta "Intelectual dominante?" Em *Lições da aula*, transcrição de sua aula inaugural no *Collège de France* em 1980, Bourdieu afirma que um dos objetivos das Ciências Sociais é compreender a razão prática usada pelas pessoas. Essa razão esconde uma série de pressupostos vinculados à distribuição de poder e está muito longe de qualquer julgamento imparcial. Como as pessoas compreendem o mundo e como elas agem a partir dessa compreensão.

Para conhecer o campo

BOURDIEU, P. *Razões práticas*. Campinas: Papirus, 2005.

_____. *Sobre a televisão*. Rio de Janeiro: Zahar, 1997.

IV. Gêneros, textos, práticas

1. A *Reality* TV: infotenimento e *Big Brother*

Ao vivo. A presença dessa marca em um canto da tela de televisão indica a realidade. O acontecimento pode ser testemunhado de maneira crua: é real, todo mundo está vendo. Na transmissão ao vivo, repórter e telespectador parecem colocados no mesmo nível diante do acontecimento: os dois podem ser surpreendidos ao mesmo tempo, proximidade reforçada pela ideia de que a câmera está objetivamente mostrando a imagem. É difícil argumentar em contrário: aos olhos dos outros, negar a imagem é assumir-se nas fronteiras da alucinação.

E, no entanto, a transmissão ao vivo é sujeita aos mesmos padrões de controle de qualquer outra. Na mídia há pouco espaço para improvisação nesse nível de acontecimentos para impedir o acaso. O contato com a realidade é sempre planejado em alguma medida. O resultado é uma flutuação: o que está sendo transmitido ao vivo é real, mas no sentido de que se trata de uma realidade filtrada a partir de escolhas.

Nesse sentido, a ideia de realidade na televisão é um paradoxo. A imagem nunca é real, por mais autêntica que seja. A lente da câmera é limitada: existe uma realidade invisível para além dos quadros. A maior parte do conteúdo televisivo segue algum tipo de roteiro, por mais solto que seja, e, em última instância, há uma questão de tempo: programas de televisão têm duração fixa e o conteúdo deve caber dentro desses limites – o que ficar de fora não existe para o telespectador. Assim, a possibilidade da televisão mostrar a realidade se dissolve em um paradoxo: quanto mais a televisão se programa para mostrar a realidade, mais distante fica dessa representação.

Nick Couldry, em um artigo sobre a ideia de "transmissão ao vivo", propõe que esse tipo de recurso só obtém sucesso quando baseado em um protocolo de leitura entre a televisão e o receptor: ambos sabem que não se trata de realidade, mas agem como se aquilo que passa na televisão fosse real.

A experiência de Lang & Lang

Em 1956, uma pesquisa feita por Kurt e Laura Lang comparou como um mesmo evento era visto pelas pessoas presentes e por quem viu pela televisão. O resultado foi a existência de dois eventos: um, lembrado por quem estava pessoalmente lá; outro, diferente e muito mais interessante, por quem viu pela televisão. Lang e Lang mostraram que o evento real e o transmitido ao vivo pela televisão foram, na verdade, dois acontecimentos diferentes conforme o lugar onde o público estava. Basta pensar, como exemplo, na diferença quando se assiste a um *show* de música ao vivo e comparar, quando possível, com a versão lançada em DVD: enquanto ao vivo a pessoa tem uma mobilidade bastante restrita, na transformação para vídeo é possível escolher cenas, ver *closes*, perceber movimentos. À beira do paradoxo, a experiência televisiva é de certa maneira mais completa do que a experiência real: não estar em algum lugar é a melhor maneira de estar lá.

Os gêneros da realidade

Em um estudo sobre o *Big Brother*, Jonathan Bignell aponta que as ambiguidades e contradições do gênero documentário podem ter dado origem ao desenvolvimento de um formato híbrido de programação na mescla entre realidade e ficção. O documentário foi ao mesmo tempo um modelo e um ponto de partida para o nascimento de outros tipos de ficção baseados na realidade. O alargamento das fronteiras da representação abriu os caminhos para a construção de uma nova estética da televisão, o que os estudos britânicos propõem com o nome de *Reality TV* – televisão da realidade.

A *Reality TV* parece ter nascido do desejo de acompanhar a rotina das pessoas com um máximo de proximidade, evitando recursos que pudessem interferir nessa captação. Os programas de caráter jornalístico-documentário nos quais a câmera, por exemplo, segue uma ação policial, treme, perde o foco, avança como um dos agentes e cria a sensação de trazer o telespectador para o centro do acontecimento e derrubar a parede imaginária da tela – o ideal da câmera-olho dos primeiros cineastas soviéticos – podem ser entendidos como um dos protótipos da *Reality TV*.

Seguir a rotina real de uma pessoa com o mínimo de interferência era a ideia por trás da construção de uma televisão da realidade. A "rotina" nunca era apresentada em sua totalidade, e a edição era de certa maneira o substituto para o roteiro. Com isso, a realidade era melhorada, editada no compasso da televisão, tornando-se ao mesmo tempo uma forma residual da realidade e uma construção específica da mídia.

Por outro lado, é necessário algum cuidado para não ir muito longe na ideia de que a televisão e a realidade são uma coisa só.

A televisão não se apropriou da realidade só por questões estéticas, mas porque descobriu na vida cotidiana um depósito de histórias, dramas, relações humanas e conflitos que poderia se adaptar de maneira rápida e simples à lógica específica dos meios de comunicação. A *Reality TV* encontrou um novo e lucrativo formato.

Em um *reality show*, por exemplo, os dramas se desenvolvem com participação direta do público e sem a necessidade do aparato de uma telenovela, por exemplo. O aspecto dramático é ressaltado pelo simulacro de relações humanas existentes. Da mesma maneira, em um programa onde jornalismo e diversão se combinam no *infotainment*, os aspectos particulares desses dois formatos se misturam, tornando a notícia agradável e a diversão altamente informativa.

A *Reality TV* parece ter seguido dois caminhos opostos e complementares.

O primeiro é o *infotainment*, infotenimento, articulação estética para tornar informações reais agradáveis e fáceis de serem compreendidas ou mesmo borrar a fronteira entre informação e entretenimento passando mensagens sérias ao lado de atrações mais leves. O segundo caminho são os *reality shows*.

O infotenimento

O infotenimento define-se pelo nome: gênero híbrido apresentando informação na linguagem do entretenimento. Ou intercalando os dois gêneros praticamente sem linha divisória.

No primeiro caso, as notícias apresentadas de maneira rápida, dinâmica e próximas da linguagem cinematográfica. O gênero encontra exemplos nos programas policiais. A narrativa de programas como o *Aqui Agora* ou *Linha Direta* segue o gênero do infotenimento: fatos são submetidos a um tratamento editorial de modo que se pareçam com uma narrativa ficcional. Os cortes, as sequências, o suspense criado pela narrativa picotada entre vários blocos consegue tanto informar quanto entreter o telespectador, em um jogo de aproximação e distância com a realidade sem fronteira clara. Outros programas de caráter jornalístico, centralizados na figura de um apresentador que parece decidir ao vivo o que deve ser visto, também podem ser incluídos no gênero.

Infotenimento é também a mistura imediata de informações e atrações artísticas. Ao alternar gêneros diferentes em um mesmo momento, a sucessão rápida de imagens e narrativas, reais e ficcionais, reforça a quebra de ambientes específicos entre um e outro: a fronteira do real e do imaginário se dilui no infotenimento. A sobreposição entre real e imaginário igualmente acontece quando elementos da realidade são incorporados pela ficção. Na novela *O Rei do Gado*, de Benedito Ruy Barbosa, por exemplo, uma das personagens era o Senador Caxias, político honesto. Quando ele morre na novela, no seu enterro fictício aparecem dois senadores da República em pleno mandato, Eduardo Suplicy e Benedita da Silva.

No infotenimento, uma situação real é estetizada e apresentada sob a forma de entretenimento; no *reality show* uma situação artificial é preparada e apresentada como realidade.

Os *reality shows*

Os *reality shows*, dos quais o *Big Brother* é o mais conhecido, são competições televisionadas nas quais os participantes têm autonomia relativa na tomada de decisões. Essas decisões são observadas por um público que julga qual deles se saiu melhor em um período de tempo, geralmente uma semana, e escolhe quem deve ser eliminado do jogo. O ganhador recebe, além de um prêmio em dinheiro, a chance de algum sucesso, geralmente ofuscado pela edição seguinte da competição.

Nos *reality shows*, pessoas comuns previamente selecionadas por uma emissora de televisão são reunidas em um ambiente fechado, uma casa, uma ilha, um restaurante, qualquer lugar, para cumprir tarefas específicas ao lado de atividades cotidianas, compartilhando o espaço com indivíduos até então desconhecidos. Os jogos de relação entre as pessoas formam a estrutura dramática de uma novela ou um seriado, combinando elementos de sucesso garantido: teledramaturgia, exposição da intimidade, competição. Note-se que a palavra "realidade" não apareceu nessa descrição. A realidade do *Big Brother* é um ambiente artificial controlado por regras e edições feitas posteriormente pelas equipes de TV responsáveis pelo programa. O grau de independência dos participantes se resume a não terem que seguir um *script* muito definido e se tornarem personagens de si mesmos.

Não há pré-requisitos para se tornar famoso via *Big Brother*: as pessoas escolhidas são caracterizadas por não ter nada de especial – não estão lá pelo talento ou capacidade, mas para criar um ambiente variado e entreter. O *reality show* tem muito pouco de realidade. Os participantes sabem que são filmados e avaliados e pode-se perguntar se é possível agir naturalmente.

Os participantes precisam concluir um determinado número de tarefas, manter a atenção dos espectadores e ganhar o respeito dos outros participantes para não serem eliminados. Devem, por outro lado, manter seus microfones sempre ligados e não podem de modo algum se esconder da produção do programa: a tentativa de quebrar as regras implica a eliminação. De origem holandesa, o *Big Brother* logo se espalhou para dezenas de países, não apenas em versões licenciadas, mas igualmente em várias cópias e clones. A história do programa no Brasil começa justamente com um embate entre original e plágio. Em 1999, ventilou-se na mídia que a Rede Globo estava se preparando para lançar a versão brasileira do programa holandês. Imediatamente, o SBT, então concorrente direto, montou um programa similar no qual vários atores, modelos e músicos relativamente conhecidos foram reunidos em um *reality show* intitulado *Casa dos Artistas*. O destino dos vencedores foi uma consolidação do conceito de celebridade: eles se tornaram conhecidos por serem conhecidos. Alguns obtiveram algum cargo na TV, outros simplesmente sumiram. A ideia do "instantâneo", na *Reality TV*, não muda.

2. Celebridades: eu mesmo S.A.

De um certo ponto de vista, sempre existiram celebridades. São pessoas que, por algum motivo, mantêm seu nome na história como personagens da política, da ciência ou do pensamento. Nessa categoria é possível colocar Alexandre, o Grande, Júlio César e Carlos Magno; Euclides, Heródoto e Hipácia; Sófocles, Aristóteles e Descartes. Havia uma sequência lógica: as pessoas *fazem* alguma coisa memorável e *depois* se tornam conhecidas. A lógica moderna das celebridades inverteu essa proposição. As pessoas *se tornam* conhecidas por qualquer motivo e *depois* fazem algo memorável. Às vezes.

Em linhas gerais, como lembra Daniel Boorstin em seu livro *The Image*, uma celebridade é conhecida por ser uma celebridade – são pessoas que se tornam conhecidas por serem muito conhecidas. Não há absolutamente nada nela que as distinga de outras pessoas, exceto o fato de serem vistas por muita gente. Se a celebridade era uma questão de ação, atualmente é questão de visibilidade.

Na apropriação da vida real pelos meios de comunicação, o capital ultrapassou a fronteira que protegia o indivíduo de sua transformação em mercadoria: se as capacidades e talentos específicos já haviam se tornado um produto à venda, um novo estágio foi alcançado no momento em que o absolutamente normal é elevado à categoria de objeto de consumo.

A cultura das celebridades da mídia existe desde o início do cinema. Por volta de 1910, os estúdios de Hollywood perceberam que a divulgação dos filmes era mais fácil quando o foco da propaganda eram os atores, não a história. Essa tradição deu origem a algumas celebridades no mundo teatral e cresceu de maneira jamais vista a partir do nascimento do cinema. A atuação de uma pessoa diante das câmeras abriu caminho para a criação de uma nova e poderosa indústria, a criação de atores personagens de si mesmos. Começaram a aparecer as primeiras "pessoas muito conhecidas". À medida que a pessoa ganhava proeminência sobre o filme, as exigências dos atores e atrizes começaram a aumentar na mesma proporção.

Na década de 1910, a atriz norte-americana Melba assinou o primeiro contrato de um milhão de dólares, soma inédita. Ao viajar, exigia um vagão especial de trem, decidia as horas de filmagem de acordo com sua vontade. A adoração dos fãs era proporcional: qualquer filme dela levava o público ao delírio. Não era mais a personagem que os espectadores estavam indo ver: era Melba. Que, aliás, não era mais uma "pessoa muito conhecida": era uma *estrela*. O título, dado por razões de *marketing* em Hollywood, parte do cinema norte-americano. Produtores de cinema logo notaram a vantagem: a atuação poderia ficar em um plano secundário desde que a pessoa tivesse carisma para se tornar uma atração em si. E Hollywood inaugurou a cultura das celebridades.

A associação entre a imagem e a transformação de uma pessoa em algo além de si mesmo logo se tornou uma das características principais dessa nova cultura. Por volta de 1920, estava consolidado o *star system* holywoodiano: criar filmes em torno de um ator ou atriz, não de um tema. As celebridades atuais são, de alguma maneira, descendentes das estrelas de cinema.

A produção e o comércio de qualquer tipo de material relacionado ao artista se desenvolveram como uma espécie de indústria paralela aos estúdios de cinema, rádio e televisão: revistas especializadas em fofocas, panfletos, cartões, fotos autografadas. A demanda dos fãs por informações sobre seus atores preferidos precisava ser suprida de alguma maneira, e a solução encontrada foi ultrapassar a barreira entre o profissional e o pessoal. Se até então a pessoa importava pelo que ela *fazia*, a necessidade de novos materiais para alimentar a indústria de entretenimento logo extrapolou essa fronteira para mostrar o que ela *era*. A vida pessoal dos artistas logo se transformou em um produto tão rentável quanto sua atuação profissional.

Uma incômoda questão começou a se desenhar no horizonte da produção: se a vida pessoal era mais interessante do que a atuação, até que ponto então era necessário que alguém tivesse talento?

Isso levou a um problema na própria atividade artística: na cultura das celebridades, uma pessoa sem o mínimo talento dramático, mas disposta a expor sua vida cotidiana, poderia ser mais famosa e rica do que um excelente ator. A imagem negativa das celebridades diante dos seus pares nasceu da desconfiança de que a pessoa apresentada como "celebridade" diante das câmeras poderia ser uma simples criação da própria mídia, sem que nenhum esforço real a tivesse levado até lá. A presença na mídia permitia ao indivíduo queimar etapas na consagração pública, que geralmente vinha depois do reconhecimento pelos pares.

Na cultura das celebridades, a pessoa apresentada como "ótima" nem sempre tem a aprovação dos colegas e nem passam pelo mesmo caminho. Pense-se, por exemplo, em duas bandas de *rock* ou *pop*. Uma delas começa tocando em qualquer lugar, de festa de escola a porta de igreja, bares e clubes. Trabalha duro, horas e horas sem parar, sem ganhar. Grava em condições precárias e corre de gravadora em gravadora para uma chance. A outra é formada por jovens bonitos escolhidos pelos produtores de TV ou em um programa.

Há exemplos reais. Os Beatles trabalharam duro muito antes de gravar, enquanto os Monkees foram uma banda criada pela televisão norte-americana NBC para estrelar um seriado; as bandas de *soul* norte-americanas da gravadora Motown eram formadas por pessoas de baixa renda que trabalhavam para conseguir um sucesso; as Spice Girls foram montadas por produtores musicais para o sucesso rápido. (O que está em jogo não é o gosto pessoal, mas as condições específicas de produção cultural. Pode-se ao mesmo tempo reconhecer que as Spice Girls são uma criação da mídia e cantarolar *If you wannabe my lover*.)

A alteração na própria ideia de celebridade é também uma alteração nas relações entre a mídia e a construção dessas personagens. Até meados do século 20, a mídia divulgava os feitos e as ideias de uma pessoa, e isso as tornava uma celebridade. A partir dos anos 1990, no entanto, os meios de comunicação passaram não só a divulgar celebridades mas igualmente a criá-las como um produto em si. Fatos criados pela mídia retroalimentando a própria mídia, sem nenhuma âncora no que se poderia chamar de mundo real.

Em alguns casos, ainda mantém-se o vínculo com algum tipo de atividade extra. No entanto, há celebridades profissionais, alguém que importa porque os outros garantem que ele importa. O caso da ex-*Spice Girl* Victoria Beckham é sintomático: durante oito anos foi famosa como cantora. Após o fim do grupo ela se tornou famosa por ser Victória Beckham, e nada mais. As revistas de fofocas britânicas não destacam mais os trabalhos musicais, mas se comprou um óculos novo, tentou uma dieta ou se está triste.

Os meios de comunicação deixam de ser uma instância de divulgação para assumir definitivamente sua atuação como um elemento criador das celebridades instantâneas. As celebridades da mídia circulam por outros canais ou programas em uma constante autorreferência. O *Domingão do Faustão*, no ar por mais de uma década, baseia-se em grande parte na exibição dos artistas da própria Globo. Nos programas de fofocas que pululam em várias emissoras, pessoas da televisão são o principal assunto: quando não há gravações próprias da emissora, imagens de arquivo são repetidas em uma sequência infinita, enquanto um apresentador conta os últimos boatos sobre a pessoa.

A cultura da celebridade dirige uma imensa quantidade de tempo, recursos e trabalho à cobertura de questões que não existiriam fora da mídia. São a personificação do pseudoevento em um jogo de soma zero e resultado nulo.

3. Pseudoeventos e eventos da mídia

Os fluxos de notícia não podem parar. Ao ligar a televisão, para assistir ao telejornal da noite, a pessoa espera receber notícias claras, interessantes e úteis. A lógica alucinada não deixa tempo para uma pergunta: há fatos interessantes o suficiente para gerar tanta notícia?

Essa questão é colocada por Daniel Boorstin em *A imagem*, escrito em 1961 como uma vigorosa crítica à dependência dos norte-americanos em relação às imagens da mídia. Em algum ponto, jornalismo, publicidade, relações públicas e a produção de rádio e TV se misturam quando as imagens geradas sobre a realidade são mais importantes do que a realidade em si.

Nada de surpreendente nisso: imagens são o principal canal de acesso entre os indivíduos e os acontecimentos. Sem a mídia, as oportunidades de conhecimento seriam consideravelmente menores. No entanto, esse conjunto de fatos pode igualmente inibir o conhecimento das coisas e conduzir a um conhecimento da *imagem* das coisas. A imagem se sobrepõe à realidade e se torna o principal elemento do cotidiano, passando a valer em si, não como uma representação.

A discussão de Boorstin se direciona para o processo de construção das notícias. As notícias são criadas a partir de fatos específicos, avaliados segundo critérios de valor e posteriormente transformados em pacotes fechados de informação.

A lógica da produção de notícias não é a mesma do mundo real. Televisão, rádio, jornais e revistas têm prazos, horários e tamanhos que precisam ser respeitados. Os acontecimentos reais não seguem essa lógica – aparentemente, não seguem lógica nenhuma. E não é todos os dias em que um evento real acontece em uma situação que possa implicar sua cobertura pela mídia. Não é todo dia em que há tragédias planetárias, casamentos de príncipes ou mudanças de sistemas políticos. Se isso não acontece, o valor dos acontecimentos decai. E, nesse momento, o critério de valor deixa de ser o fato em si, mas a sua possibilidade de ser transformado em notícia. Quando a questão "isto é real?" se torna menos importante do que "isto é notícia?" entramos na lógica do *pseudoevento*.

O termo é apresentado por Boorstin na página 9 da primeira edição do livro, ainda em 1961, e se provaria um dos conceitos mais usados nos anos seguintes. Um pseudoevento é um acontecimento criado unicamente para ser transmitido pela televisão ou noticiado em um jornal. Não existiria se não fosse pela mídia, e não tem nenhuma importância. Um evento manufaturado pela mídia para dar conta de cumprir sua cota de informações.

O apresentador de um telejornal não pode simplesmente abrir a edição dizendo "Boa-noite, o dia hoje foi um tédio, não tem notícia, vou cantar para vocês". Na falta de eventos reais, usam-se os pseudoeventos. A definição de Boorstin dificilmente seria aceita pelos responsáveis por pseudoeventos: ao contrário, há uma tendência de que o acontecimento falso não se distinga do verdadeiro. No pseudoevento, notícia, propaganda e *release* se misturam na produção audiovisual.

174

Os pseudoeventos geralmente começam com a intenção de divulgar alguma coisa – um produto ou uma organização. É montado a partir de um trabalho de *marketing*, divulgado para a mídia através de agências de comunicação organizacional e para o público através de campanhas publicitárias. O alvo, no entanto, é um só, aparecer. Uma festa de celebridades, uma entrevista de jogador de futebol, uma declaração de um político sobre temas que não lhe dizem respeito são pseudoeventos, criados unicamente para garantir que a pessoa ou a organização fiquem visíveis na mídia. A lógica do pseudoevento não lida com a importância do fato, mas com o impacto que ele pode ter no público.

Às vezes o pseudoevento é criado pela própria mídia: quando uma emissora de rádio promove um festival de música, por exemplo, reunindo bandas ou cantores e ficando responsável pela divulgação, estamos diante de um pseudoevento: ele não aconteceria se não fosse pela mídia.

Em alguns casos, um tema é um pseudoevento: ninguém estava falando no assunto, ninguém nem se lembrava de determinado fato, mas, pela vantagem ou na falta de coisa melhor, a mídia volta a tocar no caso e o tema volta a ser discutido. Não aconteceu, não era lembrado, mas torna-se real porque está na mídia.

Além disso, os pseudoeventos se reproduzem e se multiplicam nas formas mais diversas – a opinião de alguém sobre o pseudoevento anterior torna-se o novo pseudoevento em uma cadeia de trabalho, tempo e disposição sobre coisas sem nenhuma importância. Boorstin não entra no mérito das relações entre realidade e ficção, nem se propõe a uma discussão filosófica sobre o conceito de "real", mas apresenta alguns indicativos para se conseguir identificar um pseudoevento quando se está diante de um:

a) Pseudoeventos são mais dramáticos, planejados para criar suspense e adotam formas dramáticas conhecidas do público.

b) Os participantes de um pseudoevento são selecionados por sua capacidade de atingir o público e se comunicar diante das câmeras. Planejados para rápida disseminação, pseudoeventos são fáceis e simples.

c) Eles podem ser divulgados à vontade, sem esforço.

d) Pseudoeventos têm uma dimensão comercial bastante definida: eles são pensados a partir de planilhas, previsões de custo, orçamentos e outros cálculos, e devem ser bons o bastante para recuperar o investimento.

e) A ênfase na dramaticidade diminui o espaço para questões mais inteligentes. Em um debate político, por exemplo, a *performance* dramática dos candidatos importa muito mais do que suas propostas reais.

f) São fáceis de serem incluídos em conversas, em colunas de amenidades e, portanto, conseguem rapidamente se misturar no cotidiano.

g) Conhecer os pseudoeventos é uma das características de uma pessoa "bem-informada". Paradoxalmente, ser bem-informado é ter um depósito de informações inúteis.

h) Como eles se expandem rápido, quanto mais se conhece um pseudoevento, mais pseudoeventos o indivíduo é levado a conhecer.

A lógica do pseudoevento, para o autor, tende a se ramificar para outros espaços na sociedade. Assim, a dependência cada vez maior dos jornais em relação aos *releases* e ao espaço publicitário devido para patrocinar os fatos indica uma presença crescente de pseudoeventos. A supremacia técnica da imagem eletrônica sobre o texto parece ainda dar mais força a esse fato.

Os eventos da mídia

Mais ou menos trinta anos depois das ideias de Boorstin, outros dois pesquisadores, Elihu Katz e Daniel Dayan, propuseram uma espécie de desenvolvimento de suas ideias com o conceito de "eventos de mídia", *media events*. Katz e Dayan partem do princípio de que existe uma determinada categoria de eventos coletivos pensados por conta de sua potencial divulgação pelos meios de comunicação. Ao contrário dos pseudoeventos, um evento da mídia real nem sempre é planejado tendo em vista a mídia. No entanto, consegue monopolizar a atenção dos meios de comunicação e, durante um período de tempo, conquistam a quase hegemonia do espaço social. A chegada do homem à Lua, por exemplo, ou um casamento na família real britânica, são exemplos de um evento da mídia: toda a atenção é voltada para eles, deixando de lado qualquer outra coisa. Um evento da mídia (*media event*) é um acontecimento real extraordinário planejado para caber na mídia e que durante um certo tempo conquista a totalidade da atenção dos meios de comunicação, deixando de lado outros acontecimentos. No caso brasileiro, por exemplo, a Copa do Mundo pode ser um exemplo de evento da mídia. Mesmo os canais, sites e redes que não transmitem os jogos noticiam e repercutem o evento.

O estudo dos pseudoeventos e dos eventos da mídia pode levar a uma conclusão apressada relativa às ideias de manipulação e distorção deliberada da realidade. Aparentemente, não é disso que os autores estão falando. Eles sublinham a criação explícita de situações e circunstâncias unicamente voltadas para a sua divulgação – fatos que não foram distorcidos, mas inventados. Os eventos da mídia e os pseudoeventos vão além: a mídia produz o fato que ela mesma vai divulgar. Realidade e mídia se encaixam em uma coisa só. A autonomia da imagem dirige à desintegração do conceito de real.

4. A transmissão 24 horas e o Efeito CNN

No mundo inteiro, a televisão mostrava imagens do que parecia ser um novo *game* digital. Na parte de baixo da tela, raios verdes eram disparados contra o céu, de onde pontos pretos lançavam outros pontos luminosos em direção ao chão. Quando um deles atingia o alvo, parte da tela se iluminava com a explosão. Ponto. As imagens eram reais: os pontos verdes eram as baterias antiaéreas do Iraque disparando contra os aviões norte-americanos que bombardeavam a capital na primeira Guerra do Golfo, em 1991. Onde se via o clarão das explosões, alvos eram atingidos na cidade. Um repórter da rede de televisão norte-americana CNN, instalada em Bagdá, transmitia diretamente as imagens para o mundo inteiro.

Inauguravam um novo momento na cobertura política global, que recebeu o nome de "Efeito CNN". Este efeito é um tópico na comunicação política que pode ser definido como as mudanças nas decisões e ações políticas causadas pela cobertura instantânea, 24 horas por dia, das notícias.

Há dois questionamentos sobre os efeitos da transmissão ao vivo 24 horas. O primeiro diz respeito às transformações provocadas no campo político, o segundo aos efeitos possíveis sobre a produção de informações.

A cobertura política

O cenário político, lugar de tomada estratégica de decisões, baseia-se em um circuito de alta tensão na busca de dados que dizem como agir. A maneira como as informações chegam até os órgãos de governo e planejamento, bem como o efeito dos dados no público, tende a interferir diretamente nos julgamentos a respeito do que se deve fazer, e uma tomada de decisão baseada em uma informação incorreta pode acarretar danos irreversíveis.

O tempo necessário para uma informação chegar até os centros de decisão é um fator crucial para qualquer tomada de posição. Quanto mais rápida a transmissão da mensagem, mais rápida a decisão e as atitudes.

A CNN foi uma das primeiras, se não a primeira, a transmitir notícias 24 horas por dia em escala global. Dessa maneira, a televisão em rede mundial conseguiu, de certa forma, eliminar os intervalos de tempo necessários para se tomar conhecimento de um fato: a notícia instantânea, diretamente do centro dos eventos, era transmitida para todo o planeta em poucos minutos, exigindo decisões rápidas e criando um volume de informações maior do que os centros políticos de tomada de decisão poderiam suportar.

Além disso, as redes de cobertura 24 horas estão sujeitas aos mesmos processos de seleção das notícias que qualquer outro veículo de comunicação. Ao escolher transmitir um fato e não outro, ou ao enquadrar os eventos de uma determinada maneira, as redes de televisão 24 horas canalizam igualmente a informação para um ponto específico, deixando os outros na penumbra. Durante os ataques de 2001 ao World Trade Center, o planeta inteiro viu os acontecimentos pela lente de *uma única câmera*.

Esse foco, transmitido em larga escala, torna-se o mais importante por conta dos efeitos de distribuição e comentário público – em uma curiosa inversão, a cobertura *torna* o fato importante, aumentando sua visibilidade pública e transformando-o em um objeto de discussão. O fluxo internacional de informações deixa de ser um suporte para a decisão política e se torna sua causa.

Outra dimensão do chamado Efeito CNN é o efeito potencial que esse fluxo ininterrupto de informações causa sobre os próprios caminhos de produção da notícia. As pautas e os assuntos muitas vezes são construídos em cima das informações providas por outros órgãos de comunicação, provocando assim uma espécie de pauta reflexiva baseada nas informações distribuídas por outras empresas. A televisão, por exemplo, tende a exercer um efeito de pauta sobre os jornais impressos por conta do lapso de tempo possível – quando existe – entre as informações transmitidas pelo telejornal e a elaboração das pautas para o dia seguinte. O fluxo ininterrupto de informações, o Efeito CNN, igualmente altera essa relação a partir do momento em que não existe mais um intervalo de tempo entre as notícias da televisão – qualquer coisa pode ser pautada no campo internacional, e a cobertura das decisões políticas igualmente torna-se mais rápida. O resultado é uma alteração no processo de produção de notícias no sentido de acompanhar esse fluxo global, enquadrando, quando possível, as informações provenientes da cobertura de redes como a CNN.

Embora os efeitos provocados estejam longe de uma comprovação definitiva, as alterações na maneira como se lida com as imagens internacionais foi alterada a partir do momento em que uma rede de televisão conseguiu reunir o olhar do mundo inteiro nas imagens de uma única câmera – e, pela primeira vez, a política e a guerra se tornaram pontos em uma tela.

5. Mídia, entretenimento e democracia: o modelo da colonização de Meyer

Quando os cabelos ficaram longos, em 1966, os rádios tocavam *Good Vibrations*, dos Beach Boys. Um ano depois, enquanto os estudantes tomavam as ruas, em maio de 1968, as rádios tocavam *Revolution*, dos Beatles. E, enquanto o regime militar se fortalecia no Brasil, o conjunto MPB 4 gravava *Pesadelo* e Chico Buarque metamorfoseava a situação em *Roda viva*. Dando um salto de quarenta anos, quando *Tropa de elite* chegou aos cinemas, em 2007, um debate sobre mídia, violência e ação policial ganhou as capas de jornais e revistas.

As relações entre mídia, cultura popular e política não são um tema novo, mas, à medida que as fronteiras entre os elementos vão se diluindo, um número crescente de estudos procura dar conta dessa relação. Uma das principais hipóteses para compreender essas transformações foi proposta por Thomas Meyer, no estudo *Media Democracy*, publicado em 2002. O livro mostra como a mídia colonizou a política. A ideia de colonização, para ele, existe em dois níveis. De um lado, a maneira como a mídia representa a política segundo suas regras específicas; segundo, e mais importante, a própria natureza da política é transformada para se adequar a essas regras. A colonização pela mídia força as instituições e organizações políticas, incluindo os parlamentos, a reagirem aumentando seu aparato técnico de comunicação – assessorias de imprensa, relações públicas, redes de rádio e televisão com conteúdo produzido por partidos e órgãos do governo.

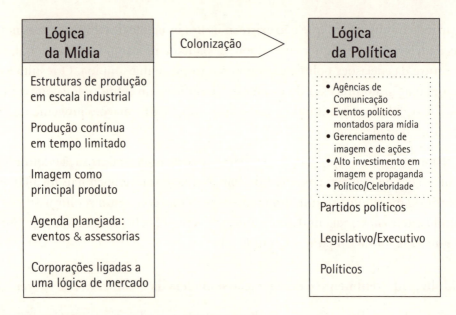

MEYER, T. *Media Democracy*. Londres: Polity, 2002.

Essa colonização é um efeito da democracia. Na democracia representativa, os cidadãos devem estar informados do que acontece na esfera política – ao menos na época de eleições é necessário saber quem são os candidatos e quem está fazendo o quê. A ligação entre o sistema político e o público geral é feita pelos meios de comunicação, de maneira que, quanto mais alguém no sistema político dominar as técnicas, regras, códigos e práticas da mídia, melhor será sua imagem junto ao público. O discurso da política na mídia é preparado para conferir a si mesmo uma aparência de realidade e credibilidade. Não apenas os procedimentos de criação das notícias, mas a própria maneira como elas são transmitidas, bem como a autorrepresentação dos jornalistas é uma maneira de garantir uma impressão de separação entre a mídia e o corpo político. Essa ilusão de independência cria condições favoráveis para que as transformações da política passem despercebidas.

A essência da política foi modificada por conta do uso dos meios de comunicação. Não é a televisão que transforma a política em um espetáculo visual, é o meio político que se altera no sentido de contemplar as necessidades da mídia. Meyer indica algumas dessas alterações.

Em primeiro lugar, a adaptação técnica. Partidos e órgãos políticos passam a dispor de um largo contingente de técnicos especializados em mídia, de assessores de imprensa a produtores de TV e *marketing*; além disso, uma adaptação da política aos códigos, regras e gêneros da mídia. A substituição do debate de ideias por *slogans*, a transformação do político em celebridade, os eventos políticos preparados para serem vistos, como a inauguração de obras públicas ou declarações de impacto mínimo feitas apenas para transmissão imediata são elementos dessa política colonizada.

Meyer mostra como a política partidária progressivamente se articulou com os meios de comunicação, no sentido de aproximar sua mensagem do público – a participação de políticos em programas de auditório, apresentando-se como músicos durante campanhas eleitorais e outras maneiras de criar um vínculo entre a imagem séria e distante do político com a linguagem da televisão, por exemplo, tende a alterar a própria natureza da política.

Por outro lado, outra característica da colonização é o tratamento dos eventos de acordo com os códigos dos meios de comunicação. Acontecimentos políticos são adaptados para o formato da mídia. Por mais importante que seja um fato, por exemplo, ele não vai ganhar mais do que alguns minutos em um telejornal – não é possível alterar o modelo da grade de notícias, exceto em casos excepcionais. Ao mesmo tempo, a mídia tende a colocar a política ao lado de outros assuntos, dando a todos um tratamento semelhante.

O cenário das atividades políticas parece confluir com o das celebridades da mídia, em uma exposição que aproxima a democracia com os limites do entretenimento. Em tempos de *showmícios*, cantores e artistas de televisão na política e eleições conduzidas mais pelo *marketing* do que por debates, é possível pensar como o entretenimento transforma o processo democrático, quando se pensa que entre os deputados federais mais votados nas eleições legislativas do início do século 21 estavam o cantor Frank Aguiar, o apresentador Clodovil Hernandes e o comediante Tiririca.

6. Entretenimento e política: a hipótese da intersecção de Street

No mesmo sentido de compreender as relações entre mídia e política, mas com o foco voltado para a esfera do entretenimento, o pesquisador britânico John Street mostra em *Politics and Popular Culture* como a cultura da mídia, longe de ser apenas diversão, é usada como um instrumento na hegemonia política quanto na construção de resistências ao sistema. Enquanto a política se torna mais e mais uma apresentação de imagens para a mídia, o entretenimento deixa de ser simples diversão. Um detalhe: "popular culture", utilizada pelos acadêmicos anglo-saxões, não é equivalente da ideia brasileira de "cultura popular", mas inclui programas de TV, música, resvistas e filmes, mais próximo do que se denominaria "cultura de massa". A noção subjacente é que se trata de uma cultura "popular" na medida em que é "pública".

Ao apropriar e ser apropriada pela mídia, a política se esconde sob o manto entretenimento, último lugar onde se poderia imaginar uma mensagem política – e, no entanto, é exatamente aí que os conteúdos políticos aparecem. Ele menciona, por exemplo, o ex-presidente norte-americano Bill Clinton tocando saxofone com um grupo de *jazz* no dia de sua posse, ou as atitudes teatrais dos candidatos durante as campanhas. No caso brasileiro, pode-se lembrar do ex-presidente Fernando Collor pilotando um jato da FAB. Essa intersecção leva a política aos domínios do entretenimento.

Em *Mass Media, Politics and Democracy*, Street analisa as várias dimensões da relação entre mídia e política. Os procedimentos rotineiros dos meios de comunicação – a prática da reportagem, por exemplo – interferem diretamente na representação do mundo político que chega até o cidadão. Ao mesmo tempo, não deixa de notar em que medida o controle das informações está relacionado ao exercício do poder político.

Por outro lado, a cultura popular não é apresentada como um elemento passivo. Os produtos da cultura de massa são responsáveis por alterar comportamentos e se estruturam como um canal no questionamento de atitudes e situações. Focalizando particularmente o caso do *rock'n'roll*, Street mostra como canções e músicos em muitas ocasiões atuam como uma espécie de porta-voz dos sentimentos de mudança. Em certos casos, é o único canal disponível para alguma forma de contestação, e sua mensagem é compreendida pelo público com todo o seu potencial político, mesmo quando a mensagem não é explícita. As atitudes e valores de um músico, por exemplo, podem ser interpretadas pelo público como uma mensagem política clara no sentido de colocar em questão ideias e valores.

Em tempos de celebridades instantâneas formadas nos pixels da tela de TV, discutir o aspecto político do entretenimento é uma das maneiras de entender melhor como a democracia é alterada por esse tipo de prática. E entender esse vínculo pode ser crucial para a democracia.

7. O mundo encantado do *kitsch*

No Museu do Louvre, em Paris, na galeria dedicada à Renascença italiana, dezenas de pessoas se amontoam para observar um quadro. Enquanto a segurança tenta formar uma fila que nunca se acerta, avisos em quatro idiomas pedem que cada visitante tire apenas uma foto. Do outro lado dessa multidão, atrás de um cordão de isolamento, protegida por um vidro espesso antirreflexo, está um pequeno quadro, pouco maior do que uma folha A4. É a *Mona Lisa*, de Leonardo da Vinci, quadro mais famoso do mundo. Está na parede do museu e, portanto, deve ser uma obra de arte.

No mesmo Louvre, dois andares para baixo, há chaveiros, canetas e canecas com o mesmo quadro. Perto desses objetos não há fila, exceto para pagar os €6 por uma xícara estampando o quadro e ter a felicidade de tomar café olhando para a Mona Lisa. O quadro é arte. A xícara é brega. Está próximo do pinguim de geladeira e do melodrama. Mau gosto. *Kitsch*.

Definir arte, explicar problemas do gosto e julgamentos artísticos é problema da estética. No entanto, interessa à Teoria da Comunicação quando se pensa que os meios de comunicação alteraram o que se entende por arte. E existe um tipo específico de produção, a meio caminho entre a arte original e a cópia, ligado diretamente à expansão da cultura provocada pela mídia: o *kitsch*.

Kitsch é uma palavra alemã que tem suas raízes ao mesmo tempo em cozinha (*Kirche*) e igreja (*Küche*). Não existe tradução: *kitsch* são todos os objetos úteis, construídos de maneira a parecerem obras de arte. São geralmente cheios de floreios, detalhes e padrões para captar os sentidos, sobretudo a visão. Assim, um prato estampando uma bela paisagem é *kitsch* na medida em que se trata de uma pintura feita para agradar e tornar bonito um objeto útil. É um prato, mas é decorado como uma pequena obra de arte. No entanto, sua *funcionalidade* o impede de ser "arte" no sentido mais comum da palavra: o prato não vai ocupar um lugar na grande galeria, mas no armário da cozinha.

O *kitsch* é feito para agradar. Uma obra de arte tem pelo menos dois tipos de efeito, um de caráter cognitivo e outro de aspecto emocional. É possível ao mesmo tempo *estudar* um quadro e *senti-lo*. No *kitsch*, o componente intelectual é deixado de lado. Não há o que interpretar, apenas sentir. Emocional por excelência, o *kitsch* se caracteriza também por ter um sentido fechado – não há o que interpretar diante de um pinguim de geladeira.

183

De fato, o *kitsch* parece ser o produto de uma época pautada pela cópia e sem tempo para levar em conta o original – ou mesmo sem interesse. O *kitsch* nunca é autêntico; é sempre uma cópia deslocada no espaço e no tempo, reprodução de algo fora de seu lugar natural. O crítico tcheco Tomas Kulka delineia três características principais de uma estética *kitsch*: uma alta carga emocional, a facilidade de identificação, a ausência de novidade. Nas palavras de Abraham Moles, *kitsch* é "a arte da felicidade". Essa "felicidade", no entanto, não é derivada de um sentimento necessário de alegria, mas, como bem define Milan Kundera, causa uma sensação de bem-estar por sermos suscetíveis ao objeto.

O *kitsch* é bonito e causa uma ligeira sensação de felicidade. Mesmo diante do negativo – a figura de um palhaço triste ou um menino chorando, por exemplo – existe a felicidade, no sentido de Kundera, de ficar triste com aquilo. Porque é bonito, ou, em termos *kitsch*, porque é fofo. A miniatura de um filhote de cachorro em gesso, com um ar feliz; a foto de uma criança, sozinha, de noite, na chuva; filhotes de gato brincando com um novelo de lã; a praia deserta, ao entardecer; o Gato de Botas de *Shrek 2* – e a lista de gravuras, músicas, imagens e trechos *kitsch* poderia se multiplicar ao infinito.

A indicação do *kitsch* pode igualmente ser pensada em termos de quantidade de informação. Uma miniatura de porcelana pintada representando uma casa de campo ou um jardim não mostra nada que já não tenha sido visto. A quantidade de informação nova é baixa e o *kitsch* é redundante. Ele é óbvio, causa um efeito imediato e é esquecido na mesma velocidade. Não há *em que* prestar mais atenção – os detalhes são iguais, as formas são iguais, mesmo o refinamento, no *kitsch*, se dá pela repetição e pela cópia.

Nesse sentido, o kitsch se opõe historicamente à arte de vanguarda. A vanguarda artística geralmente se pauta na procura de caminhos novos de expressão e representação. A defesa do *kitsch* é a manutenção do conhecido, do passado, a fixação do estilo. O *kitsch* é conservador: a vanguarda o destrói à medida que denuncia sua artificialidade. O *kitsch* se tornou parte da cultura moderna e pós-moderna. Nesse sentido, a perspectiva pós-moderna parece alterar sua forma de valor específico, tornando-o *cult*: a eliminação das fronteiras entre categorias estéticas operada pelo pós-moderno, a distância entre o *kitsch* e a arte é eliminada na dupla troca de propriedades entre os dois elementos: o *kitsch* torna-se arte, elevado à esfera-limite do *cult*.

Para ler

ECO, U. *Apocalípticos e integrados*. São Paulo: Perspectiva, 2001.

MOLES, A. *O Kitsch*. São Paulo: Perspectiva, 1976.

8. *Cult*; *trash*; alternativo; nostalgia

Conforme Mark Jankovich destaca no prefácio do livro *Defining Cult Movies*, o chamado filme *cult* se caracteriza pela dupla oposição aos julgamentos de valor feitos pela academia e pelo mercado. Assim, parece existir uma recusa aos valores atribuídos pela crítica, no reconhecimento da qualidade estética, mas também a negação de aceder aos valores concretos do sucesso de público. O *cult* está mais vinculado ao uso e ao espaço social das práticas de consumo, recepção e atribuição de valor de um filme do que às características do filme – aliás, a crítica estética de um filme nem sempre leva em conta os usos feitos do cinema. Em outras palavras, no risco da simplificação, é possível dizer que um filme se torna *cult* porque é definido como tal, não por suas qualidades.

O argumento de Jankovich é reforçado pela dificuldade em definir uma estética do *cult*. A rigor, inúmeros filmes dos mais variados gêneros podem se tornar *cult*. E a própria palavra usada para defini-los trai uma dupla condição do gênero: *cult*, do inglês, significa tanto "culto", no sentido de referência do valor estético da obra de arte, quanto uma abreviação de "cultura", no sentido de uma atribuição de valor específico vinculado a uma "alta" cultura.

Nesse sentido, quando se fala em prática social e/ou uso social de um filme, vale notar um giro no foco da discussão – se um filme é objeto de culto, há necessariamente um grupo de pessoas responsáveis por elevá-lo a essa posição e deixar para trás algum outro tipo de filme. Isso remete a uma questão: o que torna um filme *cult*? O que faz com que produções das mais diversas, de filmes como *Godzilla* a elementos da *Nouvelle Vague*, sejam objetos de um tipo especial de admiração por parte dos fãs? Algumas evidências sugerem a existência de uma ligação entre a disponibilidade do filme, o repertório conceitual, a raridade da obra, o número de adoradores e a perspectiva de *cult* de uma obra cinematográfica.

De certa maneira, o lugar ocupado por um produto cultural, conjunto de gostos e preferências de uma sociedade ou de um grupo, liga-se a condições de acesso à obra. "Acesso", aqui, é entendido em dois sentidos. Primeiro, como possibilidade de se conhecer uma obra cinematográfica. Um filme *blockbuster* tende a ser menos cultuado do que outro, exibido apenas em meia dúzia de cinemas de um circuito autodenominado "cinema de arte". O *blockbuster*, pela sua disponibilidade contínua, tem uma valorização mais baixa: o esforço para vê-lo é insignificante. Segundo, quando se pensa em "acesso" a um filme, não se está pensando unicamente na questão física de encontrar os rolos de fita ou o DVD. Trata-se, igualmente, de ter referências culturais para assistir ao filme de maneira ativa, compreendendo as sutilezas da mensagem, os detalhes da narrativa e da fotografia. Esse duplo aspecto da ideia de acesso pode explicar em parte a valorização de um filme – o acesso de certa maneira influencia a percepção de um filme como *cult* ou não. Por outro lado, um filme pode se tornar *cult* justamente por conta de sua excessiva presença.

Quanto mais um filme é visto, mais cansa. A saturação tende a levá-lo ao esquecimento no momento seguinte, resultado da exaustão do público. Depois, o esquecimento. Esse esquecimento parece igualmente ser um dos elementos de dificuldade de acesso – depois de esquecido pela maior parte de um grupo, o filme ganha as condições para ser um objeto de veneração por aqueles que se recusam a esquecê-lo – e, dessa maneira, se transforma em *cult*.

Dessa forma, nenhum filme nasce *cult*, ele se torna quando é objeto de interesse exclusivo de um grupo ou uma pessoa, que encontrarão nesse filme a alocação simbólica de um capital específico vinculado a uma prática cultural distinta pela raridade.

Um exemplo é a transformação do filme *trash* como objeto de culto. Na perspectiva deste texto, o filme *trash* compartilha com alguns outros gêneros cinematográficos as mesmas características em termos de acesso. Produzido em pequena escala, com orçamento reduzido ou mesmo sem nenhum orçamento, criado em produções caseiras ou amadoras, o filme *trash* mantém-se no ambiente de uma proposta em si em uma relação negativa com o espaço cinematográfico.

Definindo-se como um anticinema ou como uma rejeição ao circuito do cinema, o filme *trash* se organiza na perspectiva de uma crítica – bastante violenta, em geral – às práticas cinematográficas e à própria existência do cinema como gênero. O *trash* é metalinguístico – ao ser produzido e exibido, ele parece ter em mente lembrar ao público de que existe um outro cinema além daquele, e é exatamente contra esse "outro" cinema que seu foco de revolta está dirigido.

Outro aspecto do *cult* se caracteriza pela valorização singular e artificial de um produto considerado "brega", *kitsch* ou mesmo *trash*. Assim, o culto do passado se caracteriza como uma valoração do *cult* e da nostalgia. O efeito é causado, novamente, pela dificuldade de acesso e pela ausência do produto cultural na memória popular. Programas de televisão antigos, seriados dos anos 1960 e 1970, músicas dos anos 1980, brinquedos usados, comerciais e propagandas, revistas e livros antigos voltam à tona não com o apelo comercial de sua época de origem, mas como o culto de uma memória simbolicamente transformado em valor específico da prática de consumo atual. Deslocado, descontextualizado, o objeto torna-se, por outro lado, mais valioso – quem tem, lembra e sabe o que significa é um número reduzido.

De certa maneira, isso pode ser igualmente um consolo para os problemas de produção. Se como *A garota rosa-shocking* ou *Miami Vice* ou *Esquadrão Classe A* voltam elevados à categoria de *cult*, venerados em comunidades de fãs internet afora, é possível igualmente pensar que, dentro de algumas décadas, os produtos estigmatizados atualmente serão clássicos do *cult*.

Uma esperança para os fãs.

Seção C

Estudos de recepção

I. Rumo a uma estética da recepção

A origem da Estética da Recepção é a literatura. O texto fundador foi a aula inaugural do crítico literário Hans Robert Jauss na Universidade de Konstanz (Alemanha), em 1967, intitulada *A história da literatura como provocação à teoria literária*. Após criticar o Estruturalismo e o marxismo, Jauss pergunta como é possível entender uma obra. Não se tratava de verificar os "efeitos" da comunicação no público. A ideia ia mais além: é o público que dá sentido à obra. Cada leitura de um livro, feita por uma pessoa diferente, acaba de certa maneira criando um livro diferente. Não existe, portando, "um" sentido, mas tantos sentidos quantos forem os receptores. O produtor *cria* a obra no momento da criação; o receptor *re-cria* no momento da leitura. A experiência da arte não se encerrava na obra, mas na sensibilidade – do grego *aisthesis*, de onde "estética" – do leitor/espectador.

A recepção é um processo contínuo de atribuição de sentidos – no plural, sempre – construídos no diálogo. As variáveis incluídas no processo tornam impossível dizer quais são os marcos de fixação de sentido em um universo de signos em constante transformação. Ou seja, a obra existe quando é apreendida e retrabalhada pelo receptor. Jauss trabalha a literatura como um *ato de comunicação*, o que não é possível sem se levar em conta a existência de um elemento receptor, entendido como um produtor de significados a partir da obra. Um público que parte da obra – *poiesis* – além de sua atribuição comunicativa – *katharsis* – e encontra sua plena realização ao se tornar parte da visão de mundo do receptor – a *aisthesis*.

Em termos mais analíticos, a Teoria da Comunicação em Jauss funda-se sobre uma teoria do conhecimento entendida como a mediação entre a consciência individual e as estruturas sociais ao seu redor. A recepção é o conhecimento das condições de relação entre o texto e o leitor. A obra artística é interpretada na sua interação com a consciência individual, mas também com a sociedade. Essa postura conduz a uma reavaliação crítica da ideia do receptor, bem como das ideias formuladas a respeito da recepção – tanto para a *mass communication research* quanto para a Escola de Frankfurt, a mensagem tinha efeitos potenciais negativos sobre o público. A resposta de Jauss é clara: "a recepção da arte não é apenas um consumo passivo, mas sim uma atividade estética, pendente da aprovação e da recusa, e, por isso, em grande parte, não sujeita ao planejamento mercadológico".

A valorização do sujeito receptor leva também a um dimensionamento novo da própria noção do produto de comunicação. A equivalência entre massa e uma cultura de baixa qualidade não é negada, mas relativizada. "O contraste entre uma arte de vanguarda, apenas voltada para a reflexão, e uma produção dos *mass media*, apenas voltada para o consumo, de modo algum faz justiça à situação atual", define Jauss.

A estética da recepção, portanto, não é uma pesquisa dos efeitos da obra literária ou de sua compreensão, mas da própria *realização* da obra no horizonte da consciência, no quadro de referências sociais e individuais dentro do qual realiza-se a interação sujeito-objeto tanto no campo da criação do sentido original da mensagem, pelo autor, quanto do sentido atribuído à obra, pelo espectador.

Jauss não foi mais longe na análise da mídia, mas deixou aberto um caminho que seria trilhado nos anos seguintes. O estudo da comunicação a partir do receptor encontrou seu desenvolvimento em dois eixos. O primeiro, na continuação das pesquisas norte-americanas sobre os efeitos da Comunicação. O segundo, no desenvolvimento latino-americano da Teoria das Mediações.

Para começar

JAUSS, H. *História da literatura como provocação à Teoria Literária*. Lisboa: Vega, 1993.

II. Teoria das Mediações

A Teoria das Mediações é o resultado de um duplo deslocamento, teórico e geográfico. Até o final dos anos de 1970, os estudos de Comunicação estavam ligados a uma perspectiva norte-americana, francesa ou alemã, com alguns poucos autores fora desse circuito. No entanto, os produtos da indústria cultural se espalhavam por todo o planeta. Até que ponto, portanto, ideias criadas para explicar o que acontecia na Europa e na América do Norte poderiam ser úteis para compreender a mídia na América Latina? Assim, parecia necessário girar o foco teórico do Hemisfério Norte para os problemas do Sul.

Um dos textos fundadores é *Dos meios às mediações,* escrito por Jesus Martin-Barbero em 1987. O livro propõe um deslocamento dos estudos de Comunicação: no lugar de se preocupar com os *meios* e suas condições específicas de produção ou mensagem, era preciso pensar nas *mediações*, nos processos culturais, sociais e econômicos que enquadravam tanto a produção quanto a recepção das mensagens da mídia. Tratava-se de entender as relações da cultura de massa, criada nos Estados Unidos ou a partir de modelos norte-americanos com as culturas locais e tradicionais da América Latina. Sobretudo, havia uma preocupação com o receptor: "na leitura – como no consumo – não existe apenas reprodução, mas também produção, uma produção que questiona a centralidade atribuída ao texto-rei", explica Martin Barbero em seu livro.

Pode-se entender por mediações as estruturas de construção de sentido às quais o receptor está vinculado. A história pessoal, a cultura de seu grupo, suas relações sociais imediatas, sua capacidade cognitiva são mediações, mas também interferem no processo sua maneira de assistir televisão, sua relação com os meios e com as mensagens veiculadas. A própria ideia de mediação presume a existência de dois termos finais – a mensagem e o receptor – intermediados por uma série de códigos, signos e práticas responsáveis por estabelecer pontos de flutuação de sen-

193

tido entre o efeito planejado pelo produtor da mensagem e a reconstrução feita pelo sujeito – Orozco Gomes chega a indicar cinco: situacionais, institucionais, cognoscitivas, referência e videotecnológicas –, sem mencionar as noções de espaço e tempo vinculadas ao momento diante da TV. A mediação entre TV e público, por exemplo, acontece nas práticas sociais – o cotidiano e a história são duas mediações fundamentais. Conforme esclarece Orozco Gomes em *La audiencia frente a la pantalla*, "quando a pergunta se converte em 'como se realiza a interação entre TV e audiência?' o que se coloca em jogo é o próprio processo de recepção televisiva, e, junto com ele, a televisão e a audiência".

As mediações são os conhecimentos e as práticas sociais das pessoas. São estruturas simbólicas dinâmicas a partir das quais é atribuído o sentido de uma mensagem em um determinado momento no espaço e no tempo. As condições materiais e simbólicas, nas quais o receptor está inserido e que influenciam a recepção de uma mensagem, são os elementos responsáveis pelas reapropriações e reconstruções levadas a efeito pelo receptor. Ver televisão ou ir ao cinema é uma prática social. Mesmo sozinho diante da tela, o telespectador mira a televisão com um olhar carregado de referências, ideias, experiências, práticas. Conhece o valor simbólico do programa que vê, tem expectativas em relação à mensagem, aplica seu capital cognitivo na compreensão da mensagem tanto quanto reconhece tacitamente o valor cultural de sua prática.

Diante da tela, a pessoa está carregada de seus valores, ideias e gostos. Tem expectativas a respeito do que vai ver, já viu outros programas. Está feliz, triste, com sono, preocupada, sozinha ou em família, no campo ou na cidade. Essas diferenças são *mediações*, estão no *meio* do espaço entre o indivíduo e a tela. As *mediações* atuam decisivamente na recepção da mensagem. Não se trata apenas de "receber" uma mensagem, mas reconstruí-la a partir das mediações.

A Teoria das Mediações pensa, por exemplo, em como o contexto latino-americano interfere no processo de recepção. O que significa ver um filme norte-americano em uma realidade diversa? A Teoria das Mediações destaca o contexto histórico e social da América Latina como um foco de investigação das mediações presentes no processo de recepção e a investigação sobre mídia. Na Teoria das Mediações o "receptor" não existe como "massa" ou "público", mas como indivíduos que vivem em sociedade. Assistir televisão em um condomínio fechado com todo o conforto cria um sentido diferente para a mesma mensagem vista entre as tábuas de um barraco em uma favela. O desafio é pensar alguns componentes de uma "cultura híbrida", como denomina Garcia-Canclini: a resistência da cultura popular frente ao avanço da indústria cultural, bem como as junções nunca bem acabadas entre uma alta cultura e uma cultura de massas; a persistência de culturas nacional-populares na intersecção nunca bem costurada com a cultura erudita, importada da metrópole europeia e com a cultura de massas norte-americana; as delicadas questões políticas e sociais existentes na América Latina.

Essa premissa leva à outra preocupação da Teoria das Mediações, o diálogo entre a cultura popular, a cultura de massa e a cultura erudita. O que é a cultura popular diante dos meios de comunicação de massa? Como os elementos – os signos – de um código e de outro trafegam na constituição de uma cultura? Essas questões são mais pertinentes ainda quando se pensa no ambiente educacional, no qual o estudante, qualquer que seja o nível, está em uma presente contradição entre seus saberes – o "popular" – a alta cultura representada pelo sistema educacional e a cultura de massa com a qual se relaciona no cotidiano.

As mediações são complexas negociações de sentido entre a hegemonia de uma indústria da cultura protegida e representando poderosos interesses econômicos e um público mais ou menos preparado para enfrentá-la a contento. A negociação não é necessariamente a recusa e a compreensão, mas um confronto entre hegemonia e resistência na definição do sentido de uma mensagem.

Entre consumo e recepção

Nestor Garcia-Canclini, em *Consumidores e cidadãos*, mostra como o consumo, nesse universo, é o código de uma das principais mediações. Material e simbólico, o consumo ganha uma importância maior por ser a referência ao principal elemento, a mercadoria. A transformação do ato de consumir no centro do modelo capitalista, fazendo com que todas as outras práticas sociais se estruturassem ao redor do consumo de bens materiais e simbólicos dota a mercadoria de uma importância jamais imaginada – uma das principais mediações é o efeito da posse de uma mercadoria nas outras pessoas. O autor segue essa argumentação em *Desplugados, deslocados, desconectados*. A mídia cria novas formas de se pensar a própria noção de infância. Um conceito, aliás, que não existiu durante muito tempo, assim como a ideia de "adolescência", utilizada hoje em dia, não tem mais do que duzentos anos. A televisão, de certa maneira, provoca certa diluição nas fronteiras simbólicas entre infância, adolescência e idade adulta, todos imersos no universo de sonhos que é o consumo de imagens. A televisão só admite a eterna juventude.

De certo modo, a Teoria das Mediações propõe uma substituição do aspecto linear "produção-recepção" por uma complexa dialética do processo de recepção, no qual a imagem – seja da mídia, seja da mercadoria – é compreendida como parte de um fluxo maior de mensagens e práticas. Isso permite compreender as múltiplas dimensões da recepção como uma dialética entre dominação e resistência diante do consumo de bens materiais e simbólicos. Não por acaso, Orozco Gomes propõe exatamente uma preparação dos receptores além da alfabetização tecnológica, mas para o que denomina uma "conformação semiótica com as mediações e com as representações do social na tela; deve estar relacionada também com o uso dos recursos videotecnológicos que atuam como formas culturais e tem a ver com os modos de interação assumidos com a programação", escreve em *Televisión publica e participación*.

Nas palavras de Garcia-Canclini, em *Ni folklorico ni massivo, que es lo popular?* "à medida que reconhecemos os múltiplos níveis da ação social que intervém na circulação em massa das mensagens, os meios de comunicação perdem seu lugar exclusivo – ou protagonista – que lhes deram as teorias da comunicação de massa".

A contradição entre o discurso e os atos é típica do desconhecimento de efeitos e problemas reais da TV. O senso comum está preenchido com uma crítica fácil, superficial e condenatória da mídia – sem lidar com os problemas reais da televisão. "A TV produz notícias, não tanto no sentido de que as invente, fazendo um determinado tipo de associações que não existiram antes, mas no sentido de que na manufatura das notícias intervém uma série de elementos técnicos, ideológicos e profissionais, todos envolvidos no processo de produção", define Orozco em *La audiencia frente a la pantalla*. O interesse do leitor vai além do mercado. A recepção é influenciada por condições muito distantes do núcleo original de exigências existentes na mídia.

Como lembra Martin-Barbero, "os meios de comunicação não são um puro fenômeno comercial, não são apenas um fenômeno de manipulação ideológica, são um fenômeno antropológico, um fenômeno cultural através do qual as pessoas, muitas pessoas, cada vez mais pessoas, vivem a constituição de sentido em suas vidas". Não há, portanto, uma televisão vilã atormentando espectadores ingênuos. Mas, uma vez ligado à TV, o público é direcionado para uma programação sempre mais voltada para o prazer fácil do entretenimento rápido. No entanto, é necessário ter no horizonte certa relativização desse horizonte estritamente comercial. O cotidiano tem os meios de comunicação como uma parte integrante, talvez a principal – mas não a única. A liberdade, o conhecimento e a consciência do indivíduo relacionam-se o tempo todo com a mídia, transformados em uma espécie de experiência primária do cotidiano – sobretudo na integração entre a mídia e o ser humano.

A compreensão das múltiplas ramificações da televisão e seus efeitos sobre o imaginário é o ponto de partida para a tomada de consciência dos problemas dos meios de comunicação. Esse caminho abre as portas para uma recepção mais ativa, mais preparada para enfrentar de maneira coerente os desafios da imagem e da mercadoria.

Três estudos fundamentais

MARTIN-BARBERO, J. *Dos meios às mediações*. Rio de Janeiro: UFRJ, 1997.

GARCIA-CANCLINI, N. *Consumidores e cidadãos*. Rio de Janeiro: UFRJ, 1999.

OROZCO GOMES, G. "A audiência diante da tela". *Communicare*, 6 (2), 2007.

III. Efeitos sociais da comunicação

Os estudos de recepção na tradição anglo-saxônica passaram por três momentos. As primeiras pesquisas, ainda nos anos de 1920, tinham em mente os "efeitos" da mídia sobre o público. Desde os anos de 1940, o foco de análise trocou a pergunta "o que a mídia faz com o público?" para "o que o público faz com a mídia?" As pesquisas de "usos e gratificações" mostravam a existência de uma série ininterrupta de desvios, variações, casos específicos e previsões não cumpridas no que tange às relações entre a mídia e seu público.

O público podia resistir de várias formas à mensagem da mídia. Nos anos de 1970 esse panorama foi novamente alterado, e a ideia dos "efeitos ilimitados" da mídia voltou a ser um quadro teórico de valor. O resultado dessas perspectivas contrastantes foi a criação de vários modelos para explicar as complexas relações entre os meios de comunicação e as pessoas do outro lado da tela.

As pesquisas sobre os *efeitos sociais da comunicação* foram desenvolvidas no mundo acadêmico anglo-saxônico e retomam algumas das premissas da *mass communication research*, à qual se ligam diretamente – em especial, trata-se de pesquisas empírico-quantitativas e se dedicam também à construção de modelos teóricos.

Há três principais desenvolvimentos.

As hipótese da *agulha hipodérmica* ou teoria da *bala mágica*, dos anos de 1920, afirmava que a mídia conseguia alterar rapidamente o pensamento e as ideias da população. As teorias dos *Efeitos limitados da comunicação* sublinhavam o papel da comunicação interpessoal como um contrapoder à ação da mídia. Nesse grupo estão a hipótese do *Fluxo em duas etapas*, o *Efeito de terceira pessoa*, a ação dos *Grupos primários* e as pesquisas sobre *Usos e gratificações*.

As teorias dos *Efeitos a longo prazo* retomavam a ideia de uma mídia superpoderosa, capaz de influenciar gostos, opiniões e atitudes políticas. A ideia do *Agen-*

da-Setting, da *Teoria da Cultivação,* a *Espiral do silêncio,* o *Intervalo de conhecimento,* a *Curva S* e alguns aspectos do *Efeito de enquadramento* estão nesse grupo.

1. Agulha hipodérmica

A Teoria da Agulha Hipodérmica, também nomeada Teoria da Bala Mágica, foi uma das primeiras criadas para explicar o poder da comunicação de massa na sociedade. Essa teoria tem um detalhe curioso: ela nunca foi escrita. Não existe nenhum livro ou artigo propondo essa ideia, e nenhum pesquisador se apresentou como autor. "Agulha Hipodérmica" foi o nome dado posteriormente a um modo de compreender a comunicação na primeira metade do século 20. O princípio dessa teoria é a de que os meios de comunicação têm um efeito imediato e poderoso no público, modificando comportamentos, alterando atitudes e interferindo diretamente na mente das pessoas.

A percepção de que a mídia pode manipular as pessoas e controlar o público tem sido uma espécie de alucinação recorrente nas pesquisas em comunicação. E, no entanto, dificilmente esse poder absoluto creditado aos meios de comunicação encontra algum tipo de comprovação na prática.

Mas para os primeiros pesquisadores havia motivos para desconfiar da mídia. O rádio e o cinema mal tinham chegado aos cinquenta anos quando passaram a ser utilizados como ferramenta política. Países totalitários tinham nos meios de comunicação seu mais precioso aliado; por outro lado, as democracias eram cada vez mais influenciadas pela presença e alcance desses meios. O público não parecia oferecer resistência – a sedução da imagem e do som parecia ter atingido sua primeira decisiva vitória como se fosse injetada, daí a metáfora da agulha.

Em um episódio bastante mencionado nos estudos de Comunicação, dia 30 de outubro de 1938, o ator e cineasta Orson Welles transmitiu a leitura radiofônica de uma adaptação para radioteatro de *A guerra dos mundos,* de H.G. Wells. O livro narra a invasão da Terra por naves espaciais marcianas e o início de uma batalha pelo domínio do planeta. Antes de iniciar a leitura, Welles anunciou que se tratava de uma dramatização. Os ouvintes que acompanharam a transmissão desde o início sabiam perfeitamente do que se tratava, mas o restante do público foi levado a acreditar que de fato a Terra estava sendo invadida, e há relatos de pânico entre os ouvintes. É questionável até que ponto o programa de Welles de fato gerou o pânico generalizado que é por vezes creditado. Além disso, faltam dados que comprovem mesmo a existência de um ataque de pânico coletivo.

A falta de conceitualização fez com que a Teoria da Agulha Hipodérmica se tornasse muito mais uma espécie de substrato teórico para as primeiras pesquisas em Comunicação. Mais importante, a perspectiva de que a mídia poderia causar efeitos a curto prazo no público seria retomada, sob um ponto de vista diferente, a partir dos anos de 1970 com relativo sucesso para mostrar os efeitos da comunicação. Uma aplicação póstuma de uma teoria nunca escrita.

2. As pesquisas sobre usos e gratificações

Por volta do final dos anos de 1940, as pesquisas em Comunicação passaram por uma alteração de foco. As pesquisas sobre "efeitos" deixavam essa questão de lado, como se não existisse um botão "desliga" nos aparelhos, e o público fosse obrigado por uma força metafísica a assistir qualquer coisa que aparecesse na tela. No entanto, interagir com a mídia era uma questão de escolha, e os estudos sobre usos e gratificações procuravam delinear os aspectos dessa escolha.

Um dos primeiros estudos desse tipo foi feito em 1949 por Bernard Berelson. Durante uma greve de jornalistas, em Nova York, a cidade ficou seis dias sem ter um jornal à disposição. Berelson teve a ideia de perguntar às pessoas do que elas mais sentiram falta nesses dias sem leitura. A equipe de Berelson entrevistou sessenta moradores de Manhattan, perguntando-lhes de que eles mais sentiram falta durante a greve dos entregadores de jornais. A partir dessas entrevistas, montou um quadro com os resultados, assinalando as razões pelas quais as pessoas leem jornais:

1) Informação e interpretação das questões públicas

Os respondentes se queixaram de que, sem os jornais, não era possível saber a quantas andavam as questões políticas e de administração pública. Como fonte de informação privilegiada sobre os acontecimentos da vida pública, a falta de jornais deixava os indivíduos sem parâmetros para julgar o que estava acontecendo.

2) Ferramenta de orientação para a vida cotidiana

O segundo tipo de falta que os jornais fizeram é relacionado com a primeira e refere-se à ausência de indicações referentes aos acontecimentos do dia a dia. A falta de informações sobre assuntos cotidianos – esporte, cultura, questões urbanas – era igualmente apontado como um elemento necessário do que a falta dos jornais privava os leitores.

3) Escapar das questões cotidianas

O terceiro critério parece contradizer o anterior, mas trata-se de esferas diferentes de ação. As questões cotidianas neste item referem-se às particularidades pessoais da vida de cada leitor, que o contato com problemas de outra ordem, ainda que próximos, auxiliava a deixar de lado – saber de um problema da cidade, por exemplo, desviava a atenção do indivíduo de sua realidade pessoal e familiar imediata.

4) Prestígio social

A ideia de "estar bem informado" foi apontada como um fator de prestígio e distinção, e a ausência dos jornais minava essa possibilidade, criando uma lacuna na formação da pessoa. Sem informações, a chance de se sobressair era consideravelmente menor.

5) Contato social

Os jornais providenciavam um grupo comum de assuntos gerais que poderiam ser utilizados como um fator de interação social – algo que pesquisadores de comunicação iriam explorar décadas mais tarde – no sentido de permitir conversas sobre temas que não pertenciam diretamente à esfera particular de nenhum dos interlocutores. Berelson igualmente identificou nos entrevistados uma sensação de desalento provocada pela ausência dos jornais. A falta de indicações para compreender os acontecimentos, ao lado da falta de uma leitura rápida e simples, foi igualmente indicada pelos leitores.

Anos depois, em 1949, foi a vez de Wilbur Schramm, outro norte-americano, voltar à carga em uma pesquisa dedicada a saber a razão pela qual as pessoas procuravam a mídia. Aos fatores mostrados por Berelson, Schramm acrescentou um componente vinculado à afetividade: os indivíduos buscavam a mídia como uma maneira de se integrar aos acontecimentos da vida social – saber o que estava acontecendo era um ponto fundamental para o estabelecimento de contato com outras pessoas, bem como para uma melhora nas possibilidades na vida social. Schramm destacou o aspecto voluntário das relações que as pessoas estabeleciam com os meios de comunicação. Longe de serem compelidas a eles por razões de controle ou efeitos de dominação, as pessoas procuravam a mídia como uma maneira de resolver algumas de suas questões relativas à integração social.

A dimensão mais visível dessas pesquisas foi mostrar que a audiência era ativa, poderia não apenas escolher o que ver, mas também escolher não ver nada – uma nova realidade com a qual os produtores e profissionais de mídia tiveram que lidar: se a audiência é ativa e assiste televisão de acordo com as vantagens específicas que vão receber dela, é necessário desenvolver uma programação que efetivamente dê conta de satisfazer essas necessidades e que possa ser usada pelas pessoas.

Em um artigo escrito em 1970, Katz, Blumler e Gurevich, fazendo um panorama retrospectivo da área, mostraram que as pesquisas de usos e gratificações se estendiam por uma larga gama de atividades e interações entre a mídia e o público, com estudos de caso diversos enfocando as relações entre o uso da televisão e a satisfação de necessidades cognitivas, sociais, afetivas e psicológicas dos indivíduos. Assistir televisão não era genericamente "ficar diante da televisão", mas de assistir a um determinado programa, do qual se gostava por este ou aquele motivo e a partir do qual se obteria a satisfação desta ou daquela necessidade específica de identificação, projeção ou entretenimento diante de uma história bem contada.

Em outras palavras, os indivíduos entendiam a mensagem e sabiam muito bem do que estavam falando, vendo e ouvindo na televisão – a perspectiva de uma audiência ativa igualmente minou qualquer possibilidade de ingenuidade do expectador diante da mídia. A produtividade do receptor se estendia do momento da escolha em assistir a um determinado programa até as possibilidades de reconstrução específica da mensagem nas relações sociais. Katz, Blumler e Gurevich definem os elementos principais que caracterizam o modelo dos usos e gratificações:

1) A audiência é concebida como um elemento ativo, isto é, uma grande parte do uso da mídia é entendido como sendo motivado por algum tipo de escolha. Claro que a exposição à mídia pode ter uma origem casual, mas a questão é saber em que medida o uso dos meios de comunicação é definido por expectativas mais ou menos definidas a respeito do que o conteúdo tem a oferecer para a audiência.

2) No processo da comunicação de massa, grande parte das escolhas e iniciativas são creditadas à audiência, vista como parte ativa do processo de recepção.

3) A mídia compete com outras fontes no sentido de satisfazer as necessidades do público. As demandas da audiência são apenas parcialmente satisfeitas pelos meios de comunicação, e há uma vasta gama de outras necessidades do público que não são sequer mencionadas pela mídia.

4) Em termos metodológicos, as várias razões para o uso da mídia partem das informações fornecidas pelos indivíduos, isto é, pessoas suficientemente conscientes de si para explicar seus interesses e motivações em casos particulares.

5) Deve-se evitar julgamentos de valor a respeito da mídia, deixando que a audiência defina o que pensa e como age perante os meios de comunicação em seus próprios termos. É nessa perspectiva que há algumas diferenças significativas entre a perspectiva dos usos e gratificações e a crítica vulgar da mídia.

Em 1974, o pesquisador alemão Karl Rosengreen propôs um modelo de comunicação criado para reunir os elementos do processo de comunicação a partir da centralidade do receptor, e começava com uma provocação no sentido de inverter a fórmula de Lasswel. Estudar os usos e gratificações seria de certa maneira perguntar "Quem usa qual mídia, sob qual circunstâncias, por quais razões e com quais efeitos?" Além disso, importava a compreensão das possibilidades dos usos e gratificações na junção das demandas individuais – no micronível – e dos produtos da mídia, em nível macro. O modelo se pauta na relação entre o indivíduo e a sociedade, na qual a mídia é ao mesmo tempo agente canalizador de informações e fonte de satisfações específicas. Um desafio às previsões apocalípticas e uma abertura largamente explorada nas décadas seguintes.

3. Grupos primários: comunicação interpessoal e recepção

A importância da comunicação interpessoal como contraponto às mensagens da mídia foi igualmente objeto de estudo de dois cientistas sociais norte-americanos, John e Kate Riley. Seu estudo, com raízes na psicologia social e no trabalho com grupos, partia do princípio de que a recepção de um determinado programa de televisão é alterada de acordo com a interferência, direta ou indireta, das pessoas próximas ao receptor. Riley e Riley denominaram essas pessoas como "grupo primário" e dedicaram-se a estudar sua composição e interferência na circulação da mensagem da mídia, sobretudo da televisão. A influência de outras pessoas no modo de alguém assistir TV e compreender o que está vendo pode acontecer de duas maneiras principais, conforme a proximidade geográfica e física entre os indivíduos. Riley e Riley apontaram para a existência de elementos sutis nessa relação.

Quando se assiste televisão em grupo há uma espécie de referência mútua entre as pessoas que assistem, de um lado, e a relação com o conteúdo da mensagem recebida.

A expectativa da reação alheia tende a orientar, quando não definir, o comportamento do indivíduo receptor em uma situação de recepção coletiva da mídia. A necessidade de aprovação do comportamento a respeito da televisão varia entre a indiferença ontológica da situação coletiva de recepção, como no caso da recepção coletivamente anônima do cinema, onde o grau presumido de relação social entre todos os indivíduos é baixo, até a preocupação direta e constante com o julgamento de uma segunda pessoa perante o ato de recepção.

Quando se assiste televisão com outras pessoas a relação que temos com essas pessoas interfere diretamente em nossa maneira de assistir e compreender a mensagem. A reação da pessoa ao lado, geralmente afirmada em frases como "nossa, como você consegue assistir isso?" ou, no polido eufemismo "falta muito para acabar?", altera o modo como assistimos televisão. As pessoas próximas interferem diretamente na maneira como nos relacionamos com a mídia. Ainda que sem querer.

Mesmo sozinho diante da televisão, o indivíduo não deixa de pertencer a uma família ou ao grupo de amigos mais próximos, e a influência dessas pessoas é crucial na construção/reconstrução da mensagem dos meios de comunicação.

A ação dos grupos primários, de acordo com Riley e Riley, pode ser vista sobretudo na construção desse tipo de efeito de determinação indireta – e até certo ponto oculta – das maneiras e abordagens a partir das quais o indivíduo tende a se relacionar com a mídia. O grau de interferência dos grupos primários se manifesta na presença distante da expectativa de julgamentos a respeito da atividade de recepção, de um lado, mas também da própria atitude a respeito da possibilidade de assistir a este ou àquele programa. Assistir televisão – e o exemplo poderia ser aplicado à qualquer recepção coletiva – é uma escolha decorrente das possibilidades imediatas, mas também de um aprendizado anterior.

O modelo dos grupos primários de Riley e Riley

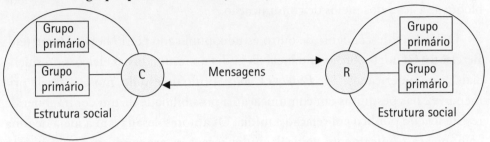

RILEY, J.W. & RILEY, M.W. "Mass communication and the social system". In: MERTON, R.K. *Sociology Today*. Nova York: Basic Books, 1959.

A pesquisa de Riley e Riley mostrou a extensão das relações interpessoais na construção da relação entre as pessoas e os meios de comunicação. No micronível das relações pessoais, a mensagem da mídia se estilhaça em uma miríade de pedaços em uma atitude ao mesmo tempo voluntária e reflexiva. O passo decisivo da pesquisa foi indicar limites para o poder dos meios de comunicação na relação com os indivíduos, e sublinhar um paradoxo decorrente da dupla face da recepção – assistir televisão pode ser uma atividade coletiva, mesmo quando se está sozinho.

O texto

RILLEY, J. & RILLEY, M. "A comunicação de massa e o sistema social". In: COHN, G. *Comunicação e indústria cultural*, p. 118-154.

4. Fluxo em duas etapas

O modelo do Fluxo em duas etapas, proposto por Elihu Katz e Paul Lazarsfeld no início dos anos de 1950 foi uma primeira reação à perspectiva de um poder ilimitado dos meios de comunicação em seus efeitos sobre o público.

Katz e Lazarsfeld publicaram em 1955 o resultado de uma série de estudos sobre comunicação política nos Estados Unidos sob o nome de *Personal Influence*. O trabalho mostrava como o resultado de uma campanha eleitoral na mídia podia ser alterado pelas relações interpessoais dos eleitores. As conversas pessoais mostraram-se mais fortes do que a mídia na tomada de decisão dos leitores. Na contramão dos estudos sobre os efeitos de persuasão da mídia, Katz e Lazarsfeld ressaltavam a importância da comunicação interpessoal para alterar e mesmo bloquear a ação dos meios de comunicação.

O livro era descendente de outro estudo, publicado em 1944 por Lazarsfeld, Berelson e Gaudet sobre a influência da mídia no resultado das eleições presidenciais norte-americanas. *The People's Choice*, título do estudo, mostrava pela primeira vez nas pesquisas em comunicação a possibilidade de um contrapoder de resistência do público em relação à mídia. Os autores desafiavam a ideia de uma comunicação unicamente vertical, mídia-receptor, propondo sua substituição por uma concepção horizontal, isto é, receptor-receptor, para compreender em uma aproximação mais exata as diferentes maneiras de apropriação da mensagem da mídia pela sociedade.

Os autores destacavam a presença de um "líder de opinião", pessoa responsável por oferecer a interpretação dos fatos apresentados pela mídia e fazer com que essa representação fosse aceita como correta por uma comunidade mais ampla de receptores. A mensagem atingia em primeiro lugar os líderes de opinião para, em seguida, chegar a uma difusão maior a partir dos líderes, não mais da mídia por si só. Esse modelo mostrou-se útil na comunicação política, mostrando que atingir um número pequeno de pessoas influentes poderia ser mais eficaz do que gastar tempo e dinheiro em uma campanha direcionada ao maior número possível de

Modelo de fluxo em duas etapas

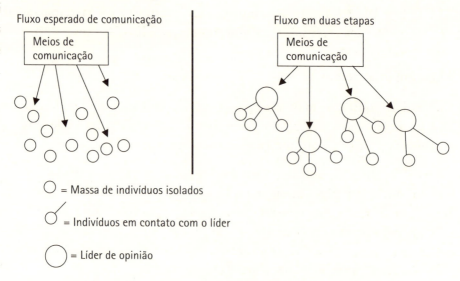

KATZ, E. & LAZARSFELD, P. *Personal Influence*. Glencoe: Free Press, 1956.

indivíduos. A influência pessoal, isto é, a possibilidade que um indivíduo tem de convencer o outro a respeito de um determinado assunto era um componente importante a ser integrado nos planejamentos de campanha. O prestígio do líder de opinião era responsável pelo sucesso da mensagem junto ao público e, dessa maneira, conquistar as lideranças parecia ser mais importante, em escopo, do que a maioria das pessoas – atingidos os alvos prioritários, o resto dos indivíduos seria influenciado por conta e sem maiores dificuldades.

No entanto, há uma dificuldade teórica: conceituar a figura do líder de opinião. A ideia do Fluxo em duas etapas parte do princípio de que existem, em qualquer comunidade, pessoas que serão respeitadas por algumas características e, a partir daí, serão ouvidas e acatadas em seus pronunciamentos sobre a mídia. As variáveis existentes nesse tipo de estabelecimento de liderança cobrem uma vasta gama de características, do conhecimento específico do assunto à popularidade do líder. Não parece existir uma regra clara em relação a isso: às vezes a opinião sensata de alguém com conhecimento suficiente para emitir um julgamento sobre um assunto é suplantada por uma ideia menos inteligente de alguém mais popular.

Ao mesmo tempo, é relativamente difícil encontrar sustentação empírica para a construção conceitual da ideia de líder. A princípio, é o indivíduo capaz de influenciar os outros. O problema é estabelecer os limites dessa influência – a pergunta "quem você procura quando precisa de uma opinião" encontra uma série quase interminável de respostas de acordo com cada circunstância. Dessa maneira, mais do que uma pessoa, o "líder de opinião" pode ser entendido como um espaço de liderança a ser ocupado por diferentes indivíduos em diferentes situações. Em um exemplo à beira do clichê, um aluno desajeitado para jogar futebol – e, portanto, distante de qualquer liderança nessa área – se torna uma referência imprescindível na época de avaliações, quando então seu conhecimento específico passa a ser valorizado.

Outra questão metodológica diz respeito ao alcance do modelo. As evidências de *um* líder de opinião, mostradas pelos autores, logo foram substituídas por uma perspectiva mais complexa que apontava para a existência de múltiplos caminhos de comunicação interpessoal, nos quais os diversos indivíduos interagiam em várias direções. Os próprios autores do modelo se deram conta desse tipo de limitação e propuseram, em pesquisas desenvolvidas anos depois, a substituição da ideia do "fluxo em duas etapas" pela compreensão do processo como um "Fluxo de Múltiplas Etapas" mais apto a dar conta das inúmeras nuances do processo, em particular as interações elaboradas no interior de grupos ou comunidades nos quais a ideia de "liderança" não está sempre em evidência – quando não é inexistente. Dessa maneira, a perspectiva horizontal da comunicação interpessoal em relação à característica vertical da relação com a mídia era colocada em um plano de concorrência direta com a mensagem dos meios de comunicação.

O caráter inédito dos estudos reunidos em *The People's Choice* e posteriormente em *Personal Influence* foi decisivo para definir alguns dos rumos das pesquisas em comunicação nas décadas seguintes. Uma tendência que duraria, pelo menos, mais vinte anos.

5. A Teoria da Cultivação de Gerbner

Quanto mais as pessoas assistem televisão, maior sua tendência em achar que o mundo real é parecido com o que passa na tela. Essa afirmação, crua, é uma primeira síntese da Teoria da Cultivação. A proposta, criada pelo pesquisador norte-americano George Gerbner no início dos anos de 1970, parte do princípio de que as pessoas vivem em uma realidade regida por "indicadores culturais" a partir dos quais regulam sua percepção da realidade e, por conseguinte, sua ação diante dessa realidade. Assim como os indicadores financeiros mostram um quadro geral da situação econômica, os indicadores culturais são informações a partir das quais os indivíduos estruturam sua imagem mental do mundo ao seu redor. Os indicadores culturais mostram como é o mundo onde se vive, oferecendo aos indivíduos o conhecimento necessário para uma interpretação específica da realidade e, dessa maneira, tendem a estabelecer *uma* imagem possível da realidade.

Até o início das transmissões de TV, os indicadores culturais chegavam até os indivíduos na forma de narrativas fundadoras tradicionais, mitos, histórias diversas e lendas de origem que orientavam a interpretação da realidade a partir de seus pontos principais. No entanto, no século 20 nasceram as primeiras crianças na história da humanidade que encontraram esses indicadores culturais não mais em narrativas familiares ou religiosas, mas nos programas de televisão. A tese central de Gerbner, em sua teoria da cultivação, é de que os indicadores culturais da televisão têm maior influência no retrato que fazemos do mundo do que outros indicadores dados pela família e pelos amigos, por exemplo. Gerbner dá prioridade à televisão por conta de sua onipresença no cotidiano e pelo tempo gasto pelas pessoas diante da televisão.

As crianças começam a ver televisão antes de falar. O meio ambiente simbólico do indivíduo é povoado pelo da mídia – pense-se, por exemplo, nas roupas para crianças com estampas de desenhos animados, ou nas decorações dos quartos baseados em personagens da televisão. À medida que cresce, vai aprendendo a interagir com o meio, selecionando seus programas favoritos e articula a mensagem com sua própria realidade, brincando de ser as personagens de um desenho animado ou se divertindo com as mercadorias dos programas de televisão – bonecos articulados, álbuns de figurinhas, roupas, e assim por diante. Crescer vendo televisão é estruturar os esquemas mentais a partir de categorias interpretativas dadas pela mídia.

A partir dessa premissa, Gerbner construiu seu modelo teórico baseando-se na ideia de que um contato permanente com a mídia deveria afetar a imagem que as pessoas têm do mundo. Se os indicadores culturais de uma pessoa são organizados pela televisão, a imagem que a pessoa fará da realidade será filtrada por esses indicadores. Quando se assiste muita televisão, portanto, há uma tendência maior a se pensar a realidade nos termos em que a televisão mostra.

Partindo do pressuposto de que a mídia interfere em nossa percepção da realidade, Gerbner decidiu compreender em qual medida isso acontecia a partir da diferença entre três realidades paralelas, isto é, três tipos de indicadores culturais: (a) o mundo real, representado pelos indicadores socioeconômicos; (b) o mundo da mídia, isto é, as informações providenciadas pelos meios de comunicação a respeito do mundo real; (c) o mundo imaginado pelos telespectadores, isto é, as representações que as pessoas imaginam ser reais de acordo com o que veem na televisão. O que a televisão mostra sobre o mundo real tende a influenciar diretamente o que os telespectadores pensam desse mundo, criando uma nova e paradoxal realidade imaginária na qual os indicadores culturais da televisão geram – "cultivam" – uma determinada percepção nos indivíduos.

A primeira experiência foi conduzida no início dos anos de 1970 para verificar em que medida os indicadores da televisão a respeito de crime e violência influenciavam a visão do telespectador a respeito do tema.

Gerbner e sua equipe checaram os índices reais de crime e violência nos Estados Unidos, utilizando-se igualmente dos elementos relacionados – por exemplo, policiais e advogados, de um lado, e as vítimas, de outro. Foi possível assinalar que, do total de pessoas, uma parte mínima da população americana, trabalhava com algo referente à manutenção da lei, um coeficiente ainda menor já havia tido algum tipo de ligação com o crime ou alguma atividade ilegal e o número de vítimas da criminalidade não chegava a 1%.

Depois disso, foi a vez de medir os indicadores culturais da televisão. Durante uma semana, os pesquisadores mediram toda a programação transmitida nos Estados Unidos e puderam verificar que, dentre a programação, eram exibidos mais de 50% de pessoas relacionadas à lei, ao crime e como vítimas, em um aumento considerável em relação à realidade.

Finalmente, Gerbner mediu a influência dessa representação no público, dividindo os telespectadores em dois grupos principais conforme o tempo de exposição à televisão. Os *heavy viewers*, de um lado, assistiam mais de seis horas diárias de televisão, enquanto os *light viewers*, por outro, ficavam menos de quatro horas diante da tela. Utilizando os mesmos indicadores, Gerbner notou que os *light viewers* achavam que o número de pessoas vinculadas à lei, ao crime – como agentes ou vítimas – era relativamente mais alto do que a realidade. No caso dos "heavy viewers", a distorção chegava ao dobro.

Gerbner mostrou a distância entre a realidade e a representação da realidade feita pelos indivíduos tendo como parâmetro o tempo de exposição à televisão. Os indicadores culturais da televisão transformavam a concepção de mundo dos indivíduos. A força dessa representação era tanto mais eficaz quanto maior fosse o vínculo diário entre o telespectador e a televisão.

A convergência das tecnologias não parece ter desmontado a noção de indicadores culturais – pelo menos não a ponto de se deixar de pensar a influência da televisão no cotidiano. Pelo menos enquanto o imaginário do indivíduo for doutrinado pela mensagem dos evangelhos televisivos.

6. O intervalo de conhecimento

Estar bem-informado, para o senso comum, geralmente significa estar atento aos meios de comunicação. No entanto, a partir dos anos de 1970, um grupo de pesquisadores começou a questionar até que ponto a exposição à mídia deixa a pessoa informada a respeito dos fatos. Em uma série de estudos, os professores Philip Tichenor, George Donahauen e Clarice Olien mostraram que o êxito de uma mensagem está mais ligada à capacidade específica dos indivíduos em compreender a mensagem da mídia do que propriamente na quantidade de informações recebidas. Há uma relação entre a compreensão da mensagem e a distribuição social de conhecimento. Essa ideia, chamada Intervalo de Conhecimento (*Knowledge gap*), pode ser definida como a existência de uma diferença na compreensão das mensagens da mídia de acordo com o grau de escolaridade de cada indivíduo.

Diante de uma mesma mensagem, indivíduos mais bem preparados intelectualmente tendem a extrair mais – o que implica memorização e reconstrução da mensagem – do que pessoas com menor grau de escolaridade. O conhecimento prévio, representado pela escolaridade, é responsável pelo maior ou menor entendimento das mensagens da mídia. Ao tratar de um assunto, a televisão, digamos, parte do pressuposto de que os telespectadores estão todos entendendo o tema e sabem do que se trata a notícia. Mas a prática mostra que essa equação nem sempre fecha. A compreensão de um tema enquanto ele é trabalhado pela mídia tende a ser maior por parte de quem já conhece o assunto e dispõe de informações anteriores para entender o que se passa. Indivíduos de estratos socioeconômicos mais baixos tendem a apresentar maior dificuldade para compreender o mesmo assunto, de maneira que, independente da quantidade de informações na mídia, o intervalo de conhecimento permanece o mesmo.

A pesquisa conduzida por Tichenor, Donahauen e Olien em 1970 baseava-se na observação da reconstrução de uma mesma mensagem da mídia por dois grupos de indivíduos divididos de acordo com o número de anos na escola.

Durante um intervalo de tempo determinado, os pesquisadores verificaram qual era o principal tema da mídia. Depois de o assunto ficar em exposição máxima na mídia, repetido todos os dias com mais e mais detalhes, comentado e explicado, era de se esperar que a compreensão dele pelas pessoas fosse alta. Para comprovar essa ideia, os pesquisadores reuniram os dois grupos de pessoas, divididos como "bem preparados" e "mal preparados" segundo os anos de escolaridade. Em seguida, elas foram instruídas a ler um artigo de jornal sobre o tema e recontar o que tinham lido. O resultado encontrado pelos pesquisadores foi que o quanto maior o grau de escolarização, maior a compreensão, independente do mesmo tempo de exposição à mensagem.

A repetição do experimento mostrou que a passagem do tema simplesmente aumentava o intervalo entre bem-preparados e malpreparados, de maneira que a presença do tema na mídia não ajudava a entender melhor o que se passava. Esse intervalo entre a compreensão da mensagem era o Intervalo de Conhecimento: diante de uma mesma mensagem, pessoas de condições sociais e escolares diferentes tendem a apresentar diferentes formas de compreensão do assunto.

O modelo do Intervalo de Conhecimento

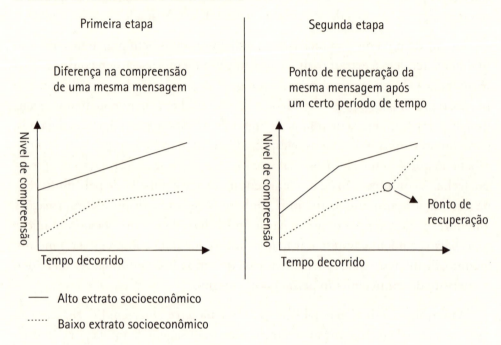

Criado a partir dos gráficos em DONOHUE, G.A.; TICHENOR, P.J. & OLIEN, C.N. "Mass media and the knowledge gap". *Communication Research*, 2, 1975, p. 3-23. • MOORE, D. "Political Campaigns and the Knowledge-Gap". *The Public Opinion Quarterly*, vol. 51, n. 2. Summer, 1987. • McQUAIL, D. & WINDHAL, S. *Communication Models*. Londres: Sage, 1993. • BARROS FILHO, C. *Ética na comunicação*. São Paulo: Moderna, 1995.

Pesquisas posteriores, conduzidas para testar a hipótese em termos mais gerais, mostraram um segundo fator de referência do Intervalo de Conhecimento: após um certo período de tempo, quando a mensagem já não estava mais nos meios de comunicação, o grau de conhecimento entre os indivíduos tendia a se igualar, como se as pessoas de nível de escolaridade diferente encontrassem um momento de equilíbrio.

Esse ponto de recuperação era gerado pelas relações sociais úteis para explicar os acontecimentos. A ideia é simples: quando se tem alguma dúvida, a interação pessoal tende a ser mais eficaz em sua resolução. É possível uma percepção mais rápida das necessidades do interlocutor. No entanto, esse ponto de equilíbrio só era atingido após um intervalo de tempo – o que, em termos de comunicação política ou tomada de decisões, pode significar uma perda considerável de chances de agir. Tichenor e seus colegas definiram quatro fatores condicionantes do Intervalo de Conhecimento:

- As *habilidades de comunicação*: a comunicação interpessoal estabelecida era o primeiro fator responsável por aumentar ou diminuir o intervalo de conhecimento.
- *Quantidade de informação armazenada*: quanto mais informações anteriores o indivíduo dispunha, maior o grau de compreensão da informação.
- O terceiro fator era a quantidade e a qualidade das redes sociais de interação, *contatos sociais* do indivíduo que poderiam influenciar a maneira e a velocidade de compreensão das informações.
- A *seleção e compreensão individual dos dados* é o quarto fator.

Essas variáveis aumentavam ou diminuíam o intervalo de conhecimento entre indivíduos de formação social/escolar diferente e, dessa maneira, contribuir para o estabelecimento de relações diferentes com a mídia. O resultado é cumulativo: quanto mais se sabe, mais é possível saber; quanto menos se entende de um assunto, menor a possibilidade de se ir muito longe em sua compreensão. O modelo do Intervalo de Conhecimento igualmente liga a Teoria da Comunicação à Sociologia do Conhecimento e mesmo a uma teoria ética, como é demonstrado por Barros Filho, na medida em que o conhecimento das condições possíveis de ação tende a influenciar as possibilidades de uma prática.

A inovação do Intervalo de Conhecimento foi apresentar a variável de classe como um dos fatores importantes na compreensão da mensagem. A hipótese corrigiu algumas perspectivas comuns, como a ideia de que o acesso à informação democratiza a relação do indivíduo com o conhecimento. Nada mais distante em tempos de informação digital.

7. Efeito de terceira pessoa

As pessoas são influenciadas pelos meios de comunicação. Essa afirmação é quase irresistível; difícil escapar à sedução fácil da ideia de controle e manipulação da mídia. Os meios de comunicação permanecem distantes, em certa medida misteriosos: por mais que a própria televisão mostre "bastidores" ou os *making of*, a máquina da mídia está distante do cotidiano. A mídia está em virtualmente qualquer lugar. A transparência opaca dos meios pode ser um dos elementos responsáveis pela ideia de que as pessoas são influenciadas pela mídia. Elas, as pessoas. Nós não.

Essa diferença entre o "nós" e o "elas" é a base de um dos mais conhecidos modelos para o estudo de comunicação, o chamado "Efeito de terceira pessoa" ou *Third-person effect*. Quando se discute os efeitos sociais da mídia, existe uma tendência a acreditar que as outras pessoas, externas à discussão, serão mais afetadas pela mídia do que nós. O efeito de terceira pessoa é o resultado da diferença entre o que pensamos da influência da mídia sobre nós e sobre os outros: achamos que os outros são mais influenciados pela mídia do que nós.

Em 1983, o professor norte-americano W. Phillips Davidson, a partir de pesquisas anteriores à percepção empírica dessa diferença, decidiu reunir os resultados de seus trabalhos na proposta de um modelo para quantificar e entender a diferença existente nas questões "como a mídia influencia você" e "como você acha que a mídia influencia os outros".

O efeito de terceira pessoa pode ser definido como uma tendência a acreditar que a mídia vai influenciar mais os outros do que nós. Acreditamos que as outras pessoas vão agir levadas pelo poder dos meios de comunicação, enquanto nós resistiremos. Quando um cantor, por exemplo, é descrito como "gênio" por um programa musical na televisão, é possível pensar que as outras pessoas serão mais influenciadas por esse julgamento do que nós. Acreditamos que *elas*, as outras pessoas, vão acreditar que o cantor é um gênio porque *elas* são influenciadas pela mídia. Nossa atitude a respeito delas, como resultado, será agir conforme achamos que *elas* vão agir, uma vez influenciadas pela mídia. Inventamos uma pressuposição quanto ao comportamento das outras pessoas e agimos segundo essa proposição, sem conferir se ela é verdadeira.

O problema é que a ação é recíproca: as outras pessoas também acham que nós seremos mais afetados pelos meios de comunicação do que elas, e agirão em relação a nós da mesma maneira. Como resultado, o que imaginamos a respeito do poder da mídia sobre as outras nos leva a agir como se esse poder fosse real. Ao mesmo tempo, as outras pessoas, imaginando que a influência da mídia é maior sobre nós do que sobre elas, agem da mesma maneira. Assim, o poder atribuído à mídia pode se tornar real porque achamos que ele é real. O exemplo de Davidson é tirado da história recente. Durante a Segunda Guerra Mundial, na Ásia, um grupo de soldados norte-americanos negros estacionados próximos a Iwo Jima recebeu panfletos japoneses, em uma estratégia de guerrilha psicológica. Diziam que "o Japão não estava em guerra contra os negros" e que "não valia a pena morrer pelos brancos". Recomendava que os soldados negros simplesmente "desertassem" ou "se rendessem". Nenhum dos soldados levou isso a sério e não há nenhum indício de que algum deles tenha realmente pensado em desertar. No entanto, os oficiais, achando que o efeito da propaganda seria maior nos soldados, ordenaram a retirada das tropas. Embora soubessem que a ameaça não era real, eles pautaram suas ações sobre uma pressuposição da influência da mídia sobre os outros. O poder do panfleto tornou-se real na medida em que os oficiais acreditaram que seria levado a sério pelos demais.

Esse fato é utilizado por Davidson para exemplificar o descompasso entre o que achamos que a mídia faz conosco e o que faz com outras pessoas. Ele notou uma indefinição a respeito dessas "outras pessoas": achamos que "os outros" serão manipulados pela mídia, mas nunca definimos quem são esses "outros". Não "eu" ou meu interlocutor, com quem discuto a influência da mídia, mas "os outros", as pessoas externas à conversa – a "terceira pessoa". Essa indefinição aumenta a sensação de desconforto pela presunção de uma atitude da sociedade em discrepância com o que esperamos, e a consequência será pautarmos nossa ação não em acontecimentos reais, mas na suposição de que as outras pessoas serão fracas diante da mídia.

Em fevereiro de 1998 o *The New York Times* publicou uma pesquisa da rede de televisão norte-americana CBS a respeito do interesse das pessoas nos escândalos sexuais do então Presidente Bill Clinton. Na primeira parte, os pesquisadores pediram aos participantes da pesquisa que definissem seu interesse pessoal nas histórias a respeito da intimidade do governante. Deveriam optar entre "Fascinados", "Curiosos" ou "Sem interesse". Apenas 7% das pessoas assumiram sua "fascinação", enquanto 37% declararam-se "mais ou menos curioso" e metade, 50%, garantiu ter nenhum interesse nesse tipo de assunto. Em seguida, esse mesmo grupo de pessoas deveria dizer qual eles achavam que seria o interesse do público em geral. Ao julgar a opinião dos outros, a situação mudou: 25% das pessoas acreditaram que "os outros" eram fascinados pela história, 49% tinham alguma curiosidade sobre o assunto e apenas 18% não teria interesse algum.

	Interesse pessoal	Interesse presumido dos outros
Fascinados pelas histórias	7%	25%
Mais ou menos curiosos	37%	49%
Sem interesse algum	50%	18%

Davidson chegou a um paradoxo: os efeitos *reais* da mídia são menores do que se imagina. No entanto, como eles são imaginados em proporção maior do que são na realidade, temos a tendência de agir não conforme a coisa *é*, mas conforme *achamos que é*, e isso, na prática, tende a gerar efeitos mais amplos.

Isso acontece igualmente na cozinha da mídia. O efeito esperado por um editor de jornal ao selecionar a notícia A e não a B para ser publicada é amplamente baseada na presunção de um efeito esperado nos leitores – partindo do princípio de que o conhecimento das práticas da mídia tendencialmente evita a influência dos meios de comunicação. De certa maneira, é possível resumir o efeito de terceira pessoa como uma questão relativa à percepção da realidade. Há um descompasso entre nossa percepção de um fato e o julgamento que fazemos da percepção dos outros a respeito desse mesmo acontecimento. Há várias razões pelas quais preferimos aplicar aos outros critérios dos quais julgamos estar livres. O efeito de terceira pessoa poderia ser compreendido como uma tentativa de atribuir aos outros nossas próprias opiniões. Quando uma prática é pouco valorizada, os adeptos podem se sentir desconfortáveis em assumir essa posição. Para evitar isso, a pessoa atribui "outros" à própria opinião, evitando assumir a condição.

Outro fator, desta vez social, é a distância existente entre a primeira e a terceira pessoa. A magnitude da distorção do efeito de terceira pessoa cresce na mesma medida em que a distância social entre a primeira e a terceira pessoa. A terceira pessoa é geralmente vista como um "outro" desprovido do repertório técnico e conceitual que "eu", a primeira pessoa, tem para julgar. O conhecimento de um indivíduo a respeito da sociedade ao seu redor tende a ser um fator que limita essa diferença de percepção: quanto mais uma pessoa conhece a sociedade onde vive, mais nítido tende a ser o seu julgamento a respeito do comportamento possível dos outros.

Essa percepção do poder da mídia, bem como da opinião dos outros, pode gerar efeitos na própria maneira como se compreende a mídia – julgar que a televisão vai ter uma poderosa influência sobre uma determinada população, por exemplo, pode levar a atos de censura no sentido de proteger essas pessoas de uma influência que não existe. Os estudos sobre o efeito de terceira pessoa têm conduzido a uma reavaliação dos potenciais efeitos da comunicação em sua comparação com os efeitos reais. A terceira pessoa, mesmo inexistente, age sobre a percepção da ação da mídia na sociedade – nas palavras do sociólogo norte-americano Robert K. Merton, uma ação que, em certa medida, se torna real quando as pessoas acreditam que ela é real.

8. O modelo do *Agenda-Setting*

A dimensão dinâmica da comunicação está presente no modelo do *Agenda-Setting*, criado para explicar as relações entre o macronível da comunicação de massa e sua relação com o micronível das relações sociais. Desenvolvido nos anos 1960, nos Estados Unidos, o *Agenda-Setting* passou a ter ampla divulgação no Brasil devido ao trabalho clássico de Clóvis de Barros Filho, *Ética na comunicação*, publicado em 1995. Os primeiros estudos sobre o tema foram desenvolvidos por Maxwell McCombs e Donald Shaw, da Universidade de Austin, no Texas, interessados em colocar em evidência um efeito a longo prazo dos meios de comunicação, a capacidade de definir os temas de conversas.

A ideia do *Agenda-Setting*, "definição da agenda", diz que os meios de comunicação determinam os assuntos discutidos pelas pessoas. O conceito de "agenda" refere-se a um grupo definido de temas discutidos em lugar e tempo específicos. Assim, a "agenda da mídia" são os temas presentes nos meios de comunicação; "agenda pública" são temas e assuntos presentes nas conversas entre as pessoas. O modelo do *Agenda-Setting* prevê que os temas da agenda da mídia definem a agenda pública, isto é, passarão a ser discutidos pelas pessoas uma vez pautados pela mídia. Dessa maneira, se a mídia falar dos temas A, B e C, há uma tendência do público a tratar igualmente desses temas em suas conversas.

A seleção de assuntos tratados pelos indivíduos em suas relações sociais está vinculada a inúmeros critérios e variáveis. A cada dia é possível verificar sobre quais assuntos falamos, e esses assuntos formam a nossa "agenda pessoal" de temas discutidos. Quando se presta atenção a esse conjunto de temas, é possível notar que a presença de assuntos vinculados à família ou ao trabalho tende a ser maior, em termos individuais, do que qualquer assunto da mídia. No entanto, o modelo do *Agenda-Setting* prevê que no meio dessa agenda temática pessoal é possível encontrar assuntos que estão pautados pela mídia. Os temas da mídia ganham importância em sua divulgação horizontal: não são as principais preocupações de ninguém, mas estão nas preocupações de praticamente todo mundo.

Os temas presentes na agenda pessoal, bem como na agenda da mídia, são hierarquizados pela importância atribuída a eles. Na agenda da mídia, por exemplo, o tema das manchetes é mais importante, segundo critérios da mídia, do que uma notícia publicada nas páginas finais de um suplemento trimestral em um obscuro jornal de bairro do interior. Na agenda pessoal, preocupações imediatas ocupam um espaço maior e mais elaborado do que outros. Os temas da mídia, presentes na agenda de temas de grande parte do público, adquirem uma visibilidade social que nenhum tema da agenda particular deve ter. Afinal, é esperado que poucas pessoas estejam interessadas em pautar nossa vida particular, enquanto temas da mídia são amplamente conhecidos e comentados.

Os temas da mídia não ocupam os lugares mais importantes da agenda de ninguém, mas, como estão presentes nas posições intermediárias de um grupo considerável de indivíduos, ganham em força por conta dessa presença numérica. Os temas discutidos por um número alto de pessoas torna-se o principal tema da agenda pública.

O modelo do *Agenda-Setting*

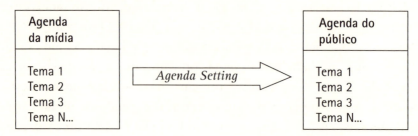

McCOMBS, M. & SHAW, D. "The agenda-setting function of mass communication". *Public Opinion Quarterly,* 36, 1972, p. 176.

Dessa maneira, a ideia do *Agenda-Setting* mostra que os temas pautados pela mídia tendem a ser discutidos pela agenda pública. Há uma dinâmica constante nas transformações da agenda pública. Essas alterações estão ligadas à velocidade de agendamento dos temas nos meios de comunicação, de maneira que os dois sistemas – a mídia e o público – se ligam a partir da apropriação, pela agenda pública, dos principais temas discutidos pelos meios de comunicação.

Um dos principais estudos de McCombs e Shaw foi conduzido em 1972. Eles mediram a influência de um programa de televisão na definição dos temas discutidos pelos indivíduos. Os pesquisadores tomaram como ponto central a exibição de *The day after*, sobre as consequências de uma guerra nuclear, estudando a audiência antes e depois do filme. Antes do filme, o tema "guerra nuclear" ocupava uma discreta 13ª posição nas preocupações do conjunto da sociedade. No dia seguinte à exibição, o tema pulou para o primeiro lugar: em uma noite, a guerra atômica passou a ser a principal preocupação da população da cidade. Dessa maneira, McCombs e Shaw mostraram a existência de um vínculo entre os assuntos trabalhados nos meios de comunicação e a definição da agenda pública.

Relação entre a presença de um tema na mída e a importância na agenda pública

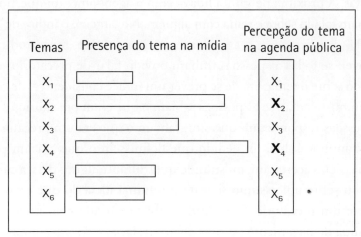

$X_{1, 2, 3...n}$ = Temas pautados na agenda da mídia.

McCombs continuou trabalhando o tema nos anos subsequentes, e sua pesquisa passou a ser testada e avaliada em outras situações específicas. O valor da ficção em relação ao uso de notícias, por exemplo, bem como a possibilidade de influência mais ou menos direta da mídia na definição das percepções de mundo dos indivíduos foram estudados em livros e artigos subsequentes.

A especificação teórica dessa hipótese é sedutora por conta de sua aparente comprovação de uma intuição sempre presente nos estudos; a comprovação empírica tende a apresentar mais dificuldades. Essas dificuldades provêm geralmente dos problemas em especificar diretamente uma relação de causa e efeito entre a presença de um tema na mídia e sua adoção nas conversas.

A ligação entre os temas da mídia e as discussões entre as pessoas, se pode ser percebido informalmente, é difícil de identificar em termos empíricos. Em 1997, tive a oportunidade de participar de uma pesquisa no Centro de Estudos de Ética na Comunicação, então coordenado por Clóvis de Barros Filho, a respeito do agendamento de um tema da mídia. As notícias eram sobre um escândalo político a respeito de precatórios emitidos pelo então prefeito de São Paulo. Durante quinze dias isso foi manchete de todos os meios de comunicação, e estava no topo da agenda da mídia. Restava mostrar o tema na agenda pública.

Foram entrevistadas 402 pessoas. A cada uma foi perguntado se ela já tinha ouvido falar de precatórios. A totalidade respondeu que sim. Perguntou-se então como elas haviam tomado conhecimento do tema, e a mídia foi a fonte em 100% das respostas. A próxima pergunta lidava com o agendamento: questionou-se se elas já tinham falado sobre o tema com alguém. Novamente o índice de "sim" beirou os 100%, confirmando o agendamento. No entanto, foi introduzida uma nova variável: se todas as pessoas tinham ouvido falar de precatórios e estavam conversando sobre o tema, era de se prever um índice considerável de compreensão. Perguntou-se então se as pessoas sabiam o que eram precatórios. Outra vez, 90% das pessoas responderam que sim, sabiam o que era um precatório. Já que quase todo mundo sabia, foi pedido que definissem o que era um precatório. Apenas duas delas acertaram, mostrando que, durante alguns dias, a cidade inteira conversou sobre um assunto sem ter a mínima ideia do que estava falando. (Em tempo: um precatório é um título público emitido pelo Poder Executivo como garantia de pagamento de suas dívidas.) *Agenda-Setting* comprovado.

Duas referências

BARROS FILHO, C. *Ética na comunicação*. São Paulo: Moderna, 1995.

KUNCKZIC, M. *Conceitos de jornalismo*. São Paulo: Com/Arte, 1997.

9. O modelo da Espiral do Silêncio

O estudo da opinião pública é tema privilegiado nas ciências humanas. De certa maneira, é possível entender os primeiros estudos sobre a Arte Retórica, na Grécia Antiga, como uma tentativa de compreender como é possível formar a opinião. Os gregos mostraram desde o início a importância de uma mídia – no caso, o discurso – para definir a opinião. O conceito moderno de "opinião pública", desenvolvido a partir do século 18, também destaca a constituição de uma opinião pública ligada à mídia. Isso leva a um paradoxo: se a opinião pública é formada por elementos externos a ela, a mídia, então essa opinião não é "pública", mas é o discurso produzido por um grupo e lançado sobre um público. É possível ir além e questionar o que é um "público". A resposta tende a ser igualmente fluida, baseado em conceitos de "povo" ou "massa", conforme o autor.

A dimensão "pública" de uma informação ou evento pode ser especificada pela quantidade de pessoas que tem acesso à informação. A natureza do fato pode definir fronteiras: informação "pública" seria aquela que não está protegida da visão de toda e qualquer outra pessoa. Algo "público" poderia se definir por oposição ao particular em relação ao número de pessoas que pode tomar conhecimento do fato.

As opiniões parecem nascer da apropriação e montagem, pelo indivíduo, de informações prévias a respeito de um determinado assunto. Na filosofia grega, a opinião (*doxa*) era um conhecimento parcial e aproximado, enquanto a *episteme* era o conhecimento baseado em fatos e certezas. Ninguém opina sobre o que não conhece, mas pode julgar o que conhece apenas parcialmente. Esse parece ser o trunfo na formação de uma opinião: é possível, apenas controlando as informações sem alterá-las de maneira alguma, induzir às pessoas um determinado julgamento a partir das informações parciais tomadas – ou apresentadas – como sendo a totalidade de dados disponíveis sobre um determinado assunto ou tema.

A produção de notícias é uma seleção arbitrária de temas. Uma vez publicada, no entanto, essa seleção é a base para a construção da opinião coletiva na medida em que a fonte de informação é a mesma para um grupo grande de pessoas. A construção de uma opinião pública pela mídia pode ser entendida com mais facilidade não como o julgamento feito pelos indivíduos a partir de um tema meramente apresentado pelos meios de comunicação, mas a adoção das opiniões implícitas nas informações da mídia e transformadas em dados para uma opinião. A ideia de opinião pública parece estar mais ligada à imposição, pelos meios de comunicação, de um ponto de vista previamente selecionado a respeito de um tema. É o conceito central do modelo da Espiral do Silêncio.

O modelo da Espiral do Silêncio

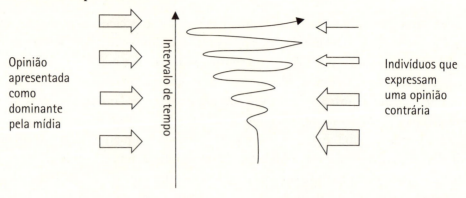

NOELLE-NEUMANN, E. "The spiral of silence: a theory of public opinion". *Journal of Communication*, 24, p. 43-51.

O conceito, desenvolvido nos anos de 1970 por um grupo de pesquisadores liderados pela alemã Elizabeth Noelle-Neuman, utiliza conceitos da psicologia social e estudos sobre a opinião pública para mostrar como uma opinião divulgada pelos meios de comunicação tende a se tornar pública. A ideia da Espiral do Silêncio mostra que uma opinião, uma vez disseminada pela mídia, tende a ser progressivamente aceita como pública.

Noelle-Neumann define a opinião como sendo "a pele social", no sentido de que os gostos, práticas e julgamentos de um indivíduo são a parte mais visível de si mesmo. Ela trabalha com o jogo entre a aparência e a realidade das percepções: a percepção de um fato pode ser alterada sem que o fato em si seja modificado. Dessa maneira, a percepção social das coisas pode ser modificada, por exemplo, pela mídia, sem que o acontecimento seja transformado.

A percepção de uma opinião como dominante não significa, em absoluto, que essa opinião *seja* a dominante. No entanto, na medida em que é percebida como tal, os indivíduos tendem a agir guiados por essa percepção mais do que por qualquer outra coisa. Assim, uma opinião *percebida* como dominante tem chances de *se tornar* dominante. É um jogo de estratégia: nos anos de 1990, a cerveja Brahma lançou uma campanha publicitária com o tema "A número 1". De fato, a cerveja não era a primeira em consumo, mas tornou-se a partir da campanha por conta da percepção dessa cerveja como tal. Em um exemplo histórico, alguns pesquisadores argumentam que durante a Revolução Russa, o Partido Bolchevique (em russo, "maioria") não tinha a maioria dos eleitores. No entanto, a percepção de que se tratava de um partido com maior número de filiados abriu caminho para a consolidação do grupo político. Uma percepção pode se tornar real à medida que é construída corretamente. A regra da maioria progressivamente inibe a manifestação de qualquer pensamento contrário. E isso leva ao conceito de "silêncio".

Noelle-Neumann parte do princípio de que os seres humanos têm medo do isolamento social. Ficar sozinho diante de um grupo – ou, pior, dentro de um grupo – é uma situação de desconforto psicológico decorrente do constrangimento em manter uma opinião, prática ou comportamento destoante de todo o resto. É como ser o único vestido normalmente em uma festa à fantasia. Ou o contrário, que tende a ser ainda pior. O isolamento é um comportamento a evitar e, para isso, torna-se necessário compartilhar algum tipo de elemento comum com outras pessoas. Como não basta ser bípede, as exigências transbordam para a esfera social. Sustentar uma opinião sozinho diante de outras pessoas com opinião contrária tende a ser um processo desgastante e de poucos resultados, especialmente se a natureza do assunto em pauta estiver vinculada a algum tipo de paixão ou gosto pessoal. Assim, para evitar o isolamento, há uma tendência do indivíduo com opinião contrária ao silêncio, isto é, a não manifestar sua opinião.

Nos casos-limite, há a possibilidade de uma mudança de opinião e adoção do ponto de vista contrário como uma forma de integração possível com o grupo. Dessa maneira, chega-se à "espiral" do título: quanto mais forte uma opinião parece ser, menos oponentes ela encontra; quanto menos oponentes ela encontra, mais forte ela se torna de fato.

Em um exemplo simples, quando um jornal publica algo como "80% dos brasileiros apoia o político x". Independente de isso ser verdade ou não, significa uma situação difícil para os simpatizantes do político y. Afinal, há uma tendência de, a cada 10 pessoas encontradas, 8 serem partidárias de y. Se ele é correligionário de y, sobra apenas uma com quem conversar. A tendência é que esse indivíduo, pensando que está vivendo cercado de x, deixe de manifestar seu apoio a y, aumentando ainda mais a percepção de que x tem a maioria. Dessa maneira, quanto mais uma opinião é mostrada como dominante, maiores as chances de ela se tornar de fato dominante.

O modelo da Espiral do Silêncio, assim como vários modelos de recepção, desenvolve-se no tempo; há um intervalo entre a construção de uma opinião pela mídia, sua divulgação e sua percepção como dominante. O medo do isolamento leva ao silêncio; o silêncio reforça a opinião dominante – a noção de uma espiral indica o movimento de consolidação no tempo. Evidentemente há sempre um apoio residual à opinião minoritária. Essa sobrevivência, no entanto, pode significar um imenso peso para quem não compartilha a opinião geral. Ao delinear os efeitos da mídia a longo prazo, essa hipótese mostrou com dados uma das percepções dos estudos de comunicação – a política existe em uma ação comunicativa tanto quanto em termos sociais. Uma conclusão de certo modo perturbadora quando se pensa no tamanho da presença da mídia no cotidiano.

...e, novamente

BARROS FILHO, C. *Ética na comunicação*. São Paulo: Moderna, 1995.

KUNCKZIC, M. *Conceitos de jornalismo*. São Paulo: Com/Arte, 1997.

10. A disseminação de informações: o modelo da curva em S de Chaffee

A disseminação de ideias no cotidiano é um dos efeitos mais visíveis da mídia. O tempo é um fator crucial na difusão de novidades. As ideias, propagandas, fatos e notícias têm um tempo de duração dentro da sociedade: assim como eles parecem ter surgido do nada e dominado todas as conversas, também logo desaparecem. O estudo das condições de difusão de informações entre as pessoas é uma das principais tradições na pesquisa em comunicação.

Em 1975, o pesquisador norte-americano Stephen Chaffee propôs um modelo para explicar a difusão de informações na sociedade combinando dois fatores: de um lado, o montante de pessoas que conhecem a informação; de outro, o tempo necessário para que um fato seja conhecido por todos. A questão tem uma série de aplicações práticas. Por exemplo, qual a chance de um escândalo político, na véspera de uma eleição, afetar o resultado no dia seguinte? Uma campanha publicitária agressiva pode tornar um produto mais popular instantaneamente? Por que às vezes assuntos que não estão no foco principal da mídia se tornam absolutamente dominantes de repente?

Quando um fato acontece, exceto para quem está presente, a principal maneira de saber o que aconteceu é pela mídia. Isso se nota em várias situações, da declaração de um político até o lançamento de um produto, passando por frases ditas em programas de televisão e filmes. No entanto, leva algum tempo para esse acontecimento real ser conhecido por todas as pessoas. Na hora em que isso acontece, parece que a sociedade inteira só fala da mesma coisa, usa as mesmas frases, cita as mesmas ideias. E, assim como apareceu, a ideia some de um momento para outro sem deixar vestígios.

Chaffee argumenta que, em situações normais – isto é, os fatos cotidianos sem nenhuma característica ou apelo mais forte –, a difusão de informações pode ser representada graficamente por uma espécie de curva estilizada em "S": na primeira etapa, apenas poucas pessoas conhecem o fato, usam um produto ou sabem de uma novidade, e a difusão dessas informações é lenta.

Gradualmente, a curva de difusão se acelera: se, por exemplo, cada indivíduo comentar o assunto com mais três, e cada um desses três com outros três, o número de pessoas que sabe do assunto cresce em proporção geométrica, multiplicando-se o tempo todo. Nessa fase, o tema atinge o máximo de divulgação: de repente, todas as pessoas só falam nisso. A partir daí a difusão se desacelera. O tema não é mais novidade, não há mais como falar dele no cotidiano sem ser redundante.

O modelo da curva em S de Chaffee leva em consideração outros fatores que podem interferir na difusão de informações e alterar o desenho do gráfico.

O maior *estímulo da fonte*, como, digamos, uma campanha publicitária agressiva, faz com que a difusão de informações seja mais rápida; no entanto, aumenta o desgaste da informação e sua vida útil, levando as pessoas a se cansarem do tema. As *restrições da fonte de informação* – falta de capital ou infraestrutura para divulgar os dados – podem diminuir o ritmo de difusão. Isso explica, por exemplo, o desenvolvimento de bandas como Júpiter Maçã ou Cansei de Ser Sexy, que mantiveram um ritmo lento, mas constante, de divulgação fora da grande mídia. Finalmente, é necessário levar em conta as *restrições do público*: algumas informações esbarram em questões ideológicas ou pessoais que impedem sua divulgação completa. Por exemplo, propagandas com referências explícitas tendem a encontrar resistência, o que as impede de atingir 100% do público.

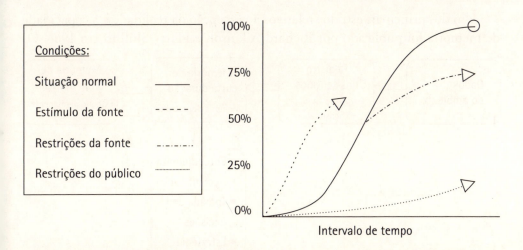

CHAFFEE, S. "The diffusion of Political Information". In: CHAFFEE, S. *Political Communication*. Londres: Sage, 1975, p. 87.

O modelo da curva em S mostra como as informações da mídia se ligam ao cotidiano, e permite o planejamento de ações de comunicação com efeitos programados. Por exemplo, um escândalo político tende a causar mais danos se divulgado dias antes da eleição do que na véspera, por conta do tempo necessário para atingir o público. E lembra que assuntos têm prazos de validade: após atingir mais de 50% das pessoas, o interesse tende a decair. Isso influi no preço de produtos e no investimento em propaganda. Um modelo de aplicações práticas no tempo.

11. Da estética cognitiva à *Neuroarthistory*

As pesquisas de recepção ganharam um impulso considerável a partir de uma série de estudos realizados sobre a natureza do processo de recepção pelo indivíduo. Esses trabalhos, feitos sobretudo a partir do final da década de 1960, destacavam a atividade mental das pessoas em sua relação com a mídia. A pergunta central era, em termos individuais, como a realidade é apreendida e entendida. A pergunta não é nova: a ideia de uma Teoria do Conhecimento provavelmente remonta a Platão. A novidade era o modo de responder a pergunta, agora com base nas neurociências e na psicologia.

Os estudos de recepção se beneficiaram amplamente dessas pesquisas ao mostrar que a mídia não provocava reações uniformes nas pessoas. A atitude dos indivíduos diante de ambientes onde havia troca de informações sem dúvida tinha traços comuns, mas não o suficiente para se pensar na possibilidade ampla de uma manipulação, digamos, pela TV.

Um dos principais estudos relativos à percepção da realidade e a capacidade de memória foi publicado por Richard Atkinson e Harry Shifflin em 1968. Os

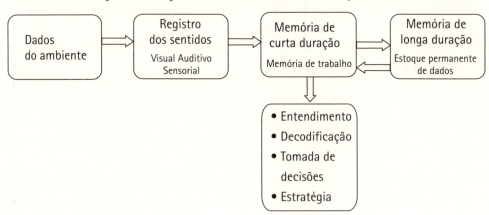

ATKINSON, R. & SHIFFLIN, R. "The control of short-term memory". In: ATKINSON, R. (org.). *Psychology in Progress*. São Francisco: W.H. Freeman, 1971.

dois autores destacavam que, frente a uma mensagem, a memória humana se organizava em três estágios diferentes, conforme as possibilidades de estocagem da informação. O que não era encontrado nesses estágios era esquecido, e, portanto, perdido como informação útil.

O primeiro elemento são as informações do ambiente. De certa maneira, a vida cotidiana é uma contínua troca de mensagens, nem todas percebidas, entre o corpo humano e o espaço imediato. Essas mensagens chegam até o sistema nervoso central pelos cinco sentidos. Atkinson e Shifflin destacam a proeminência da visão e da audição por serem os únicos sentidos que não requerem contato próximo com o objeto. A pele, por sua extensão, igualmente é protagonista nessa troca de mensagens. Nem todas as mensagens do ambiente são percebidas por conta das limitações próprias aos sentidos. Essas mensagens formam o que os pesquisadores descrevem como "Dados do Ambiente".

Esses dados são imediatamente percebidos e processados pelos cinco sentidos. Atkinson e Shifflin destacam a importância desse momento de percepção por conta de seu papel de seleção: o que não estiver dentro desse curto momento de contato entre mensagem e sentidos não continuará no processo de recepção. A partir daí, a mensagem segue para o sistema nervoso central, onde será imediatamente trabalhada.

A memória de trabalho, originalmente pensada como memória de curta duração, é o lugar onde as informações gerais do ambiente ficam. Sua capacidade de estocar informação é limitada e geralmente dá conta de organizar a experiência imediata. Ela é a responsável pelas decisões imediatas, confrontando os dados dos sentidos apenas com as informações necessárias para dar conta deles. Ao olhar um farol, no trânsito, você precisa lembrar o que significam as cores, não qual é o sapato preferido da sua avó. A Memória de Trabalho organiza dados imediatos, necessários, e descarta outros, mantendo o foco de atenção em um ponto. As informações na Memória de Trabalho duram apenas o tempo necessário para se lidar com elas. Em geral, não vão além de trinta segundos – daí que "deixar uma coisa para mais tarde" pode significar o esquecimento completo da questão. A Memória de Curta Duração mantém na superfície as informações para lidar com o que está diante dos sentidos. O que foge desse ambiente principal é esquecido ou, em certas circunstâncias, vai para o próximo e último estágio da compreensão.

A Memória de Longa Duração é o espaço final de compreensão das informações. Lá ficam estocadas as mensagens que, passando pelos sentidos e pela Memória de Trabalho, foram julgadas úteis e necessárias. É o estoque de lembranças, memórias e ações passadas, onde ficam registradas as experiências prévias e o conhecimento adquirido ao longo da vida. A capacidade de armazenagem dessa memória é virtualmente infinita, e seu conteúdo está à disposição para ser acessado – a metáfora usando computadores é quase irresistível – a qualquer momento. Esses dados, quando necessários, voltam à Memória de Trabalho para dar conta de um problema qualquer. Uma vez que a questão está resolvida, voltam para a Memória de Longa Duração.

Apesar das críticas a respeito da linearidade do modelo de Atkinson e Shifflin, sua hipótese abriu caminho para uma mudança no conceito de Comunicação: a troca de mensagens passa pelos processos cognitivos do indivíduo. A ideia de "recepção", para eles, não está vinculada apenas a aspectos sociais, mas também psicológicos – é possível questionar a ideia de "comunicação de massa" quando se pensa na atividade individual do receptor.

Os aspectos cognitivos da recepção vêm ganhando progressivo espaço no estudo da mídia e, de maneira mais ampla, em toda estética da comunicação. Ver televisão, ler um livro ou olhar uma pintura está ligado a uma complexa atividade neuronal que parece ultrapassar os limites sociais da compreensão. Ao olhar uma pintura, por exemplo, partes específicas do sistema neuronal de cada indivíduo são ativadas, criando as condições específicas de recepção – as sensações causadas pela pintura, por exemplo, estão diretamente ligadas às regiões do cérebro ativadas para sua compreensão.

No livro *Neuroarthistory*, John Onians mostra as questões cognitivas ligadas à maneira como as pessoas viram e compreenderam as obras de arte ao longo da história. As transformações na estética, de acordo com ele, estão ligadas aos processos cerebrais decorrentes da maneira como se vê uma obra de arte ao longo do tempo. O modo de ver e sentir uma pintura está vinculada às atividades cerebrais despertadas pela contemplação de um quadro. Em uma análise da obra do pintor italiano Caravaggio (1571-1610), por exemplo, a pesquisadora Kajsa Berg mostra como alguns quadros do pintor estimulavam regiões cerebrais responsáveis pela identificação do movimento, criando no público do século 17 uma ilusão de realidade ao olhar o quadro. Usando como ponto de partida textos escritos na época a respeito do comportamento das pessoas diante do quadro, Berg inferiu que a atração exercida pelas pinturas no público era devida à impressão do movimento: a imagem sugeria uma movimentação que o cérebro completava, fazendo com que a pintura ganhasse em realismo.

Os trabalhos de Onians e Berg estão entre as perspectivas de encontrar vínculos entre atividades mentais nem sempre percebidas e a relação dos indivíduos com o mundo ao redor. Diante dos meios de comunicação, a relação mente/tela é semelhante, agregando impressões e detalhes à mensagem. Nesse sentido, as ciências cognitivas abriram outros caminhos de exploração na ideia de construção/reconstrução das mensagens da mídia.

Seção D

Moderno/pós-moderno

I. Em busca de uma região desconhecida

1. Pós-modernidade; Pós-estruturalismo; pós-colonial; pós-humano

A ideia de Pós-modernidade aparece nos anos de 1970 para identificar movimentos artísticos que negavam/ultrapassavam as vanguardas do século 20. O termo usado era "pós-modernismo", em contraste com "modernismo". O termo logo ultrapassou as fronteiras da estética e passou às ciências humanas. No lugar do "pós-modernismo", definição artística, a noção de "Pós-modernidade" começou a ser usada por vários autores para marcar uma ruptura com a Modernidade.

O projeto da Modernidade era montado sobre uma ideia europeia de razão. Tudo o que fosse diferente estaria além das fronteiras da razão, era bárbaro, atrasado, e devia ser educado no projeto europeu. No entanto, duas guerras mundiais iniciadas na Europa e o uso da racionalidade no extermínio de seres humanos colocou em xeque esses argumentos.

As questões: a Modernidade cumpriu o que se esperava dela? As promessas de emancipação e liberdade do ser humano foram de fato cumpridas? Essas perspectivas ainda são válidas e estão sendo lentamente implementadas ou falharam e devem ser abandonadas? Aparentemente, existem dois campos nesse debate.

Habermas, por exemplo, vê o projeto da Modernidade em pleno curso. Apesar de todas as falhas e retrocessos, não se pode negar uma melhora na vida do ser humano. O projeto iluminista ainda é a melhor resposta para os problemas humanos e sociais, e ignorar essas vantagens é fechar os olhos a uma série de conquistas.

Outros pensadores, como Zygmunt Bauman e Jean-François Lyotard, por exemplo, argumentam que a Modernidade falhou. A racionalidade do Iluminismo tornou o ser humano prisioneiro da burocracia; a racionalização de todas as atividades levou a especialização e passou a ver as pessoas como uma peça em um sistema rígido, não como um ser dotado de vontade, inteligência e afetividade. A especialização criou um paradoxo de aprendizagem onde quanto mais alguém se aprofunda no conhecimento da parte menos tem chances de saber algo sobre o todo. Um quadro pode exemplificar a questão:

ARGUMENTO DA MODERNIDADE	CRÍTICA DA PÓS-MODERNIDADE
A razão é o princípio e o critério das coisas	As dimensões afetivas do conhecimento sumiram
A democracia como forma de governo racional	A democracia levou a regimes ditatoriais
O trabalhador não é mais um servo da gleba	O trabalhador se tornou escravo da racionalidade
O conhecimento é laico e geral	Só o conhecimento escolar é considerado válido
A racionalidade destruirá a religião	As religiões e religiosidades não desapareceram
O conhecimento leva o ser humano à felicidade	O conhecimento levou a duas guerras mundiais
A Modernidade está se implantando e vai funcionar	A Modernidade acabou e deu errado.

A ideia de Pós-modernidade pode ser definida, na expressão do músico austríaco Kurt Pahlen, como "perda do centro". Fragmentação, indefinição e flutuações caracterizam o pós-moderno. Definições claras e definitivas a respeito dos acontecimentos eram características da Modernidade. Em seu lugar, a ideia de fluxo, de elementos transitórios, articulações e dinâmicas inesperadas tomam conta do cenário.

Não se trata de uma irracionalidade, mas talvez uma pós-racionalidade, na qual as chamadas "grandes narrativas", isto é, as grandes ideias que orientaram a prática moderna, estão encerradas, implodindo sob o peso de suas contradições. Uma "grande narrativa", por exemplo, era a religião. Ou o comunismo. Ou qualquer ideologia.

Na Pós-modernidade não existem códigos fixos; eles são criados em um momento e rompidos no outro; existe a abertura, a diversidade entre elementos separados. A realidade é vista como um fluxo não linear de interações, sem limites de tempo ou de espaço. As culturas se reapropriam constantemente; tradição e novidade estão juntas entre atritos, convergências e rupturas. Enquanto escrevo, ao meu lado uma mulher de origem árabe, cobrindo a cabeça com um lenço de acordo com o costume muçulmano, diverte-se com um *iPod* enquanto escreve em inglês no MSN.

O pensamento da Modernidade perguntaria como elementos díspares se concatenam. O pós-moderno questionaria a pergunta: quem falou que esses elementos são díspares?

As culturas se articulam de maneira híbrida. É possível encontrar nas livrarias britânicas peças de Shakespeare na forma de mangás, quadrinhos japoneses. O resultado é um novo texto cultural. Do mesmo jeito, personagens de mangás e animês japoneses inspiram o modo de vestir de jovens brasileiros nos eventos de *cosplay*. *Hits* musicais giram ao redor do globo, reapropriados em formas diferentes conforme o país, e formas de contestação ganham contornos mundiais.

Dentre as características da Pós-modernidade, é possível identificar uma ruptura com os cânones inovadores da Modernidade. Assim, a busca por novos caminhos nas artes e nas ciências humanas não passa necessariamente por uma exploração do absolutamente inédito. Enquanto a Modernidade previa uma ruptura com o passado, a Pós-modernidade se apropria desse passado em uma forma nova, nem sempre sem um senso de ironia. A celebração do estilo de décadas passadas, um certo desejo de nostalgia, a invasão do mercado de consumo por *gadgets* imitando estilos antigos, o mercado para produtos *vintage* e *retrô*, os contínuos *remakes* no cinema e na televisão evidenciam essa apropriação do passado em uma autoelaboração contínua: a cultura de massa é a principal referência da cultura pós-moderna; a ideia de "passado", na Pós-modernidade, está ligada à memória coletiva da mídia.

As fotografias de Elvis Presley, Marilyn Monroe, Charles Chaplin e James Dean tornam-se ícones de um mundo abandonado ao passado, vivo nas reprises e referências, mas distantes da realidade. Sua presença, no entanto, é continuamente reforçada pelo mesmo sistema que os criou: de certa maneira, a Pós-modernidade marca a extensão máxima do domínio da cultura de massa em sua incorporação ao cotidiano. O passado é localizado em um lugar próximo no tempo, mas distante na cultura: na Pós-modernidade, um filme de Fritz Lang é tão antigo quanto uma iluminura medieval; mas não é preciso ir tão longe: narrativas da Pós-modernidade transportam para a linguagem tecnológica do presente lendas medievais, ordens de cavalaria e histórias populares: não é outro o ingrediente de *O senhor dos anéis*, *Harry Potter* ou, combinando elementos com uma distopia que se passa há muito tempo, em uma galáxia muito, muito distante, *Star Wars*.

Na Modernidade a vanguarda artística procurava ao máximo se distanciar das facilidades sedutoras da cultura de massa. Na Pós-modernidade há uma apropriação dessa cultura pela vanguarda, uma aproximação que coloca em xeque a divisão entre vanguarda e *kitsch*, entre arte e cultura de massa. A Mona Lisa aparece nos desenhos do *Pica-Pau* e em um episódio do *Chapolin Colorado*; histórias em quadrinhos, Elvis e Marylin Monroe são apropriados pela vanguarda de Andy Warhol e Roy Lichtenstein. Os eixos paralelos explodem em uma fragmentação de combinações de signos, modelos e sistemas, rearticulando-se como se a cultura fosse um conjunto de partículas atômicas dispersas sem nenhum tipo de linha gravitacional ou magnética que determinasse uma combinação permanente. As ligações duram apenas o quanto têm que durar, e as formas se diluem continuamente em novas formas. Caleidoscópio.

Referências

EAGLETON, T. *Depois da teoria*. Rio de Janeiro: Civilização Brasileira, 2006.

GIDDENS, A. *As consequências da Modernidade*. São Paulo: Unesp, 1993.

TOURAINE, A. *Crítica da Modernidade*. 5. ed. Petrópolis: Vozes, 1997.

2. Hannah Arent | A narrativa, a condição humana e a banalidade do mal

Em 1961, um ex-oficial nazista chamado Adolf Eichmann foi preso em Buenos Aires pelo serviço secreto israelense, e enviado à Jerusalém para ser julgado. A acusação, crimes contra a humanidade. Eichmann era o responsável por controlar os horários dos trens que levavam as pessoas – judeus, em sua maioria, mas também ciganos, homossexuais, membros de denominações religiosas contrárias ao regime e qualquer pessoa que se opusesse ao nazismo – para os campos de concentração, onde seriam mortos. Sua tarefa era selecionar quem partiria em qual trem, e cuidar para que eles chegassem ao seu destino.

A prisão de Eichmann teve uma enorme repercussão internacional. Era a primeira vez, em muitos anos, que um oficial nazista era encontrado e levado a julgamento. No final da Segunda Guerra Mundial muitos deles fugiram, assumiram novas identidades e desapareceram do mapa. Por isso, seu julgamento teve uma ampla cobertura da mídia. Nos Estados Unidos, a prestigiada revista *New Yorker* enviou uma das principais autoras de seu tempo para cobrir o caso, Hannah Arendt.

Ela ocupa um lugar à parte entre as pessoas que, de uma maneira ou de outra, pensaram a comunicação. Sua formação originalmente era na Filosofia: em 1929, defendeu seu doutorado sobre o tema do amor em Santo Agostinho. Mas sua preocupação principal era a política: ao longo de sua vida, muitos de seus ensaios, artigos e livros tratavam de assuntos do momento com uma preocupação factual quase jornalística, mas sempre dentro de uma perspectiva muito particular da Filosofia Política.

Arendt conseguiu conciliar suas atividades como filósofa a uma intensa participação no jornalismo, engajada na discussão e reflexão sobre problemas da atualidade. Alguns de seus melhores textos são perfis, reunidos mais tarde no livro *Homens em tempos sombrios*. Hannah Arendt sabia como contar uma boa história e nos fazer pensar a partir dela.

É o que aconteceu quando foi cobrir o julgamento de Eichmann. Sua série de reportagens sobre o julgamento foi publicada na *New Yorker* e, mais tarde, transformada em um livro chamado *Eichmann em Jerusalém*. É, até onde se sabe, o único livro-reportagem escrito por uma filósofa. O subtítulo, no entanto, chama ainda mais a atenção: "Um ensaio sobre a banalidade do mal".

A banalidade do mal

Hannah Arendt tinha ido para Jerusalém, como boa parte dos repórteres, esperando encontrar um monstro. Eichmann, ao contrário, não tinha nada do estereótipo esperado. Não era particularmente convicto, não parecia entender direito o que estava acontecendo, embora soubesse perfeitamente bem o que tinha feito. Não demonstrava nenhum tipo de remorso ou mesmo sensibilidade em relação às suas ações. Repetia mecanicamente frases que tentavam justificar para si mesmo o que havia feito. Eichmann era assustadoramente normal: executava suas ações de maneira técnica, como se estivesse cumprindo uma função como qualquer outra – preencher fichas, enviar relatórios, fazer as coisas funcionarem.

Esse era o ponto mais assustador: ele era uma pessoa comum. Arendt mostra, ao longo do livro, essa normalidade, a banalidade que suas ações tinham para ele. Como oficial do regime nazista, ele simplesmente não parecia ter condições de julgar as próprias ações.

Nesse ponto, vale fazer uma diferença: a *banalidade* do mal não significa a *banalização* do mal, isto é, a falta de atenção diante da violência cotidiana que chega todos os dias pela mídia. A alta quantidade de notícias sobre violência, exclusão e criminalidade pode chegar a um ponto de saturação, onde paramos de prestar atenção – infelizmente, ao menos nas grandes cidades, a violência só se torna notícia quando é excessiva: um assalto sem vítimas dificilmente seria noticiado. No entanto, apesar dessa aparente *banalização*, não perdemos nossa capacidade de julgar esses fatos como "mal".

O que Arendt chama de "banalidade do mal" é outra coisa, mais grave: é a ausência de parâmetros para julgar um ato como "mal". Na banalidade do mal, perdemos nosso poder de discernimento: o mal não é visto mais como algo negativo, mas como mais um fato cotidiano. Esse é um dos pontos de seu livro. Eichmann não via o que fazia como "mal": era apenas uma atividade. A incapacidade de ver o mal como mal, de julgar fatos e atribuir a eles um valor, como "bom", "mal", "certo" ou "errado", é a marca de sua banalidade – e uma das características mais visíveis de uma forma da política, a violência totalitária. Incapaz de pensar por si só, fora das diretrizes de um regime político, Eichmann via, mas não enxergava o alcance de suas ações. O mal, para ele, era um fato burocrático.

Publicadas na *New Yorker*, as reportagens colocaram Hannah Arendt no centro de uma enorme discussão política, mobilizando o público em torno das questões que ela trouxe. E também mostrou algo importante para a comunicação: a força que uma história bem contada pode ter.

A arte de contar histórias

Por que contamos histórias? Todos os dias, milhões de *posts* em redes sociais digitais mostram nossa necessidade de falar com os outros, de dividir o que acontece, de dizer algo. Da peça de Shakespeare a uma linha postada, estamos sempre contando histórias. E não fazemos isso apenas com palavras: na música, nas artes plásticas e na dramaturgia estamos sempre contando histórias, reais ou imaginárias. E isso não é de hoje: ao que tudo indica, começamos a contar histórias há milhares de anos, quando nossos ancestrais mais remotos começaram a desenhar nas paredes de uma caverna e registrar o que aconteceu com eles.

Uma das respostas, para Hannah Arendt, é o sentido *político* da narrativa. "Político" não no sentido das eleições, dos partidos políticos ou do governo, mas em um sentido bem mais amplo: "participar da vida pública". Arendt vai buscar na democracia grega, há mais de dois mil e quinhentos anos, esse sentido amplo da palavra: para os gregos antigos, "política" era a "participação na vida da cidade" – de *polis*, "cidade", em grego.

Em seu livro *A condição humana*, Hannah Arendt coloca a fala como uma das condições da vida política. O que nos torna "animais políticos" é a capacidade de falar. A conversa, explica, é uma das formas mais importantes da ação política. É a partir da possibilidade de conversar sobre os temas públicos que entramos na esfera da política. Encontramos um terreno comum com os outros e, a partir daí, temos a oportunidade de participar da vida pública.

A narrativa como ação

Em linhas gerais, a narrativa é um ato político porque, ao contarmos histórias, podemos criar *vínculos* com outras pessoas. Isso pode acontecer de várias maneiras, e vale destacar pelo menos três.

Quando contamos histórias uns para os outros, podemos encontrar pontos comuns, vivências parecidas, problemas e questões semelhantes. Encontrar algo em comum com outras pessoas cria um sentido de *comunidade*, de pertencimento. Não é coincidência que "comunidade" e "comunicação" tenham a mesma raiz, a palavra "comum": problemas que pareciam ser exclusivamente nossos, situações que nos levam a duvidar de nossa capacidade ou de nós mesmos, ganham uma nova dimensão quando compartilhamos com os outros. Encontrar pessoas com vivências parecidas com a nossa mostra algo fundamental para a experiência da vida política: *não estamos sozinhos*.

Além disso, compartilhar nossas experiências é uma maneira de levar ao espaço público o que acontece conosco. E a vida pública, isto é, a vida política, começa justamente quando temos essa oportunidade de discutir questões que nos interessam – e a narrativa é um dos principais caminhos para isso. A história de cada pessoa não é apenas o resultado de suas vivências particulares, mas também um resultado de seu tempo. Nesse sentido, com um pouco de exagero, poderíamos dizer que não existe uma "vida pessoal" que não traga, em si, as marcas de sua época, de suas condições históricas, sociais e políticas. Por isso, quando contamos uma história, estamos levando a público essas condições, possibilitando que elas sejam discutidas *a partir* de nossa narrativa – e de outras semelhantes à nossa. E, por que não, questionar e transformar algumas dessas condições.

Um terceiro aspecto político da narrativa é também o mais pessoal e sutil. Quando contamos uma história, nossa história, temos uma oportunidade rara de organizar os acontecimentos de nossa vida. A narrativa é uma possibilidade de encontro consigo mesmo. Colocar os fatos em ordem – *alguma* ordem, pelo menos – e encontrar conexões que, às vezes, não percebemos no momento em que tudo estava acontecendo. Ao narrar, podemos encontrar sentidos novos para os fatos, ver aspectos que nos escaparam ou ficaram de lado. A narrativa é uma forma de elaboração de nossa experiência. Às vezes, depois uma boa conversa com alguém, quando conseguimos concatenar acontecimentos, fatos e situações em uma narrativa, podemos nos sentir um pouco melhor. Mesmo que a pessoa não tenha dito nada em especial, ela se colocou em uma condição de *escuta* – algo raro em um mundo de alta performance, onde mal se tem tempo para si mesmo.

O silêncio da narrativa

Por isso mesmo, uma das marcas dos acontecimentos traumáticos é a dificuldade, às vezes quase uma impossibilidade, de serem narrados. Como narrar o que não tem nome? Ao longo da História, pessoas que vivenciaram acontecimentos extremos se defrontaram com essa outra questão: como contar essa experiência? Como transformar em palavras algo sobre o qual é impossível falar?

O silêncio, nessa perspectiva, também ganha cores políticas – nem sempre como opção, mas como *silenciamento*, processo histórico pelo qual inúmeros grupos passam e passaram. Esse silenciamento não é só o impedimento de falar, mas também a imposição de narrativas feitas por outras pessoas – a liberdade para falar de si, de suas experiências, de seu grupo, é uma conquista que marca a diferença política entre *narrar* e *ser narrado*.

E, justamente por isso, a importância da elaboração de narrativas para entendermos a História: a história de uma vida não deixa de ser também a narrativa dos acontecimentos ao redor – traços da mentalidade de uma época, articulações com o tempo em que se vive.

Para compreender

ARENDT, H. *A condição humana*. Rio de Janeiro: Forense-Universitária, 2016.

CRITELLI, D. *História pessoal e sentido da vida*. São Paulo: Educ, 2013.

3. Guy Debord: *A sociedade do espetáculo*

A noção de sociedade do espetáculo é uma das mais sedutoras na interpretação da mídia. No entanto, é necessário não confundir seu potencial com a trama de ideias escondida nesse conceito. Usar a expressão para descrever uma aparente continuidade entre a realidade social e os meios de comunicação, notadamente a televisão, demanda uma compreensão maior das noções agrupadas sob essa formulação. Dizer que se vive em uma "sociedade do espetáculo" a partir da observação de *reality shows* ou do culto das celebridades a partir dessa expressão é se distanciar do sentido original. Guy Debord provavelmente não tinha a mínima ideia do que era um *reality show* quando escreveu *A sociedade do espetáculo*, em 1967.

Esteve envolvido desde cedo em movimentos político-intelectuais. Era partidário de uma provocação direta. A ideia de "intervenção urbana", ação estético-política rápida, está próxima da sua ideia de contestação. A guerrilha surreal de ação na vida cotidiana procurava uma fresta do poder onde era possível contra-atacar. A palavra era um dos seus campos de ação. Os textos são livremente desorganizados em panfletos, escritos de ocasião, manifestos, criações literárias e, ocupando um lugar à parte, *A sociedade do espetáculo*.

O livro está distante da crítica da mídia que o título pode sugerir. Trata-se de um vigoroso ensaio sobre o capitalismo. O que há de revolucionário não é a crítica à indústria do entretenimento ou à transformação da notícia em diversão, mas a perturbadora concepção de que, no hipercapitalismo todas as coisas se transformam em imagem. "Espetáculo", em sua raiz, está ligado a "espectador", ou seja, "aquele que assiste". Em uma sociedade do espetáculo as relações pessoais são organizadas no sentido de uma avassaladora troca de imagens. Não existe distinção entre aparência e essência: na sociedade do espetáculo a aparência torna-se o dado importante.

À primeira vista, pensando em termos específicos, pode ser difícil encontrar uma relação entre a mercadoria, objeto material, com forma, peso e volume, e a imagem, elemento intangível, apreendida apenas pela visão. No entanto, ao observar o desenvolvimento do alto capitalismo, Debord traça uma linha de continuidade entre a mercadoria e a imagem.

A imagem é a forma mais desenvolvida da mercadoria no capitalismo. Há mudanças radicais na concepção e ideia da mercadoria em uma sociedade capitalista avançada. Por isso, é possível, segundo algumas pistas de Debord, pensar a sociedade do espetáculo em um breve diálogo com Marx.

No primeiro capítulo de *O capital*, Marx identifica na mercadoria um valor adicional que não está vinculado à mercadoria em si, mas ao resultado de sua posse – o "fetiche" da mercadoria, elemento quase místico, transferência do valor da mercadoria para aquele que a possui. O encanto da mercadoria faz com que o dono não se dê conta das relações de trabalho necessárias para a criação do produto, separando (do latim *alien*, de onde "alienação") a mercadoria do trabalho. Isso, por sua vez, reforça o fetiche da mercadoria e a torna, de certa maneira, autônoma.

Ao longo do século 20, vários pensadores se dedicaram a compreender esse "fetiche" da mercadoria utilizando vários instrumentais teóricos e metodológicos. É nessa tradição que "A sociedade do espetáculo" parece estar. O aspecto material da mercadoria não é o mais importante: a imagem da mercadoria é o fator determinante na sociedade. A imagem, em uma definição no limite do óbvio, é algo para ser visto. No entanto, nem toda imagem é "espetáculo". Uma paisagem com montanhas, florestas, esquilos, poucas nuvens no céu, um riacho ao fundo, é uma imagem natural. Está lá. Se essa mesma paisagem for arranjada, o lugar for loteado, aparecerem pequenos chalés e uma placa "vende-se", o cenário se converte em mercadoria e ganha o valor de imagem – é um lugar "bonito", "aconchegante", "distante"; é associado a uma longa cadeia de imagens escapistas que o capitalismo cria para suavizar as próprias relações. O espetáculo é a imagem construída.

O autor aponta que no início do capitalismo houve uma passagem, na definição do humano, do *ser* para o *ter*. No hipercapitalismo há uma nova transformação de nível, do *ter* para o *parecer*. O domínio do *parecer* é o domínio da visualidade desvinculada de outras relações. Inclusive da realidade: a velocidade de sucessão das imagens – pense-se em quantas imagens chegam até o indivíduo em uma grande cidade – não deixa tempo para o aprofundamento de nenhum tipo de relação além da esfera do *parecer*; relação na troca mútua de imagens, na identificação rápida.

Debord parece pensar uma sociedade do espetáculo como um conjunto de relações sociais mediadas pela troca mútua de imagens. Em uma comparação, se Adorno e Horkheimer apontavam a transformação da cultura em mercadoria, Debord dá um passo mais radical: a mercadoria se transformou em cultura. Uma sociedade do espetáculo aglutina até mesmo as formas de contestação visíveis contra ela mesma, transformando os atos de resistência em expressões espetaculares. É fácil dizer que um jovem executivo de terno e gravata, segurando sua maleta na avenida principal de uma grande cidade, está vinculado ao sistema capitalista. No entanto, o manifestante, usando roupas pretas, *piercing*, lenço para esconder o rosto e gritando palavras de ordem contra o capitalismo, igualmente faz parte; na sociedade do espetáculo, a rebeldia é assimilada na imagem – quanto mais a pessoa se esforça por ser rebelde, mais se rende à lógica do espetáculo à medida que seu esforço é uma expressão visual.

O espaço e o tempo cotidiano se tornam igualmente espetáculo.

No tempo espetacular, a imagem define o calendário conforme os produtos: a decoração de Natal nos *shopping centers*, locais de adoração da imagem; os ovos de Páscoa; a celebração *kitsch* de uma afetividade familiar obrigatória no Dia das Mães ou no Dia dos Pais, a diversão imposta nas férias ou com o erotismo *light* do Carnaval ou do Dia dos Namorados. A vida cotidiana é cercada pelas imagens desses períodos: o término de um indica o início do outro – e uma visita a qualquer rede de supermercados ilustra essa transformação espetacular. Essa associação entre o tempo, a imagem e o produto formam as estruturas do "tempo espetacular".

A distribuição das imagens espetaculares acontece em todos os lugares do cotidiano, mas multiplica seu alcance nas redes eletrônicas – a mídia é o lugar de intersecção e redistribuição das imagens espetaculares em direções variadas no espaço e no tempo. Se é possível aplicar a ideia de "sociedade do espetáculo" à crítica da mídia, é como um espaço de concentração/distribuição de imagens que prolonga um elemento presente na vida cotidiana. Os meios de comunicação, para Debord, podem ser entendidos como expressão última ou um canal privilegiado de expressão das imagens construídas no meio social. A mídia não é a responsável pela sociedade do espetáculo; é um dos caminhos do espetáculo, possivelmente o mais poderoso, mas não o único.

A crítica à mídia está no final de uma longa cadeia de pensamentos e reflexões. A interpretação de um *reality show* pode ser pensada como a transposição e multiplicação, na mídia, de um desejo de visualidade igualmente presente na vida cotidiana. O *Big Brother*, no qual as pessoas interpretam personagens na tentativa de interpretarem a si mesmas, aumenta o alcance de visibilidade de uma mediação espetacular entre as pessoas que existe no dia a dia. A diferença é de grau, não de gênero.

Se a mídia é um dos pontos de intersecção do espetáculo, é por conta de um encaixe claro entre o meio técnico e seu uso político. Ao mesmo tempo, pensada como indústria em si, a televisão não pode deixar de vender a si mesma como imagem, em uma autorreferência constante. Não é por acaso que o principal produto da televisão seja a circularidade de suas atrações.

A vida dos atores e atrizes de uma emissora é objeto da programação de outra; as personagens de uma novela apresentam-se em *shows* de variedades televisionados, onde são esperados para falar da "vida real". Dada a constante transformação em imagem, é possível perguntar se existe uma "vida real" ou se o que é apresentado sob esse nome não se dilui em uma imagem espetacular.

Os meios de comunicação são um instrumento decisivo na constituição de uma sociedade do espetáculo, sobretudo na medida em que não têm limites claros. A única diferença, ao que parece, é o lugar onde há a presença dessa imagem – nos pixels de uma tela eletrônica ou nos espaços do cotidiano.

Manual de resistência

DEBORD, G. *A sociedade do espetáculo*. São Paulo: Contraponto, 2001.

4. Jacques Derrida: Escritas da desconstrução

Os trabalhos de Jacques Derrida alcançam um vasto campo de aplicação, da política à saúde, da comida à moda. Sua inclusão é justificada pela sua preocupação central com o *texto*, entendido de uma maneira muito mais elaborada do que a palavra comumente sugere.

Os escritos de Derrida por vezes deixam o leitor desconcertado pela aparente irrelevância do assunto – mas ao focalizar no aparentemente irrelevante Derrida desafia o próprio conceito de "irrelevância" e desconfia de categorias aceitas tacitamente como verdades.

Ao longo de sua obra, uma de suas buscas é desarranjar os significados tomados como tal, perturbar a tranquilidade dos signos em sua relação com os significados e verificar sob quais condições a associação signo-significado, tomada como certa, não é apenas uma possibilidade de interpretação entre outras. Os significados, para Derrida, parecem estar sempre em construção, sempre em transformação.

Em uma leitura derridariana, não existem pontos certos, exceto na medida em que são aceitos como certos – e então é possível questionar por que eles foram aceitos como certos. É um processo de desmontagem dos discursos e das práticas no sentido de revelar os aspectos de sua construção que levaram à sua existência tal como se conhece. Esse processo Derrida chamou de "Desconstrução".

Quando se procura uma definição de "Desconstrução" nos textos de Jacques Derrida encontra-se negativas e ambiguidades, como se o autor não tivesse ideia de como definir sua criação. A recusa de uma definição está ligada ao conceito de desconstrução e a uma certa desconfiança de Derrida em relação ao texto, em primeiro lugar, e na capacidade de definição das palavras, em segundo. A ideia de desconstrução é um desafio à construção de significados. Definir desconstrução seria, em certa medida, dissolver um de seus mais importantes procedimentos.

A relação entre as palavras e as coisas, ou entre as representações e o mundo real, são arbitrárias, explicava Saussure, na medida em que o vínculo entre signos e significados é criado pelos seres humanos. A crítica de Derrida atinge esse ponto: se o significado é arbitrário, como uma palavra "define" alguma coisa? Se as expressões simplesmente são agregadas à realidade, como um suplemento da realidade física culturalmente construído, como as palavras, em si, podem significar alguma coisa? Há dois pontos a explorar nesse sentido. O primeiro é o uso das palavras como imagens e figuras de linguagem. O segundo, indo mais além, trabalha com a própria noção de "representação".

243

Imagine-se, por exemplo, palavras de uso comum. "Gato", "poder", "riacho". A demonstração do significado da palavra beira a insanidade. Não se pensa no sentido das palavras até o momento de crise no ato de comunicação, quando as fragilidades do discurso vêm à tona na forma do erro. Só então é possível notar que a pergunta "o que significa um texto?" não tem resposta. Não se define uma expressão antes do uso: ao contrário, o uso parte do pressuposto de que o interlocutor atribui à palavra *o mesmo significado* dado pelo emissor. Ninguém diz em um cumprimento casual "Bom-dia, mas 'bom' no sentido de Aristóteles, como vai?"

Quando palavras criam problemas nos damos conta dos limites de representação das palavras e das imagens, as indefinições e pontos de flutuação entre a representação e a coisa podem, de fato, atrapalhar o cotidiano. (Se uma avenida é maior do que uma rua, por que existem avenidas pequenas e estreitas e ruas largas e compridas?) Fotos publicitárias não coincidem com a aparência real do produto. Basta lembrar da diferença entre as fotos de um sanduíche nas redes de *fast-food*, bonitas, vistosas, coloridas, um afresco renascentista, e o tímido esboço aquarelado que chega para comer. Aqui, no nível mais elementar, se está diante de uma indeterminação entre a palavra e a coisa: uma indeterminação planejada porque o texto/imagem da publicidade não pretende representar o real. Não por acaso, nas embalagens de comida, próximo da fotografia bonita do produto, costuma vir o aviso "imagens ilustrativas" ou "sugestão para servir". É como se naquele momento o protocolo de representação fosse lido para o leitor-consumidor no aviso claro de que a imagem é apenas uma representação: isto não é a comida, só parece, não coma a embalagem. É a desconstrução da representação em si mesma, lembrança da desconstrução no quadro de René Magritte, *Ceci n'est pas une pipe*.

Há um segundo problema. As palavras são explicadas com palavras. No dicionário Michaelis, por exemplo, a palavra "gato" é explicada por outras 464 palavras. É de se pensar que cada uma dessas palavras seja explicada por outro número grande de expressões. A explicação de "gato" presume que o ouvinte compreenda as outras 464 palavras empregadas na definição. Os sentidos são construídos a partir de outros sentidos. As palavras não significam em si, mas significam conforme a maneira de uso em uma determinada expressão. Dessa maneira, "gato" começa a significar mais do que sua primeira definição felina. A desconstrução se mostra como um procedimento de leitura-escrita: "ler desconstrutivamente" um texto, em certa medida, é encontrar os sentidos dados como certos e desmontá-los em um outro texto. Só é possível explicar um texto produzindo mais texto. A afirmação de Derrida de que "não há nada fora do texto" indica a relação infinita entre textos e produções culturais.

A ideia de "desconstrução" está ligada a um procedimento de leitura-escrita mais do que simplesmente a um conceito ou método. Ela interfere nos protocolos de leitura que um determinado texto apresenta ao leitor.

Quando se lê um texto, assiste um filme ou um programa de televisão, o leitor-espectador é convidado a participar de uma série de convenções de interpretação firmadas para garantir que o texto seja devidamente compreendido de acordo com as intenções do produtor. Dessa maneira, em um filme ou uma telenovela, o telespectador se dispõe a não questionar os significados da tela e, em troca, recebe um sentido completo da mensagem. A relação é de complementaridade: porque o telespectador não questiona os significados, recebe uma mensagem completa. As falhas, incongruências e ingerências da trama tendem a ser colocadas de lado.

No entanto, quando aparece uma sátira ao filme ou à novela, há uma desconstrução dos significados até então tomados como verossímeis e aceitos tacitamente como parte da trama. O humor, nesse sentido, é uma forma de desconstrução na medida em que desmonta os protocolos de leitura e revela as incongruências, os erros e os absurdos. A paródia mostra como os significados são cristalizados na representação entre texto e leitor, e como essa junção arbitrária tende a levar ao absurdo.

A desconstrução questiona *se é possível* entender um texto. O que significa um texto? A resposta óbvia seria "o que está escrito". De maneira mais elaborada, pode-se pensar em ler nas entrelinhas um outro significado. Os significados possíveis de um texto se apresentam como as linhas recortadas em um infinito de pontos significantes. A validade dessas linhas existe unicamente a partir de uma interpretação prévia. Qual a garantia de que um significado é correto e outro não? A pergunta "O que significa um texto?" não tem resposta. Aliás, não pode nem ser formulada. Afinal, por que textos *têm* que significar alguma coisa? A questão implode sob o próprio peso.

Em um universo de flutuação de sentido, qualquer coisa pode significar qualquer coisa.

A interpretação de um texto não está mais ou menos correta: se o sentido é arbitrário, fruto de escolhas baseadas em um critério, quando se muda esse critério, muda o sentido do texto. Um texto vai encontrar quantos sentidos forem desejados por quantos resolverem interpretá-lo. Basta abrir mais um pouco o foco de análise e a pergunta também se desmonta – o que é possível esperar de um texto? A desconstrução é vista por Derrida sobretudo como uma estratégia de ação diante do texto. Não se trata de perguntar "o que o texto quer dizer", mas "como o texto pode dizer o que ele está dizendo", ou, em outras palavras, "como esse significado chegou a ser estabelecido".

O sentido da desmontagem de um texto ou produto cultural não visa, em primeira instância, simplesmente acabar com qualquer estratégia de leitura. Ao contrário, a ideia parece sugerir uma nova produção de significados – a desconstrução, para definir o indefinível, é uma estratégia de criação.

Para desconstruir

DERRIDA, J. *Gramatologia*. São Paulo: Perspectiva, 1993.

5. Gilles Deleuze: Mídia e sociedade de controle

Quando, em 2005, uma propaganda do Citibank tomou os *outdoors* de várias capitais, algumas pessoas notaram um paradoxo entre a mensagem e a empresa. A campanha publicitária, intitulada "Trabalho", deu o segundo lugar no Prêmio Folha/Meio & Mensagem aos seus idealizadores, Marcelo Aragão e Eugênio Mohallen. A propaganda era um *outdoor* branco, apenas com o logotipo do banco, e uma frase: "Trabalhe, trabalhe, trabalhe. Mas não esqueça: vírgulas significam pausas". O paradoxo: um banco, instituição do alto capitalismo, dizendo aos clientes para relaxar de vez em quando. As razões do sucesso da campanha e a qualidade de sua mensagem não estão em discussão, mas o paradoxo pode ser explicado quando se pensa na maneira como os signos são organizados para levar a esse tipo uma mensagem ao mesmo tempo direta e indireta. Um regime de signos, como trabalhados na obra de Gilles Deleuze.

As questões teóricas da comunicação, no sentido de elaboração de um grupo de conceitos, ocupam um espaço marginal em seus escritos. Há dois volumes sobre cinema, *A imagem-tempo* e *A imagem-movimento*, estudos de alta densidade filosófica sobre cinema. Poucas vezes um filósofo foi tão longe no estudo do cinema – exceto pelo brasileiro Evaldo Coutinho em *A imagem autônoma*.

Deleuze dedicou várias de suas obras à questão do significado, um dos problemas centrais dos estudos de comunicação. É no início de *Mil platôs*, escrito com o psicanalista Félix Guattari, que os autores delineiam sua teoria dos signos.

Sua perspectiva de trabalho com signos e poder está enfeixada dentro de uma ótica ao mesmo tempo política e psicanalítica – os estados mentais não podem ser dissociados dos regimes sociais que os produzem, e sistemas de controle altamente hierarquizados e regulados por sistemas de signos podem influenciar diretamente a mente dos indivíduos. Dessa maneira, os regimes de signos são instrumentos pelos quais os regimes políticos tornam-se parte do indivíduo em um processo de desestruturação do ambiente imediato e contínua recomposição de realidades onde as hierarquias se travestem de solidariedade e as certezas se transformam a cada momento. Deleuze e Guattari pensam o final do século 20 como o momento de expansão do capitalismo para além das fronteiras econômicas e sua chegada a um ambiente novo, o universo dos signos. Se durante o século 20 viu-se o capitalismo dominando as instâncias de produção dos signos – as empresas de comunicação como exemplo mais próximo – e sua distribuição, há uma transformação no final do século no momento em que o signo deixa de ser um *instrumento* de dominação e passa a ser a própria dominação em si. O capitalismo se afigura como um regime de signos.

Os signos não são um instrumento do poder; eles são o próprio poder. Vivemos dentro de um regime de signos, nos quais os significados são aparentemente fixados por uma regra à parte, distante da realidade, e, dentro dessa ilusão, agimos diante desse imenso conjunto de signos como se eles existissem desde sempre. As estruturas simbólicas da vida cotidiana organizam-se em torno de vínculos de significados que, de uma maneira ou de outra, dirigem a percepção e a compreensão do indivíduo no sentido de flexionar seu pensamento para um nível de tensão específico com a realidade ao redor e evitar, o quanto possível, qualquer tipo de pensamento transcendente que ultrapasse o nível imediato, mesmo ao preço de inventar transcendências imaginárias e efêmeras.

Assim como os regimes políticos, os regimes de signos são instrumentos de controle. O controle exercido é de tal ordem que até as vias de escape são vigiadas e controladas, e nada mais fazem do que enviar o indivíduo de volta para a corrente principal de signos nos quais ele está imerso. Assim, o regime de signos está no controle mesmo quando o indivíduo parece escapar: os meios de escape são igualmente fornecidos pelos instrumentos de controle de maneira a regular até mesmo os lugares onde o indivíduo parece estar livre. O sistema de signos critica a si mesmo, oferecendo ao indivíduo as alternativas para, aparentemente, sair do sistema.

O regime de signos pode negar a si mesmo em uma dualidade. O indivíduo é instigado a consumir, consumir sempre, mas ouve da mesma mídia que deve dar mais atenção à família. A pessoa é obrigada a trabalhar várias horas além do horário normal – "tem hora para entrar, mas não para sair" – e, ao mesmo tempo, pode ir relaxar em uma clínica onde vai ter acesso a terapias diversas, com nomes oscilando entre o místico e o oriental. Gurus do mercado de palestras motivacionais recebem grandes quantias de dinheiro para explicar aos funcionários de uma empresa por que devem trabalhar felizes e com vistas a um propósito, deixando muitas vezes de lado que um bom salário costuma ser uma motivação interessante. E, como na propaganda mencionada no início deste texto, chega-se ao paradoxo de um banco recomendar que seus clientes relaxem.

A dualidade do sistema capitalista é um dos elementos diagnosticados por Deleuze e Guattari, a partir de um ponto de vista psicanalítico e filosófico, como esquizofrenia. O estado mental do esquizofrênico pode ser definido como um estado de dissociação da personalidade, causado por diversos fatores, dentre os quais ter que lidar com estímulos contraditórios a respeito de um mesmo tema. No oceano de signos das estruturas cotidianas, as mensagens da mídia estimulam o indivíduo a obedecer e a negar o sistema alternadamente, sem perceber com isso que tanto a adesão quanto a negação são momentos de vínculos com o poder, e que mesmo os momentos de descontrole, revolta e aparente ausência de controle são monitorados e controlados. Dessa maneira, até mesmo as revoltas contra o sistema e os circuitos alternativos são cuidadosamente controlados pelos sistemas de poder, transformados em regimes de signos diante dos quais os indivíduos não têm opção, exceto obedecer.

O controle institucional tornou-se digital. Essa afirmação, em um curto texto no final de *Conversações*, é uma das mais perturbadoras ideias de Deleuze. Os espaços virtuais, longe de serem locais de liberdade de ação, mostram-se igualmente como espaços de controle. As informações eletrônicas sobre o indivíduo permitem que seus padrões de consumo, lazer e ações cotidianas sejam continuamente monitorados e redesenhados nos gráficos e planilhas.

No mundo virtual, a assinatura, último resquício de indivíduo na intermediação instrumental da caneta, torna-se a senha. O indivíduo converte-se em um número, letras de acesso, grupos de senhas, teclados virtuais e perfis de consumo – em resumo, na sociedade de controle digital o corpo biológico é substituído por um "corpo sem órgãos", imagem digital da pessoa. O ser humano, transformado em signo, é integrado diretamente às instâncias de controle. Em *Vigiar e punir*, Michel Foucault mostrou a transição de uma sociedade onde o controle do indivíduo baseado na destruição do corpo deu lugar, ao longo de dois séculos, a uma sociedade institucional onde os poderes circulam pela força do olhar. No texto *Pós-escrito sobre as sociedades de controle*, Deleuze mostra como o controle deixou de ser feito sobre a mente, mas mantém o indivíduo na prisão digital de signos, onde as portas, todas abertas, oferecem conforto momentâneo aos indivíduos enquanto os reconduz novamente aos espaços virtuais de uma única dimensão.

Para começar

DELEUZE, G. *Conversações*. São Paulo: Ed. 34, 2000.

6. Jean Baudrillard: Da *sociedade de consumo* ao deserto do real

Quando Neo vende um software pirata, em uma das primeiras cenas do filme *Matrix*, guarda o pagamento pelo produto em uma caixa falsa, disfarçada de livro. Por um instante a câmera fecha o foco no título em letras brancas. É *Simulacra and Simulation*, de Jean Baudrillard. O detalhe poderia ser coincidência. Várias cenas mais tarde, em um perturbador diálogo, Morpheus diz para Neo: "Bem-vindo ao deserto do real", expressão presente no terceiro parágrafo do mesmo livro. Não deixa de ser irônico que um dos pensadores mais preocupados com a questão da imagem e do signo tenha se tornado presente na tela a partir de sua obra. A análise da hiper-realidade proposta por Baudrillard mostra uma realidade mais sombria que o filme. Em *Matrix*, há a projeção de uma distopia. Para Baudrillard, o deserto do real é aqui.

A apropriação de seu pensamento no campo da Comunicação se dá geralmente de maneira oblíqua. Baudrillard dedicou-se à compreensão da produção social dos significados, seu interesse parece residir no estudo das mídias em uma perspectiva bastante ampla. Não existe fronteira entre os meios de comunicação e a sociedade à medida que há um fluxo constante de signos e significados na realidade social. Os meios de comunicação são apenas uma parte no processo de transformação da realidade em um signo do próprio real – em outras palavras, um *simulacro* desse real.

249

Pode-se destacar, em uma primeira vista, o caminho da autonomia do signo identificado em *A sociedade do consumo* e plenamente elaborado em *Simulacros e simulações*. A trilha aqui igualmente pontuará alguns elementos desses dois trabalhos.

A sociedade de consumo

A preocupação de Baudrillard com uma economia geral dos signos começa em *O sistema dos objetos*, de 1968, e encontra sua forma mais desenvolvida em *A sociedade de consumo*, publicado dois anos depois. O livro parte de uma pergunta simples: por que as pessoas consomem? A resposta mais óbvia seria que consomem o que precisam.

Nem sempre. De fato, não *precisamos* de muitas das coisas que compramos. O consumo nem sempre é lógico. Algo atrai o olhar na vitrine. Nem sempre importa o que é ou para que serve. Às vezes simplesmente não serve para nada. A lógica da mercadoria se esconde na mágica do consumo: o objeto não serve para nada, exceto para se ter.

Baudrillard nota que em uma sociedade de consumo a economia não é dirigida para a satisfação das necessidades, mas para a criação dessas necessidades. Deve-se persuadir o indivíduo de que ele *quer* alguma coisa. Em uma sociedade de consumo, a mercadoria perde sua função específica no preenchimento de alguma necessidade básica; ter o produto é a necessidade básica.

O consumo de um objeto significa sua destruição. A alegria da aquisição logo deixa de existir – o ciclo de consumo daquele objeto está terminado. Um produto que dure muito desequilibra o sistema de produção e consumo. Quanto mais rápido um produto deixa de existir, maior o espaço para um novo momento de consumo. A duração é levada aos níveis mínimos e exige momentos de consumo cada vez mais próximos no tempo. A velocidade da produção de mercadorias se equilibra com a do consumo. Em uma sociedade de consumo a única atividade esperada da pessoa é consumir, adquirir mercadorias, usá-las rapidamente, destruí-las no uso e comprar outra vez. Baudrillard foi um dos primeiros autores a relacionar as causas do consumo à mídia.

A publicidade é a forma mais visível dessa ligação entre a imagem da mídia e os produtos específicos a serem vendidos. Na publicidade o produto ganha elementos mágicos. A imagem, criada e editada para destacar o objeto em suas qualidades, elimina qualquer resquício de realidade do objeto. Para o autor francês, a publicidade transforma o objeto em signo e melhora suas qualidades, tornando-o necessário para consumo. Qualquer elemento além da perfeição é eliminado, e o produto é transformado em uma cópia aperfeiçoada de si mesmo – estamos a um passo da ideia de simulacro.

Simulacros & simulações

Um simulacro ou simulação é um tipo específico de informação produzida para confundir. Quando se está simulando uma situação, agrega-se a ela todos os elementos de verdade, de maneira que a simulação pareça verossímil. Esse processo acontece juntando-se os signos da situação real à situação falsa para deixar o mínimo de pistas da simulação. Simula-se um acontecimento, ou uma situação, dotando-o de todos os elementos reais possíveis, exceto, é claro, a própria realidade do acontecimento. Dessa maneira, uma simulação bem-feita é melhor do que seria na realidade. É o domínio da hiper-realidade. Ao mesmo tempo, há um declínio na importância daquilo que se entendia como "realidade" – é o "deserto do real" ao qual Morpheus se refere ao apresentar para Neo uma realidade crua, desprovida dos signos da civilização, em *Matrix*.

No simulacro, a semelhança é de tal ordem que não é possível discernir, à primeira vista, o falso do real, e o conceito de verdade é colocado em suspensão em um ponto de flutuação onde ele simplesmente perde o valor. O signo, transformado em elemento autônomo e desprovido de sua ligação com o significante/significado, torna-se autorreferente e pode significar o que bem se quiser – é a ideia do "simulacro" como construção sígnica da realidade. O signo vale por si só, não aponta para mais nada além dele mesmo. O entretenimento é o simulacro da liberdade perdida na Modernidade. As formas do entretenimento se estruturam nessa velocidade: não pode haver espaços ou intervalos que deixem a atenção do espectador se desviar. O entretenimento deve preencher cada instante, sem deixar nenhum espaço em branco. A dinâmica das produções garante que a cada minuto a atenção seja novamente presa – cada cena do filme, cada capítulo do livro, cada segundo da música serão voltados para o consumo rápido, sem deixar tempo para o consumidor respirar.

O consumidor de imagens deve ser mantido em um estado de equilíbrio entre a novidade e o reconhecimento. As atrações precisam ter novidade o suficiente para o espectador não desconfiar que já viu aquilo de uma ou outra maneira. No entanto, esse vínculo com o que já foi visto é necessário: uma dose muito mais alta de novidade deixaria o público sem referências para entender e, portanto, sem consumir. O equilíbrio entre a diferença e a repetição é a fórmula da mídia na sociedade de consumo: conservar a fórmula com um mínimo de diferença para simular uma transformação.

Não por acaso, Baudrillard menciona a "reciclagem cultural" dos meios de comunicação. Programas semelhantes são produzidos pelas várias emissoras na cópia inextinguível de modelos. Quando não, os próprios programas são retrabalhados e vendidos como novos – o eixo temático imutável nas telenovelas, por exemplo, ou os inúmeros *talk shows*, *game shows* e programas de calouros refeitos periodicamente e apresentados geralmente como novidades.

Baudrillard mostra que em uma sociedade de consumo a diversão e o entretenimento se tornam obrigações. Uma noite de sábado sem diversão contraria a sociedade de consumo. É obrigatório mergulhar nos espaços de diversão. Mas esses espaços de diversão que poderiam oferecer um escape à lógica do consumo são igualmente objetos de consumo – filas para entrar, consumo obrigatório, a ordem da diversão garantida na vigilância brutal dos seguranças. Na sociedade de consumo o indivíduo só consegue escapar para dentro do sistema. O labirinto aponta sempre para o centro. O autor identifica uma desmaterialização do objeto de consumo convertido em signo. É a "neorrealidade", identificada por Baudrillard. Na "neorrealidade" as fronteiras entre o signo e o objeto são disseminadas na trama de relações sociais. É a transformação da realidade em uma cópia idêntica de si mesma – é a noção de simulacro.

A necessidade do capitalismo de expansão contínua de mercados e públicos consumidores parecia ter chegado a um impasse na ausência de territórios geográficos para atuar. A resposta foi uma expansão vertical: impossibilitado de dominar mais espaços físicos, o capitalismo colonizou o imaginário. Um dos últimos livros de Baudrillard, lançado em 1999, intitula-se sintomaticamente *Tela total*.

Dois textos iniciais

BAUDRILLARD, J. *A sociedade de consumo*. Rio de Janeiro: Elfus, 1995.

_____. *Simulacros e simulações*. Lisboa: Relógio d'Água, 1995.

7. Zygmund Bauman: Comunicação em tempos líquidos

Uma das principais metáforas para descrever a época atual foi formulada por Zygmund Bauman em seu livro *Modernidade líquida*. De fato, a ideia do líquido é uma das metáforas mais apropriadas para descrever uma situação onde, a partir de uma unidade, as formas estão mudando continuamente. Um líquido é algo que ganha novas formas sem perder seus componentes. Mas, como todo fluido, não tem nenhum tipo de forma, está sempre se reestruturando. Nesse sentido, a ideia de líquido deixa transparecer a noção de indeterminação da Pós-modernidade. Suas características, acredita Bauman, não se restringem à cultura. Alteram o cotidiano e o modo de relacionamento entre os indivíduos. As transformações nas relações sociais, por exemplo, estão diretamente ligadas a essa alteração nos fluxos de tempo na Pós-modernidade. *Amor líquido*, outro livro de Bauman, mostra as transformações nos relacionamentos afetivos. Em um tempo líquido, as ligações deixam de lado a linearidade direta para ganhar novas configurações. A duração do vínculo afetivo se altera, reduzida a um mínimo, ao mesmo tempo em que a quantidade de ligações aumenta. A institucionalização da afetividade rápida no início do século 21 encontrou sua expressão no ato de "ficar". O vínculo afetivo entre os ficantes é extremamente tênue e, aparentemente, não implica nenhum tipo de relacionamento posterior. A ligação fechada é visível apenas em um determinado espaço e tempo. Não há nenhuma obrigatoriedade de contato posterior.

As estruturas de comunicação afetiva de uma ficada – ou qualquer que seja a denominação dada a um tipo de aproximação de caráter afetivo-corporal limitado ao tempo imediato – dissolvem-se imediatamente após a construção. Assim, não há uma comunicação estruturada de eventos anteriores, nem a prospecção de um futuro; a ausência de informação aumenta a segurança no sentido de evitar um vínculo responsável por transformar a relação a partir do conhecimento. Ao mesmo tempo, a imagem do líquido novamente permite compreender a velocidade dessas transformações. Há, igualmente, uma alteração nos vínculos afetivo-familiares. O desaparecimento da família nuclear, ainda na década de 1970, transformou-se em uma forma nova de desenho familiar, no qual as linearidades são substituídas por ramificações mais e mais soltas, com duração restrita. As rupturas ficam mais rápidas, assim como as formas de agregação intrafamiliar se resolvem no cotidiano na forma de novas sociabilidades – irmãos por afinidade, o modelo pós-moderno dos meio-irmãos.

A Pós-modernidade atinge, dessa maneira, a última fronteira onde os sentidos ainda poderiam ser preservados – o indivíduo. A reorganização do "eu" na Pós-modernidade é um trabalho contínuo de reconstrução e rearticulação da própria identidade, definindo-se tanto de maneira afirmativa, pela proposição de quem se é, mas também de maneira reflexiva e negativa, encontrando espaço para ser alguém sob o risco constante de ser transformado em alguma coisa. A Pós-modernidade, no abandono de utopias coletivas, parece ter igualmente deixado de lado as relações mais imediatas. Dessa maneira, o indivíduo se articula com a sociedade de maneira atomizada, sem a necessária mediação do grupo, mas diretamente conectado a tudo e a todos – não há outra dependência senão a digital, e a comunicação linear da Modernidade torna-se a rede não linear da Pós-modernidade. Essa integração é igualmente parte da fragmentação: as mídias digitais são criadas para uso indivi-dual, e paradoxalmente as chamadas mídias interativas destacam, mais do que qualquer coisa, a interação entre o indivíduo e o teclado digital de um computador ou celular. As tecnologias da comunicação, na Pós-modernidade, mantêm a massa atomizada da época moderna, mas ao mesmo tempo abre caminho para uma inte-gração direta entre os indivíduos, organizados em centros de interesse e convivência virtuais, onde é possível encontrar formas intermediárias entre a comunicação in-terpessoal e a comunicação de massa – os grupos virtuais, as redes dinâmicas e, por que não dizer, líquidas, do relacionamento virtual pela internet.

Referência

BAUMAN, Z. *Modernidade líquida*. Rio de Janeiro: Zahar, 1999.

8. Dos arquétipos ao *Herói de mil faces*: Carl Jung encontra Darth Vader

Quando Hollywood descobriu que bastava colocar arquétipos na tela para fa-zer sucesso, não imaginava que a partir daí todas as histórias já estariam contadas. Foi a partir da obra de Jung que Joseph Campbell, um de seus colaboradores e um dos principais estudiosos da mitologia antiga, escreveu um livro que se tornaria uma das bases estilísticas e de roteiro no cinema e na televisão, *O herói de mil faces*.

O livro mostra a narrativa central de todas as histórias: as narrativas descendem de uma só, baseada nos arquétipos do inconsciente coletivo – o que explica, de certa maneira, seu imenso sucesso: todas as pessoas conhecem a história, é só colocar na tela as imagens projetadas para que qualquer pessoa consiga compreender e se iden-tificar com o filme. Evidentemente saber disso tira muito da graça de assistir a um fil-me. Campbell notou a existência de manifestações dos mesmos mitos e símbolos em várias circunstâncias diferentes ao redor do mundo, notando padrões simbólicos pa-recidos em diversos tipos de expressão artística e expressão literária, como se houvesse uma mesma e única causa provocando as mesmas manifestações simbólicas em lugares completamente diferentes no espaço e no tempo. Era possível encontrar os mesmos símbolos em um forma arquitetônica indiana de mil anos atrás, na mitologia antiga e nos quadros pintados na Europa contemporânea.

O ponto de partida de Campbell foi o trabalho de Carl G. Jung. Sem a mínima pretensão de resumir sua obra, vale lembrar que o psicólogo suíço notou padrões não apenas em manifestações artísticas, mas também na descrição das imagens do inconsciente. No entanto, os indivíduos não tinham ideia de que carregavam essas imagens consigo: elas simplesmente se manifestavam como sintomas do inconsciente. Eram imagens de algo mais profundo do que o estado inconsciente individual; um inconsciente coletivo.

Seu conteúdo eram imagens herdadas de geração a geração pela humanidade, desenvolvendo-se nas camadas profundas da mente. Na teoria junguiana, essas imagens recebem o nome de *arquétipos*, do grego *arkhe-typos*, "imagens fundamentais". Essas imagens se espalham por uma série enorme de conceitos, situações e temas: a ideia de partida, a morte, o renascimento, o mestre, o discípulo, a viagem, o homem, a mulher; imagens acumuladas pela humanidade e gravadas em uma espécie de camada mais densa e profunda do inconsciente, transformando-se em arquétipos, as imagens fundamentais compartilhadas por todas as pessoas.

De certa maneira, os arquétipos são um repertório de imagens e temas comuns à experiência humana que se manifestam de forma simbólica no inconsciente coletivo. Ver um desses arquétipos é encontrar o conforto de uma experiência prévia e a sensibilidade de compreensão do sentido completo da experiência. Viver uma situação arquetípica é algo corrente, e responsável por trazer um certo conforto psicológico conforme a ocasião. O arquétipo é uma história, uma narrativa.

Mas, como lembra Christopher Voegler em *A jornada do escritor*, uma adaptação dos elementos Campbell pode ajudar. No quadro a seguir, há uma comparação, com base nos estudos de Campbell e Voegler, entre quatro livros de sucesso, posteriormente transformados em *blockbusters* de Hollywood. Presume-se que o final do filme ou dos livros seja conhecido – do contrário, há uma chance de isto ser uma imensa decepção para quem lê:

A jornada do herói	Star Wars	O senhor dos anéis	Matrix	Harry Potter
O herói	Luke Skywalker	Frodo Baggins	Neo, o Mr. Anderson	Harry Potter
Leva uma vida normal	Não sabe que é poderoso na Força até que	Não imagina qual é sua missão até que	Não faz ideia de que é o escolhido até que	Não suspeita de que é um bruxo até que um dia
Até encontrar o mestre	Encontra Obi-Wan Kenobi	Encontra Gandalff	Encontra Morpheus	Encontra Dumbledore
Que o levará para uma jornada	Que o tira de Tatooine para lutar contra o Império	Que o tira da vila dos Hobbits para devolver o anel	Que o tira do emprego para encontrar a Matrix	Que o tira de sua vida comum para estudar em Hogwarts
O herói falha	Ele falha na primeira missão e quer desistir, mas	Ele quase morre na primeira missão, mas	Ele se lasca no confronto inicial, mas	Ele fica a um passo de morrer no primeiro confronto, mas
Mas o mestre está lá para ajudá-lo a descobrir quem é	Obi-Wan treina Luke Skywalker	Gandalff provê Frodo de proteção	Morpheus treina Neo	Dumbledore ajuda Harry
E destruir o inimigo	Para lutar contra seu inimigo, Darth Vader	Para lutar contra seu inimigo, Sauron	Para destruir a Matrix e o agente Smith	A lutar contra Voldemort
Com quem ele tem uma ligação anterior	De quem ele é filho	Com quem ele está ligado pelo anel	Com quem Neo está ligado por algum motivo	Com quem tem uma conexão por conta de um antigo feitiço
O mestre deve morrer	Obi-Wan morre para ajudar Luke	Gandalff morre (como Feiticeiro Cinza) para ajudar Frodo	Morpheus é torturado e quase morre ajudando Neo	Dumbledore morre escondendo Harry
Para o triunfo do herói ser completo	Que triunfa no final	Que destrói o anel	Que salva a humanidade	Que vence aquele-que-não-deve-ser-nomeado no final

O que algumas pessoas talvez possam identificar como uma tremenda falta de imaginação dos produtores de Hollywood, Campell explica de outra maneira: esses filmes nada mais são do que a transposição para a tela de arquétipos e narrativas primordiais que todas as pessoas compartilham. Esses arquétipos, de certa maneira, são a garantia do sucesso dessas histórias. Trata-se de uma única história contada milhares e milhares de vezes ao longo das diversas civilizações. Há lendas indígenas brasileiras nas quais alguns desses temas estão presentes e podem ser identificados. É evidente que nem todas as etapas da jornada estão presentes em todas as narrativas: há inúmeras variações conforme o caso. Não é difícil, depois de ver um filme, sair do cinema com a sensação de que a história era familiar. Pode ser simplesmente falta de imaginação do roteirista. Mas pode ser também que a história já estivesse pronta, desde sempre, em algum lugar no fundo do inconsciente, apenas esperando para ser vista em uma tela.

Além da superfície

CAMPBELL, J. *O herói de mil faces*. São Paulo: Cultrix, 2000.

JUNG, C. *Os arquétipos e o inconsciente coletivo*. Petrópolis: Vozes, 2001.

VOEGLER, C. *A jornada do escritor*. Rio de Janeiro: Nova Fronteira, 2006.

9. Gayatri Chakravorty Spivak: As margens centrais do discurso

O trabalho de Gayatri Chakravorty Spivak se espalha por várias áreas, da teoria literária aos estudos de filosofia, decifrando as relações entre classes sociais, gêneros e poder. As diversas partes de sua obra estão unidas em torno de algumas questões principais, em particular uma profunda observação das relações entre o "centro", isto é, os modos de viver e de pensar tidos como "corretos" e as "margens", ou seja, tudo o que é relegado a segundo plano. No entanto, longe de tratar a questão em termos de uma oposição, Spivak pensa nas *articulações* entre margens e centro como algo construído ao longo do tempo, nos diversos vínculos entre a política, a cultura e os discursos sociais.

Seria difícil, senão impossível, separar a obra de Spivak de sua própria trajetória. De certa maneira, sua vida é uma sequência de deslocamentos, ou descentramentos, para usar o termo mais próximo de sua concepção. Esses descentramentos se referem não apenas a viagens e mudanças físicas, mas também ao trânsito de Spivak entre diversas culturas, linguagens e condições sociais. Nascida em Bengali, na Índia, desenvolveu sua carreira acadêmica nos Estados Unidos, onde foi como bolsista no doutorado.

Tornou-se conhecida, entre outros fatores, por ter traduzido *De la grammatologie*, de Jacques Derrida, para o inglês. O mais importante, no entanto, foi o prefácio à obra escrito por Spivak, uma das principais aplicações das ideias de Derrida à própria noção de identidade. O trabalho – tanto o prefácio quanto a tradução – marcou época e se tornou um clássico imediato do Pós-estruturalismo. Marcou também a entrada de Spivak para o primeiro time de acadêmicos que investiga as relações de poder entre centro e margens como relações construídas em um discurso. E é a partir dessa preocupação o vínculo dela com as questões de comunicação.

Morando na nova metrópole mundial, mas tendo nascido em uma colônia; atingindo os postos mais altos de consagração acadêmica, mas em países que não eram o seu; mulher em uma sociedade altamente estratificada em termos de gênero; trabalhando sempre *entre* linguagens, culturas e classes. De certa maneira, a obra de Spivak é uma tentativa de compreender não esses deslocamentos *em si*, mas como e por que eles *se apresentam* como deslocamentos. E a resposta, explica, passa pelo exame dos *discursos* produzidos a respeito da questão. Como destaca Stephen Morton, Spivak "colocou a desconstrução para trabalhar".

Um texto de 1988, intitulado "Can the subaltern speak?" é um dos principais representantes dessa investigação. Spivak trabalha com a noção de "subalterno" para denominar todos aqueles que existem nas margens dos circuitos de poder, englobando questões raciais, de gênero e de classe. O direito à "fala" não se refere obviamente ao ato de dizer alguma coisa. Mas, em uma concepção mais ampla, à possibilidade de desenvolver um *discurso* próprio, uma cultura que não seja *vista* como "subalterna".

Um exemplo. O que se chama de "literatura" em alguns cursos universitários é basicamente uma linha histórica de autores europeus, em sua maioria, à qual é aglutinado um punhado de autores locais. Há poucos estudos transversais – basta notar a ausência de referências a outras literaturas, por exemplo. O que está fora desse eixo imediato metrópole-colônia é apresentado como "outros", isto é, sem categoria nenhuma. Os exemplos variam ao infinito, mas pode-se pensar na dificuldade para lembrar imediatamente de, digamos, um filósofo uruguaio, um autor do Quênia ou um poeta chinês. É como se nesses países, fora do centro, não existisse esse tipo de produção. A história da literatura, por exemplo, é uma sequência predominantemente masculina. Spivak primeiro convida a olhar a cultura a partir da margem para, em seguida, mostrar que a própria ideia de uma oposição centro-margens é também um discurso construído para delimitar espaços e diferenças. Por que uma cultura está nas margens, se para quem a pratica ela é o centro?

Não se trata de inverter a polaridade e dizer que "centro" e "margens" são uma questão de ponto de vista: Spivak argumenta que valorizar os elementos marginais em uma sociedade é simplesmente manter o jogo do poder; a dualidade entre os termos continua, sem que nenhuma mudança de fato aconteça. Não se trata de inverter o ponto de vista, mas *sair* desse sistema, desconstruindo a oposição binária entre margens e centro ao mostrar que são partes de um único discurso.

Mesmo que a situação colonial tenha desaparecido em grande parte do mundo, o discurso colonial persiste. Esse discurso se reproduz diariamente na literatura, na filosofia, na mídia. As concepções que ajudam a montar a ideia dos outros, dos subalternos, são continuamente reforçadas nos esquemas de produção cultural. E, nesse sentido, a valorização das margens só tende a reforçar a própria ideia de margens como uma construção discursiva. Nesse sentido, um filme que mostre um protagonista das margens, que vive do "outro lado" da sociedade – partindo do princípio que existe "um lado" – terá seu mérito de inverter a polaridade da representação, mas continuará trabalhando dentro da mesma polaridade centro-margens. Não está desconstruindo o sistema. Spivak sugere que se examine como essas identidades são construídas e quais as alternativas para essa construção. A produção cinematográfica, no Brasil, do chamado "cinema da retomada", por exemplo, dirigindo seu foco claramente para as margens, podem reforçar a visão estipulada de uma cultura dividida em segmentos, quando propõe que se olhe as articulações, as ambiguidades da própria condição de existência dessas divisões. Ela mostra como essas divisões reais são construídas sobretudo no discurso sobre as divisões: como mostra Edward Said em seu livro *Orientalism*, com quem Spivak dialoga em sua obra, a realidade dos outros, fora da geografia, é uma concepção inventada.

II. Os estudos culturais

A expressão "Estudos Culturais" descreve ao mesmo tempo um grupo de pesquisadores reunidos no *Centre for Contemporary Cultural Studies*, da Universidade de Birmingham, e também ideias e metodologias no estudo e na compreensão de fenômenos culturais. É possível questionar se o que é praticado atualmente sob o nome de "Estudos Culturais" ainda está ligado ao trabalho desenvolvido pelos pesquisadores do CCCS nas décadas de 1950 a 1980; ao mesmo tempo, na Universidade de Birmingham, o centro não existe mais e algumas atividades foram transferidas para a Open University, em Londres.

A história dos Estudos Culturais está vinculada à criação do *Centre for Contemporary Cultural Studies*, CCCS, na Universidade de Birmingham, Reino Unido, em 1964. Os principais nomes associados a esse grupo – embora não necessariamente ligados à estrutura administrativa do CCCS – são Raymond Williams, Richard Hoggarts e Edward Palmer Thompson. Mais tarde se junta a eles Stuart Hall.

O período de formação do CCCS viu o nascimento e consolidação da TV como força cultural sem precedentes. A chamada "cultura de massa" estendia-se por um imenso espectro social, ocupando lugares tradicionais, desafiando a separação entre "alta cultura" e "cultura popular". Os Estudos Culturais aproveitaram ideias de Marx, lido pelo viés cultural de Gramsci, Althusser e Lukács, temperado com pitadas de Estruturalismo francês – sobretudo da crítica de Roland Barthes, rigorosa para desvendar os textos da cultura sem reduzir tudo à noção de "ideologia" – e agregando pensadores da Pós-modernidade como Foucault e Derrida, além da semiótica de Saussure e Peirce.

Em busca de ser um campo de convergência de ideias e práticas, não uma disciplina acadêmica, os Estudos Culturais elegeram como objeto temas negligenciados pelas práticas acadêmicas de sua época, da cultura popular à cultura de massa.

Essa abertura permitiu uma nova compreensão da comunicação em suas mais variadas formas. A "cultura da televisão" passou a ser compreendida de uma maneira crítica. Não faz sentido condenar a televisão ao esquecimento de milhões de pessoas que acompanham diariamente novelas, programas de auditório e telejornais. A literatura popular, a música *pop*, os vídeos musicais e o cinema de Hollywood não eram mais um terreno fora das preocupações dos estudiosos por se tratar de "cultura de massa" ou serem "populares". Afinal, era justamente o "popular" o espaço de apropriação dessa cultura. E, por outro lado, tanto as manifestações tradicionais da cultura quanto a alta cultura não desapareceram. Ao contrário, continuaram a existir nas mais diversas formas.

1. Os trabalhos fundadores: Williams, Hoggart, Thompson

A genealogia dos discursos fundadores dos Estudos Culturais passa por três livros, escritos entre a segunda metade da década de 1950 e o início dos anos de 1960.

Publicado em 1957, *The Uses of Literacy*, de Richard Hoggart, é um dos livros fundadores dos estudos de recepção. Ao escrevê-lo, Hoggart queria compreender como as pessoas usavam as informações da mídia na vida cotidiana, partindo do princípio que a capacidade de leitura – a *literacy* – é a possibilidade das pessoas relacionarem o que leem ou veem com sua vida cotidiana. Quando uma pessoa assiste a um filme, relaciona a mensagem com seu cotidiano, compara com o que já viu, articula com outras informações em uma postura ativa sobre a mensagem.

Aos olhos de Hoggarts, o espectador é também um trabalhador, tem amigos, conversa com outras pessoas, tem uma família, e esse contexto interfere no uso que ele faz da mensagem da mídia. A mídia era discutida, pensada e mesmo negada pelo leitor: seu poder se diluía na articulação com a vida cotidiana do receptor, era *parte* desse cotidiano, mas não o dominava.

Dos estudiosos da primeira geração dos Estudos Culturais, Raymond Williams foi um dos que mais prestou atenção aos problemas da comunicação. As bases de suas concepções a respeito da cultura estão em *Culture and Society*, de 1958. O objetivo de Williams é mostrar como o conceito de "cultura" perdeu o sentido de "cultivo", no século 19, para designar (a) o estado geral ou hábito da mente; (b) o estado de desenvolvimento intelectual de uma sociedade, pensada como um todo; (c) o conjunto das artes e (d) um modo de vida material e intelectual. Na conclusão do livro essa concepção é articulada com os estudos de mídia: "comunicação não é somente transmissão, é também recepção e resposta. Numa cultura em transição, é possível que a uma transmissão bem organizada afete aspectos das ações e crenças, às vezes de maneira decisiva" (p. 313). A pesquisa em comunicação procura compreender os usos da mensagem na vida cotidiana de indivíduos vinculados a comunidades. Daí Raymond Williams afirmar que "não existe Teoria da Comunicação desvinculada de uma teoria da comunidade".

The making of the English Working Class, de Edward P. Thompson, publicado em 1963, foi um dos primeiros exercícios para escrever uma história contraoficial. Em vez de uma "história", aliás, o autor propõe a "formação": a classe trabalhadora se definia pela atividade, certamente, mas também por conta de suas práticas culturais. Assim, tomar uma cerveja no *pub*, usar blusa e boné definiam a classe trabalhadora tanto quanto operar máquinas. A *cultura* não era apenas arte, algo para ser admirado ou que se vê nos momentos de folga, mas todas as práticas que davam a identidade para um grupo – no caso, a classe trabalhadora.

Alguns conceitos dos Estudos Culturais foram definidos nessas obras:

1) O lugar das apropriações dos meios de comunicação pela sociedade é o receptor, o público. Compreender a comunicação é compreender os usos feitos pelo indivíduo diante da mídia. Mas de um indivíduo agregado a uma sociedade e, portanto, com as mais diversas relações. Todo espaço de cultura é um espaço político de construção de hegemonia – e, se os meios de comunicação de massa transformam a cultura em um produto, a disseminação em larga escala dos produtos culturais é o momento também de pensar os jogos da política cultural a partir da mídia.

2) Os meios de comunicação, nesse sentido, não são apenas o *instrumento* de imposição legitimada de um padrão, mas também a *arena* das disputas de espaço pela construção de práticas significativas dentro de uma cultura em luta. A cultura popular – entendida aqui como a cultura *pop* produzida pelos meios de comunicação – é uma das responsáveis pela articulação de identidades cotidianas na medida em que é um dos principais elementos de definição do mundo.

3) Os Estudos Culturais entendem os meios de comunicação como uma produção cultural inserida em um contexto histórico e social particular. Sua ideia de "cultura" não está vinculada apenas às "produções do espírito", mas a qual-

quer produção simbólica a partir da qual o ser humano entende seu mundo. Em uma cultura pontuada pelos meios de comunicação, entender a cultura de massas é a chave para entender o cotidiano. Nas diversas obras publicadas pelos integrantes do CCCS é manifesta a preocupação em compreender a apropriação da cultura de massa pelos receptores, o que implica compreender as relações existentes na oposição entre culturas – elite, massa, popular – entendida anteriormente. A concepção de cultura é modificada em prol de uma definição mais elástica, pronta para conceituar e interpretar as práticas simbólicas do cotidiano moderno.

4) O CCCS também procura entender a ideia de "massa" como um momento da sociedade, não sua característica principal. "Massa" é um estado momentâneo, não uma forma de vida. Ao contrário, a cultura reflete igualmente momentos de padronização e diversidade – sobretudo quando se pensa nas diferentes formas de recepção vinculadas às minorias. Opor a ideia de "minorias" ao conceito de "massa" não se trata de um desvio semântico, mas de uma questão política.

Os Estudos Culturais aparecem quando se começa a sentir os efeitos da derrocada dos impérios coloniais europeus na forma de uma migração, em diversas escalas, das antigas colônias de volta à metrópole. Mas essa migração é problemática exatamente na questão da identidade: quem é a pessoa nascida na colônia? Qual é sua relação com o Estado? E, sobretudo, como é sua apropriação da cultura cotidiana no impacto de suas práticas "coloniais" com os sistemas "metropolitanos"? Daí a pensar a "diáspora negra" como uma questão cultural é apenas um passo – dado por diversos pesquisadores interessados em articular políticas étnicas e culturais.

2. Cultura e identidade: O modelo *Encoding/Decoding de Stuart Hall*

A leitura dos textos de Stuart Hall deixa clara sua preocupação em dar uma base comum aos estudos sem perder ou negar nenhuma contribuição que possa ser utilizada. Uma das suas principais ideias sobre mídia é o ensaio "Codificação/Decodificação", de 1981. "O fato é que nenhuma concepção única e não problemática de cultura se encontra aqui", adverte Hall. Os Estudos Culturais estão em permanente construção, agregando ideias, teorias e métodos – para compreender, não para fechar o assunto. Os textos culturais circulam pela sociedade, com ênfase no papel da mídia como produtor-reprodutor da cultura e também como espaço de luta simbólica – afinal, nem só de classe dominante se sustenta a televisão. E a recepção torna-se uma prática ativa dentro desse processo, distante de qualquer elemento vinculado à pesquisa de "efeitos", mas de "usos".

Modelo Encoding-Decoding

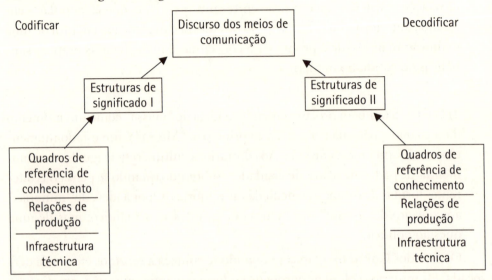

HALL, S. Encoding/Decoding. In: HALL, S. et al. *Culture, Media, Language.* Londres: Routledge, 2000, p. 130.

A dinâmica de trabalho dos Estudos Culturais não se resume, evidentemente, à incorporação de novas teorias em um balaio de gatos. Todas as novas contribuições gravitam em torno de um eixo central, a preocupação com o uso da cultura pelo povo – categoria difícil de definir e que engloba tanto a cultura popular quanto a chamada "cultura de massa". Aliás, é a partir dos Estudos Culturais que novos objetos são integrados à pauta de pesquisa. Música *pop*, desenhos animados, jogos de futebol, telenovelas e até mesmo um jogo de dominó tornam-se objetos para os Estudos Culturais na medida em que são parte da prática cultural de um grupo. Esses produtos culturais por muito tempo foram considerados "menores" e indignos de estudo em alguns círculos acadêmicos, como se a cultura do povo não tivesse méritos próprios suficientes para merecer um estudo.

Em termos mais amplos, isso significa olhar com crítica, mas sem preconceitos, para programas popularescos, trocando a condenação pelo estudo e pela compreensão do significado para quem assiste. A recepção está muito longe de ser passiva – e isso é uma premissa clara desde os fundadores dos Estudos Culturais. A ideia de que o povo constrói e reconstrói sua própria cultura está longe de ser ingênua, mas baseia-se na noção de cultura como prática dotada de sentido. Trata-se de mostrar um público ativo, imerso em um conjunto de práticas e consumo cultural influenciado pelas condições econômicas e sociais.

Recepção e identidade

Esse discurso conduz necessariamente à preocupação com as minorias étnicas, nacionais e sexuais. Os Estudos Culturais abriram espaço para grupos marginalizados ganharem legitimidade acadêmica suficiente para se firmar como pontos importantes da sociedade. No caso das culturas negras, isso significou o reconhecimento de um espaço novo e aberto para a luta política pelo campo cultural. As culturas negras, femininas de periferia, *punks* e outras tantas "subculturas", para usar a expressão – sem sentidos negativos – de Dick Hebdige, passam ao cenário cultural como manifestações em um espaço simbólico de luta.

Nesse particular, como explica Stuart Hall, a cultura é sempre um espaço de deslocamento, de conflito. A leitura feita pelo receptor é sempre diferente da leitura pretendida pelo produtor, embora ambos estejam dentro da mesma cultura. O receptor é um ser social e histórico, e sua maneira de ver televisão ou ler uma revista está ligada a seu desenvolvimento nesse sentido. Esse é o tipo de questionamento dos Estudos Culturais. Como uma adolescente negra, por exemplo, se vê diante dos padrões de beleza da mídia? Como ela convive com o fato de que nenhuma novela tem uma protagonista negra – e, quando tem, é muitas vezes estereotipado?

A recepção é o lugar onde a comunicação efetivamente acontece. A recepção das minorias, as políticas de gênero, especialmente o feminismo, o impacto do fim do mundo colonial nos anos de 1960, o surgimento das culturas do Terceiro Mundo como protagonistas, a oposição entre capitalismo e comunismo ou, mais recentemente, a aparente hegemonia do capital, todas essas questões estão em jogo na perspectiva dos Estudos Culturais.

3. John Fiske: estratégias para ler televisão

A televisão sempre esteve na agenda dos Estudos Culturais. De fato, eles foram a primeira escola teórica a reconhecer a presença da TV no cotidiano e desenvolver um repertório de ideias para uma leitura crítica do meio. Da primeira geração de pesquisadores, Raymond Williams indicou a dupla natureza da televisão, ao mesmo tempo como uma tecnologia de comunicação e como um elemento de produção cultural. No entanto, a iniciativa de desenvolver estratégias para ler televisão partiu de John Fiske, com *Television Culture*, de 1989, e *Reading television*, de 1993.

A mensagem da mídia tem algo a dizer além do entretenimento. Há temas sérios, por exemplo, em músicas de cantores *pop* como Madonna ou Daniel Balavoine. A cultura gerada ao redor da mídia ou pelos meios de comunicação é um meio de expressão social: ao lado do entretenimento, as mensagens da mídia podem ser instrumentos de contestação e mudança. No entanto, podem igualmente reforçar e justificar os valores dominantes de uma sociedade, mesmo quando isso significa reforçar estereótipos ou imagens negativas de grupos sociais. Não há um equilíbrio entre esses pontos: para compreender as diferenças é necessário decodificar as mensagens. Em outras palavras, desenvolver estratégias para ler televisão.

Na prática, isso significa compreender os códigos usados para organizar a mensagem. Os códigos são a ligação entre os produtores, o texto e a audiência, e também são responsáveis por criar a rede de textos e significados que formam nosso mundo cultural. Em *Television Culture*, Fiske identifica três níveis de códigos na mensagem da televisão:

Nível do código	1. Realidade: códigos sociais	2. Representação: códigos técnicos	3. Ideologia: códigos políticos
	A aparência, roupas, maquiagem, o comportamento, ambiente, contexto, fala, gestos e expressões reais das pessoas diante da câmera.	Câmera, enquadramento, iluminação, edição, música e som, que transmitem os códigos de representação: narrativa, conflito, personagens, diálogos e ações que, por sua vez, são organizados no nível seguinte.	Regem a construção da mensagem no nível mais externo, ressaltando valores tais como individualismo, classe, gênero, raça e capital.

Esses códigos da televisão não ficam restritos à esfera da mídia: na vida cotidiana, compartilhamos e usamos várias dessas referências nas situações mais inesperadas. Da mesma maneira, os profissionais de comunicação usam referências externas ao criar, por exemplo, um programa de televisão. Assim, Fiske destaca a intertextualidade entre os códigos da televisão com os demais significados produzidos na vida diária.

A televisão, como qualquer mídia, tem suas próprias características tecnológicas que enquadram a mensagem. Essas limitações técnicas acabaram por criar um estilo próprio da televisão, um tipo particular de produtos ou "textos". Esses códigos da televisão, no entanto, não são estruturas fixas. Eles incorporam novos estilos e modelos, e a própria tecnologia tende a criar novas formas culturais na televisão – os programas não poderiam existir sem essas tecnologias.

A perspectiva de ler as produções da TV procurando seu significado parece esbarrar em uma questão técnica: até que ponto é possível encontrar espaços para contestação na TV se ela obedece à lógica da indústria? Fiske responde sublinhando a dupla natureza da produção na TV: a televisão cria *programas* em escala industrial que se transformam em *textos* no momento em que atingem o receptor. Assim, a TV exibe o mesmo *programa* em toda parte; em cada lugar o público lerá *textos* diferentes. O produto se transforma em texto quando é apropriada pelas pessoas em uma leitura particular e ganha um novo sentido.

Não há fronteiras definidas na relação dos códigos da mídia com a vida cotidiana. E, por outro lado, as mensagens da mídia – programas de TV, notícias, propagandas – são criadas por pessoas igualmente vinculadas a esses códigos. Os códigos da televisão são familiares. Ultrapassam as fronteiras da técnica e reaparecem no cotidiano, na conversa entre indivíduos ou no modo de vestir das pessoas. Se articula com outras práticas e se torna um novo "texto" na construção da identidade dos indivíduos. Os significados circulam da mídia para a sociedade e de volta para a sociedade, onde recebem novos significados dados pelos indivíduos.

Dessa maneira, ler televisão é desmontar os códigos e ler os textos da mídia, ver o que eles dizem, mas também como diferentes indivíduos/grupos fazem diferentes leituras da mesma mensagem. Assim, Fiske não vê diante da televisão um espectador indefeso, mas alguém que vai articular a mensagem com sua própria experiência e, a partir daí, ressignificar a mensagem. Estudar a recepção da mídia não é apenas mostrar o que a mensagem quer dizer, mas como as pessoas apreendem esse significado.

Três estudos fundadores

HALL, S. *Da diáspora*. Belo Horizonte: UFMG, 2003.

HOGGART, R. *As utilizações da cultura*. Lisboa: Presença, 1973.

WILLIAMS, R. *Cultura e sociedade*. São Paulo: Cia. Editora Nacional, 1968.

III. Teoria dos meios: da informação às redes sociais

1. Teoria da Informação

O nome Teoria da Informação às vezes é usado como substituto de "Teoria da Comunicação", partindo do princípio de que comunicação e informação eram a mesma coisa. A concepção se transformou ao longo dos anos, e a ideia de "informação" passou a designar o conteúdo de uma mensagem. Entre os criadores da teoria, é possível enumerar pesquisadores de diversas áreas relacionadas às ciências exatas e ao desenvolvimento de sistemas de computação e comunicação, entre eles Claude Shannon e David Weaver, mas também Alan Touring – um dos inventores do computador – e mesmo os criadores da Teoria dos Jogos, Von Neumann e Morgenstern. No campo da Comunicação, foi Abraham Moles um dos primeiros pesquisadores a relacionar informação e comunicação: seu livro *Teoria da Informação e percepção estética* relaciona a quantidade de informação de uma mensagem com a percepção que os indivíduos terão.

O conceito de informação tem tantas definições quanto autores, mas é possível identificar informação como toda novidade em um sistema. Um sistema, por sua vez, seria um conjunto organizado de elementos diferentes agrupados por uma unidade de funções. Uma sala de aula, por exemplo, pode ser vista como um sistema onde várias unidades – objetos e pessoas – estão reunidos por conta da aprendizagem. Uma informação é qualquer alteração nesse sistema que se defina pela introdução de algum tipo de novidade. É possível quantificar o nível de informação a partir da quantidade de novidades dentro de um sistema. A presença de dados conhecidos não implica nenhuma informação: mantendo o exemplo da sala de aula, se todos os alunos estão lá, o professor está dando aula e nada mais acontece, o nível de informação tende a ser baixo – não há novidade. No entanto, se de repente entra um aluno de outra sala, perdido, haverá um súbito aumento na taxa de informação –

o colega é a novidade. A chegada de colegas ordinários não implica nenhum dado novo. No entanto, se um deles aparece com o cabelo roxo, vestido com roupas laranjas e sapatos azul-miosótis, o choque informacional é imenso. (Alguém pode fazer um corte de cabelo radical para causar um choque informacional nas pessoas ao redor por conta do aumento inesperado da quantidade de informações. Mas evidentemente é pouco comum entrar em um salão de cabeleireiro dizendo "Olá, vim fazer um choque informacional no meu cabelo".)

A repetição de um dado diminui a taxa de informação na medida em que diminui a novidade. Ao mesmo tempo, a existência de dados diferentes aumenta a taxa de informação e dificulta a compreensão. Um número de celular imaginário 1122.3344 tende a ser mais fácil de decorar, pela repetição imediata, do que um celular 1048.9375, onde não existe nenhuma familiaridade ou agrupamento possível. Dessa maneira, a taxa de informação tende a decrescer com a repetição até o momento em que não há mais novidade nenhuma e a taxa de informação é zero. Algo semelhante acontece quando se transformam nomes em apelidos. Elimina-se informações quando, no lugar das três sílabas de "Andreia", o "Dé" torna-se uma opção informativamente econômica de percepção imediata.

Onde não existe informação anterior, toda informação é novidade. No entanto, uma vez adquirida, essa informação passa a enquadrar os próximos dados disponíveis. Torna-se uma referência, diminui a incerteza e a taxa de informação. Quando se percorre um caminho pela primeira vez tudo é novidade, e o grau de incerteza – "é este o caminho certo?" – é alto. A redução da complexidade é um dos princípios da Teoria da Informação.

Nesse sentido, a percepção que uma pessoa tem das informações recebidas parece estar ligada ao conhecimento prévio das circunstâncias dos dados, mantendo a premissa de que quanto maior for a taxa de repetição, maior será o entendimento da mensagem – e isso interfere diretamente na recepção estética da mensagem.

Dessa maneira, de acordo com a Teoria da Informação, toda mensagem tende a oscilar entre a redundância e a incerteza. Uma mensagem com grau muito alto de repetição elimina o interesse porque chega ao limite do tédio; uma mensagem na qual não há repetição nenhuma igualmente se torna chata na medida em que a recepção regularmente não entende nada do que está recebendo e, portanto, deixa de ter qualquer interesse em ficar exposto à mensagem.

Como a apropriação de informações é cumulativa, diante da necessidade de compreender um assunto, buscar primeiro as fontes mais fáceis, com referências mais conhecidas, para, em seguida, se caminhar em direção aos trabalhos mais complexos sobre o assunto.

Quando se começa o estudo da Filosofia, por exemplo, é mais fácil consultar uma história da Filosofia ou um livro de introdução aos sistemas filosóficos antes de se enveredar pelos labirintos da reflexão sobre o pensamento humano. É possível encontrar a mesma mensagem dita com palavras mais simples, exemplos e ligações com o cotidiano que facilitem a compreensão na medida em que diminuem a quantidade de informação presente em uma mensagem. Kant, por exemplo, ao terminar sua *Crítica da razão pura*, notou que seu livro era "longo, árido, tratando de noções fora do senso comum, com poucos exemplos e prolixo", e fez uma versão com uma quantidade menor de informações. (Vale lembrar que a versão simples chama-se *Prolegômenos a toda metafísica futura*, o que mostra um pouco o que Kant entendia por simplicidade.)

O campo da percepção estética parece ser uma das áreas mais férteis para esse tipo de estudo. A ideia de que música erudita é difícil pode ser explicada a partir da Teoria da Informação. Em uma sinfonia ou em um concerto, por exemplo, há centenas de instrumentos, melodias se cruzando com timbres diferentes em partes diferentes da música. Repetições estão distantes umas das outras, quando há. Na música popular a quantidade de informações tende a ser menor. Uma melodia fácil, nesse sentido, é aquela na qual o grau de repetição das notas é alto e a harmonia é previsível. Não é uma discussão de qualidade ou de gosto: a Teoria da Informação lida com as quantidades existentes de dados em um determinado sistema.

As vanguardas artísticas do século 20 estavam orientadas para a busca de novidades estéticas a partir da exploração de novos terrenos, onde fosse possível encontrar informações até então inéditas na criação da arte. Cada obra deveria ser "nova", com um grau de repetição baixo – a dificuldade de compreensão da arte contemporânea está ligada à ausência, no público, de referenciais para lidar com todos os detalhes e especificações do ambiente estético.

Evidentemente essa perspectiva está longe de ser universal e foi objeto de inúmeras discussões estéticas e políticas ao longo do século 20. O conflito nas discussões de origem marxista entre uma "arte popular" e uma "arte de vanguarda" questionava se a arte engajada deve ser popular, ainda que abandone as estéticas de vanguarda, ou se uma mudança política é também uma mudança estética. O compositor Cláudio Santoro, um dos mais fervorosos adeptos da vanguarda no início de sua carreira, simplificou radicalmente seu estilo a partir da sua *5ª Sinfonia*, para torná-la mais fácil para a compreensão popular de acordo com suas convicções políticas e sociais.

A Teoria da Informação pode explicar fenômenos estéticos próximos do cotidiano. A indústria do entretenimento controla a quantidade de informações. Ao adaptar um livro para o cinema ou para a televisão, não é possível manter toda a história e os personagens. Os meios digitais audiovisuais trabalham com uma percepção diferente da leitura e a mensagem tende a ser reconstruída para ser enquadrada. Qualquer quantidade extra de informação deve ser limada para caber nas estruturas previamente conhecidas do público, diminuindo-se a taxa de informação, aumentando a redundância e as chances de sucesso.

Para começar

PIGNATARI, D. *Informação, linguagem, comunicação*. São Paulo: Perspectiva, 1991.

2. O modelo de Shannon e Weaver

Uma das origens da Teoria da Informação foi o modelo formulado em 1949 por Claude Shannon e Warren Waeaver. Em seu livro *Teoria Matemática da Comunicação* eles criam uma fórmula do processo comunicativo a partir da quantificação das mensagens e da medição dos elementos de ruído, de outro. Obter resultados na interação entre dois pontos era crucial para as telecomunicações – Weaver trabalhava como engenheiro na Bell's Telephone, empresa norte-americana.

Ao se digitar um número no celular, tem início uma imensa cadeia de ações. A interação entre dedos e teclas geram um sinal digital enviado ao destinatário fazendo um outro celular tocar. Há muitas variáveis que podem alterar isso: uma variação na corrente elétrica ou uma interferência magnética é suficiente para desviar a mensagem. E interferência, na perspectiva de Shannon e Weaver, significa perda de dinheiro. Toda mensagem tem um custo. Quando se faz uma ligação telefônica o tempo começa a correr quando o contato é estabelecido. Se duas pessoas conseguem se ouvir claramente, a troca de mensagens tende a ser mais direta, diminuindo o tempo do telefonema. Qualquer interferência implica a diminuição na troca. A necessidade de repetições – "como?", "o sinal está fraco, repete por favor?" – gasta tempo na redundância das informações.

Em última instância, essas limitações tendem a atingir a própria operadora de telefonia: na lógica da livre-concorrência onde Shannon e Weaver trabalhavam, um serviço ruim implicava perder para outra empresa.

Como resultado, as perguntas se dirigiram para um detalhe até então pouco explorado nas pesquisas em comunicação: o ruído.

"Ruído", no sentido usado pelos autores norte-americanos, é todo e qualquer elemento que possa interferir no caminho da mensagem. Portanto, não deve ser compreendido no sentido literal. Qualquer coisa que atrapalhe uma mensagem é um ruído – uma interferência na mensagem do celular, a falta de atenção, uma palavra errada, um programa de computador que se autoencerra, um circuito ou fio rompido. No cinema, por exemplo, qualquer disfunção no projetor é um ruído. Se uma pessoa alta senta na frente de outra não tão alta, torna-se um ruído porque atrapalha o canal da mensagem. Os ruídos são geralmente compreendidos como distorções da mensagem, mas podem mesmo interrompê-la completamente.

Shannon e Weaver notaram que era impossível chegar a uma mensagem completamente desprovida de ruído. A necessidade de um meio físico como canal necessariamente implicava algum tipo de interferência. A busca por mídias digitais não deixa de ser uma aplicação do modelo para diminuir as fontes de ruído. Um exemplo pode facilitar a questão.

A maioria dos leitores não terá dificuldade em identificar a diferença de qualidade entre um CD e um LP (*long play* ou "disco", um antecessor do CD; se não lembra o que é, pergunte a alguém nascido antes de 1990). No disco, a mensagem sonora era passada de um suporte material – o vinil – por uma agulha de diamante que lia os sulcos da superfície. O atrito tornava-se uma fonte de ruído que interferia na qualidade do som. No CD a leitura por raio laser diminui o contato físico e torna o som mais puro. O MP3 elimina a necessidade de um suporte físico: o processo é digital e a informação pode ser manipulada quase que em estado puro – e, no entanto, o ruído ainda existe nas distorções que ocorrem na conversão dos arquivos de som para MP3, em especial na perda de informação que acontece nessa passagem.

O modelo de comunicação de Shannon e Weaver

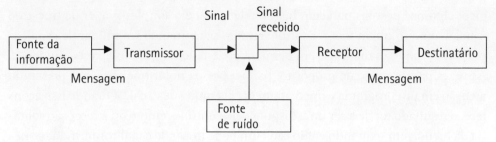

SHANNON, C. & WEAVER, W. *The Mathematical Theory of Communication*. Urbana: University of Illinois, 1949.

O modelo de Shannon e Weaver se apresenta como uma aplicação das possibilidades da Teoria da Informação no sentido de quantificar os dados e diminuir o ruído para o estabelecimento de uma situação ideal de comunicação na qual a equação (maior quantidade de dados) / (menor tempo possível) dê um resultado cada vez maior.

Mais importante, os autores igualmente identificaram uma *assimetria* necessária entre a informação enviada e a mensagem recebida. Elas não são iguais, e seu grau de coincidência é variável: assim, a noção de que o comunicador será entendido é muito mais uma pressuposição do que um fato. Bip.

Uma informação é produzida em uma fonte. Essa mensagem é transformada em sinais por um transmissor que, por sua vez, adapta-a ao canal que vai levá-la até o destinatário. Shannon e Weaver identificam no canal o principal momento onde o ruído pode acontecer. Por exemplo, quando um servidor de internet está sobrecarregado a velocidade de conexão tende a cair – um tipo de ruído. A mensagem chega no receptor que, por sua vez, a leva ao seu destino – uma mensagem, como foi visto, diferente da original. O modelo de Shannon e Weaver evidentemente foi criado tendo-se em mente existência de meios elétricos e eletrônicos de divulgação. A aplicação para o estudo geral dos fenômenos de comunicação não demorou, e a disseminação da fórmula, bem como da ideia de ruído, nas pesquisas sobre mídia em pouco tempo ganhou lugar de destaque.

3. O efeito *zapping* e a mensagem publicitária

Dificilmente alguma coisa é mais irritante do que assistir televisão quando outra pessoa está com o controle remoto. Quem está com ele pode mudar de canal o quanto queira. Em certos casos o ritmo da mudança beira os limites do patológico: algumas pessoas parecem ligar a televisão pelo simples prazer de trocar de canal. Como só quem tem o controle remoto sabe quando vai mudar de canal, as pessoas ao lado são mantidas em permanente estado de suspense para a mudança. Às vezes parece que é de propósito: basta a pessoa notar que você está prestando atenção em um programa e imediatamente ela muda de canal. (Quando isso acontece, o resultado tende a ser uma disputa pelo controle remoto ou a recepção solitária da mensagem – quando então cada um pode trocar de canal conforme a *sua* neurose por apertar botões do controle.) As alterações provocadas pelo controle remoto no modo de ver televisão ganham o nome de "efeito *zapping*".

A transformação no modo de recepção da mensagem televisiva a partir do uso do controle remoto começou a chamar a atenção de pesquisadores a partir dos anos de 1980 e, na falta de uma explicação melhor, recebeu o nome de "efeito *zapping*", conforme a onomatopeia dos quadrinhos norte-americanos, *zap*, usada para indicar o desaparecimento. O *zapping* pode ser caracterizado como o desaparecimento instantâneo de uma determinada imagem na tela da televisão. No mundo pré-controle remoto, a seleção de um programa de televisão obedecia a um número restrito de critérios. O gosto pessoal ou do grupo com o qual se assiste TV, sem dúvida, era um dos primeiros fatores. Além disso, pode-se considerar também a distância física entre o lugar onde o telespectador se posicionava – sofá, poltrona, chão, mesa de jantar – e a televisão: no mundo pré-controle remoto, qualquer alteração implicava o deslocamento até a televisão. Mudar de canal exigia sair do lugar, esforço e tempo. No entanto, a partir dos anos de 1980 a invenção do controle remoto alterou o modo como se vê televisão e, em certa medida, a própria televisão.

Algumas variáveis do efeito *zapping* na mensagem publicitária

O *zapping* tornou as variações de audiência mais rápidas e frequentes, aumentando a necessidade de verificar continuamente o índice para conhecer a eficácia da programação em manter o público diante da tela. Um estudo de caso realizado em 2001 pelos pesquisadores Alan Tse e Ruby Lee indicou que 80% dos telespectadores mudam de canal durante intervalos comerciais, embora a proporção possa ser ainda maior.

A percepção empírica do potencial negativo do *zapping* levou a algumas alterações no modelo publicitário. O crescimento da propaganda dentro dos programas de televisão, o *merchandising*, pode ser em alguma medida atribuído ao efeito *zapping*. A mescla de informação, propaganda e entretenimento dificulta a mudança de canal. Não é porque aparece um momento de *merchandising* durante uma novela que se vai trocar de emissora e perder o restante do capítulo. Do mesmo modo, chamadas comerciais do próprio programa durante o intervalo tende a reduzir o *zapping* e manter a atenção do público, ao menos parcialmente.

Dentre as questões levantadas pelo efeito *zapping*, uma das mais importantes refere-se ao tamanho da audiência de um programa de televisão. Um estudo de campo realizado por John J. Cronin em 1995 mostrou que cerca de 21% do tempo de um intervalo comercial é simplesmente ignorado pelo público por conta do *zapping*. Na prática, representa um gasto inútil: ao se adquirir um espaço publicitário, está se pagando por um público que não existe. O tempo de seleção também diminuiu: poucos segundos são necessários para o zapeador julgar se o canal é interessante ou não e decidir pela permanência ou pela troca. Os comerciais precisaram ser mais atraentes no sentido de evitar o *zapping*.

A programação normal também mudou: com o controle remoto a mudança de canal era uma ameaça mais próxima e consistente. Assim, um instante de tédio ou desinteresse é suficiente para colocar em risco a audiência.

Analisando as relações entre a publicidade e a troca de canais, várias pesquisas procuraram estabelecer critérios relacionados a uma maior ou menor propensão a não assistir o intervalo comercial de acordo com características da peça publicitária. Uma exposição dos resultados mostra os critérios valorativos do público em relação à peça publicitária:

- Valor do comercial: quanto mais importante o produto, menor o *zapping.;*
- Hábito de consumo: quem já usa um produto tende a prestar mais atenção e zapear menos.
- Comerciais já vistos tendem a ser menos zapeados na medida em que a sensação de familiaridade, explicam, torna mais simples e agradável o processo de recepção, diminuindo a necessidade de atenção específica.
- A mudança de canal é afetada pelo período do dia: conforme a hora, as opções disponíveis em outras emissoras podem atrair mais ou menos o telespectador a fazer um giro pelos canais.

• Quanto mais a propaganda fornecer informações novas e úteis, menor o *zapping*.

• Tamanho do intervalo – a duração do intervalo está diretamente ligada à mudança de canal.

• Duração do bloco do programa – quanto mais tempo, menor o *zapping*.

• Frequência do comercial na programação – quanto mais vezes uma publicidade é vista, maior a chance de ela ser evitada via *zapping* nos primeiros segundos.

No entanto, evitar os intervalos comerciais, para alívio dos publicitários, não é a principal razão. Os motivos do *zapping*, em ordem decrescente:

• ver o que mais está passando – evitar comerciais;

• tédio causado pelo programa;

• procura de variedades;

• tentativa de assistir vários programas ao mesmo tempo.

O efeito *zapping* não é entendido apenas como uma maneira de eliminar a publicidade, mas também uma nova experiência de recepção.

Alterações na relação entre mensagem e público

O efeito *zapping* relaciona-se não apenas com o controle remoto, mas também com as demais opções à disposição do telespectador. Existe uma relação de proporção direta entre as mudanças de canal possíveis e a programação. Quanto mais opções disponíveis, mais frequente o *zapping*. Nesse sentido, o uso do controle remoto trouxe um aumento de 75% no número de mudanças de canal, em particular durante intervalos comerciais. A especificidade do uso do controle, no entanto, residia na chance de um programa perder completamente o interesse do espectador. Uma vez mudado o canal durante o intervalo, nada garantia que a pessoa iria se lembrar do programa visto e retornar para a primeira emissora.

Economia de tempo parece ser outro dos fatores do efeito *zapping*. O intervalo comercial pode ser usado na aquisição de outro conteúdo mais interessante. O período de tempo entre um programa e outro tende a não atrair interesse na medida em que não é um espaço preenchido por uma mensagem aguardada, mas apenas o vácuo entre dois picos de maior atenção. Esse espaço tende a ser igualmente uma das variáveis do *zapping*.

O controle remoto alterou também a relação de atenção do público em relação aos programas de televisão. De um primeiro momento de seleção negativa, eliminar os comerciais, o efeito *zapping* mostrou-se também como um elemento criador de narrativas particulares. Um zapeador bem treinado pode assistir dois ou três programas ao mesmo tempo. Isso provoca emoções contraditórias nos outros telespectadores – do tédio ao ódio – em relação a quem está de posse do controle remoto, e apontou para uma individualização do processo de recepção. Quanto mais televisões por residência, menor o conflito pelo uso do controle remoto.

A alternância entre dois ou três canais, com índice de atenção semelhante, foi detectada por diversas pesquisas referentes ao *zapping*. A leitura não linear da mídia proporcionada pelo *zapping* constante tende a criar uma nova narrativa, composta dos pedaços de informação obtidos no deslocamento entre os canais.

4. Da *Galáxia de Gutemberg* à aldeia global: Harold Innis e Marshall McLuhan

A vida contemporânea passa por tecnologias e imagens digitais mediando a relação do indivíduo com o ambiente. Estão de tal maneira presentes no cotidiano que apenas um olhar atento pode remeter ao estranhamento necessário para se lembrar que são recentes. Essa centralidade das tecnologias de comunicação deu origem a algumas das principais teorias da comunicação, baseadas em uma perspectiva centrada nos *meios* de comunicação, elemento-chave no trabalho de pensadores da chamada "Escola Canadense de Mídia" ou "Escola de Toronto", pela referência à origem geográfica. O nome mais conhecido na Comunicação é o de Marshall McLuhan, embora estudos recentes mostrem interesse em seu professor, Harold Innis, por onde começa esta parte.

Harold Innis: tecnologia e mudança social

Economista de formação, Innis dedicou-se a estudos na política e na economia dando progressivo espaço aos meios de comunicação. Formulou uma proposta de explicação do desenvolvimento a partir das transformações nas mídias de uma sociedade. Uma noção central é que mudanças sociais são causadas por alterações nas mídias ou tecnologias de informação.

Innis destaca a influência da comunicação – ou melhor, dos meios – na cultura. O cotidiano estrutura-se a partir das mediações tecnológicas de comunicação.

A maneira como se vive, a forma como as pessoas se relacionam, seja em escala micro ou macro, estão atreladas às possibilidades de comunicação. A maneira como uma sociedade aprende interfere diretamente no modo como se vive, se sente e se compreende o mundo ao redor. Os meios de comunicação alteram a percepção e os sentidos das pessoas, na medida em que um ou outro elemento tende a ser destacado em prejuízo de outro, e essas diferenças se refletem nas mudanças específicas na sociedade.

Ideias não são expressas conforme a vontade do autor, mas conforme a chance que se tem de transformar essas ideias em comunicação. O suporte da mensagem é crucial para a passagem de ideias – de uma maneira clara, o meio condiciona o conteúdo.

A história das sociedades pode ser estudada a partir do exame de suas tecnologias centrais de informação. Sociedades baseadas na transmissão de conhecimento a partir de narrativas orais, por exemplo, estabelecem-se de maneira mais coesa e fechada do que outras nas quais os saberes encontram sua divulgação de maneira mais ampla a partir da escrita e, mais ainda, pela reprodução impressa. Daí a pensar nas transformações de uma sociedade digital não é mais do que um passo.

Um exemplo contemporâneo poderia ser pensado tomando-se como início os meios eletrônicos. Lembrar de uma sociedade sem computador, internet ou comunicação celular remete a um período quase imaginário onde as pessoas usavam telefones fixos, datilografavam textos e precisavam dos correios para transportar textos mais longos de um lugar para outro.

Em outro exemplo, o papel transformou a maneira como os seres humanos se relacionam como o conhecimento. A escrita em folhas de papel permitiu ao indivíduo estocar informações fora de sua memória, resgatá-las quando necessário e ter um grau maior de certeza a respeito do que acontecia em um ambiente ou outro. O papel alterou as relações políticas, tornando possível que ideias fossem conhecidas por mais pessoas e, dessa maneira, discutidas em campos maiores. Innis ressalta o aspecto fundamental do meio de comunicação para o estabelecimento da cultura.

Em certa medida, explica, o que se pode conhecer em uma sociedade é o que é comunicado. As tradições, as leis, os costumes e toda a produção cultural só se perpetuam no momento em que é transmitido/compartilhado. As tradições orais tendem a variar mais. A escrita fixa versões como sendo as "definitivas" em contraposição à abertura das narrativas orais. A divulgação desse texto tende a aumentar ainda mais a impressão de que uma versão *é a* versão definitiva na medida em que passa a ser conhecida por mais pessoas e diminui o espaço dado às outras.

Um exemplo dessa vinculação tecnológica das narrativas pode ser pensado a partir da comparação entre algumas versões tradicionais de contos de fadas e a versão mais conhecida, definitiva no aspecto trabalhado até agora, oferecida pelos meios de comunicação – no caso, as produções Disney. A versão de *Cinderela* produzida por Walt Disney em 1950 fixa uma única interpretação, bastante suave, da história original compilada pelos Irmãos Grimm. Depois do lançamento do filme, é difícil pensar em outra versão. No entanto, o próprio relato dos Grimm, aos olhos de Innis, fixou *uma* versão da história.

Assim, uma sociedade telecêntrica tende a valorizar a imagem e a percepção visual, mais simples e direta, ao invés de uma perspectiva mais complexa do pensamento verbal e escrito. Mas, nesse ponto, os trabalhos pioneiros de Harold Innis abrem espaço para a paisagem eletrônica dos escritos de Marshall McLuhan.

Os estudos pioneiros de McLuhan

Quando Marshall McLuhan publicou seus primeiros estudos sobre educação, no final da década de 1950, algumas de suas afirmações poderiam estar em livros de ficção científica. Uma delas, em um texto chamado *Mutations 1990*, dizia que "no futuro, uma rede mundial de computadores tornará disponível aos estudantes todo tipo de informação". Na época, isso foi considerado pouco mais do que um delírio.

Na época da publicação de *A galáxia de Gutemberg*, 1962, McLuhan apontava os sinais do esgotamento de uma cultura escrita diante da eletrônica representada pelo cinema, rádio e televisão. O livro foi mais bem recebido pelo público do que pela crítica, e o autor ganhou sorrisos irônicos de vários pesquisadores.

Mas quando McLuhan publicou *Understanding Media,* em 1964, mostrando os meios de comunicação como extensões do corpo humano, alguns críticos o chamaram de maluco. Atualmente, mergulhadas em um universo particular de sons, pessoas se acoplam a alto-falantes, ligados por fios a aparelhos com música digital, na trama de tecnologia no qual corpo real e virtual se tornam um só.

Formado em Literatura com doutorado em Filosofia, McLuhan teve uma das recepções mais problemáticas no campo da Comunicação. Seus estudos estão focados na *media*, isto é, na tecnologia disponível que altera completamente as outras partes do processo de comunicação.

O modo como se ouve música, por exemplo, ilustra o tipo de relação pensado por McLuhan. Durante quase toda a história da espécie humana, o ato de ouvir música esteve vinculado à presença física de executantes, instrumentos e ouvintes. Produzir música era a única maneira de ouvi-la. Como o número de ouvintes sempre foi maior que o de produtores, o ato de ouvir música se impôs como uma atividade coletiva. O *walkman*, nos anos de 1980, mudou outra vez o modo de ouvir música. Do espaço coletivo da esfera familiar, a música se conectou diretamente no indivíduo. A experiência auditiva torna-se particular.

Tecnologias da educação

Os primeiros estudos, publicados na revista *Explorations*, da qual foi editor nos anos de 1950, mostram um McLuhan preocupado em entender as relações entre a escola tradicional e os meios eletrônicos. Escrevendo nos anos de 1960, o autor canadense criticava a falta de uso da tecnologia nas escolas, e via o crescente descompasso entre a velocidade de mudanças e alterações na mídia eletrônica e a lentidão das transformações no sistema educacional. Alunos mergulhados no universo dos pixels eram obrigados a abandonar tudo isso ao chegar na escola e reduzir a experiência ao que estava nos livros. Essa postura trouxe o ataque de vários pesquisadores que entenderam em sua afirmação um desprezo pela cultura tradicional e um entusiasmo pela tecnologia. A prática e o tempo deram razão a McLuhan: a partir dos anos de 1990, a tecnologia ganhou espaço nas escolas.

A galáxia de Gutemberg

A galáxia de Gutemberg: a criação do homem tipográfico, de 1962, mostra como as relações sociais foram alteradas pelas mídias existentes nas diversas épocas da história. A invenção da imprensa, por exemplo, redefiniu as oportunidades de interação no início da Modernidade. McLuhan entende a "galáxia de Gutemberg" como o auge de uma técnica de comunicação baseada na escrita, do século 15 – invenção da imprensa – até o século 20, com os audiovisuais.

No mundo pré-Gutemberg, a cultura era compartilhada a partir de narrativas orais no espaço de relações próximas. Os fluxos de informação estavam confinados às possibilidades de comunicação imediata. Não havia necessidade de se saber nada simplesmente porque não havia uma quantidade grande o suficiente de novidades que tornasse necessário o acompanhamento dos fatos. O conhecimento do que havia além dos muros da aldeia era restrito a quem se aventurasse por lá e sobrevivesse para contar a história. O universo terminava nos limites da floresta. A invenção da tipografia gerou uma nova sociabilidade baseada na escrita. Nos sentidos humanos, o lugar do ouvido como principal porta de acesso ao imaginário social é substituído pelo olho, e a cultura oralizada perde espaço para uma cultura da palavra escrita. O homem tipográfico caracteriza-se pela sua dependência em relação à escrita, aos signos gráficos e à literatura.

O efeito digital

A galáxia de Gutemberg desaparece no momento do século 20, quando meios eletrônicos reconstroem o mundo a partir de seus bits, bytes e pixels. Diante da tela a escrita perde a força de representação da realidade.

A alfabetização pelos signos da escrita é substituída pela narrativa audiovisual. A sensibilidade humana desloca-se novamente para os ouvidos, para os olhos e para a voz. A leitura perde espaço diante da imagem e o signo escrito perde espaço para os signos audiovisuais.

Um outro aspecto é a velocidade do fluxo de mensagens. Enquanto uma mensagem escrita – um livro ou uma carta, por exemplo – precisava ser deslocada fisicamente para atingir seu destino, as mensagens eletrônicas deslizam na velocidade da luz. O texto impresso tem um limite: precisa existir fisicamente para ser lido. A mensagem digital pode estar em vários lugares ao mesmo tempo – basta pensar em quantos lugares uma página da internet está.

Um acontecimento não está mais restrito ao seu local. Diante das câmeras, qualquer fato pode se espalhar pelo planeta em alguns minutos. Os meios eletrônicos geram uma torrente de informações que circula rapidamente entre diversas mídias, sem barreiras geográficas, políticas ou sociais. Não por acaso, na página 55 de *A galáxia de Gutemberg* McLuhan explica que "a nova interdependência eletrônica recria o mundo à imagem de uma aldeia global".

A "aldeia global" pode ser entendida como o símbolo de um mundo interconectado, onde as distâncias tendem a se reduzir a zero e a interconexão entre todos os pontos não conhece limites. McLuhan pensa em termos de uma "retribalização". Conectados na aldeia global, indivíduos dos lugares mais diferentes compartilham o imaginário coletivo – a floresta não é mais o limite. Dois exemplos. Na Rússia, a palavra "fazenda" começou a ser usada como sinônimo de propriedade no campo em vez da palavra russa *dacha* depois da exibição de telenovelas brasileiras nos anos de 1990. Na China, o sucesso de exibição da novela *A escrava Isaura* fez da atriz Lucélia Santos um dos ícones culturais *pop* do país.

No entanto, *A galáxia de Gutemberg* terminava no diagnóstico de uma situação específica do processo histórico visto por McLuhan. Síntese de uma filosofia da história no desenvolvimento dos meios de comunicação, manteve-se isolada na produção do autor, ofuscada pela paisagem teórica desenhada no próximo livro, *Understanding Media*.

De meios e mensagens

Algumas das proposições mais conhecidas de McLuhan estão em *Understanding Media*. Uma delas, "o meio é a mensagem", dá título a um dos capítulos. A ideia dos meios de comunicação como "extensões do homem" e a noção de meios "quentes" e meios "frios" também estão no livro.

A primeira noção, "o meio é a mensagem", deriva da concepção da centralidade da mídia. Quando se transpõe uma mensagem de uma mídia para outra, há na realidade uma reelaboração completa da mensagem. O meio condiciona a mensagem a ser transmitida, lhe dá uma nova forma, conteúdo e significado decorrente da utilização de um meio e não de outro. Dessa maneira, o meio de comunicação – rádio, televisão, computador – torna-se um elemento da mensagem, enquanto ela é transformada para se adequar a esse meio. As mensagens não existem soltas no éter. A materialidade da mensagem acontece no meio de comunicação utilizado para sua existência. O conteúdo de uma comunicação existe em razão da possibilidade de um meio específico para expressar sua existência. Assim, diferentes tipos de mídia alteram a maneira com a qual uma mensagem é produzida. Por exemplo, a transmissão de futebol pela televisão e pelo rádio.

No rádio o jogo é visto a partir da voz do locutor. As emoções, os lances, a dramaticidade de cada jogada existe nas modulações da mídia sonora humana amplificada e espalhada pelos transmissores. Na ausência das imagens visuais, o locutor precisa criar imagens sonoras – descrições detalhadas de cada lance ou jogada, uma narração onde as diversas variações na voz correspondem aos acontecimentos do campo, sem intervalos. Não importa se a partida está um tédio, o locutor não pode simplesmente dizer "o jogo está muito chato, vou cantar alguma coisa para vocês" e mandar uma canção das *Spice Girls*. Na televisão, ao contrário, a narração não precisa ser detalhada – a mídia permite ao telespectador ver o jogo, e uma descrição radiofônica seria redundante.

Uma ideia de Innis retrabalhada por McLuhan é a noção de que o desenvolvimento das mídias cria novas linguagens para a mensagem. As primeiras produções do cinema eram peças de teatro filmadas. As técnicas narrativas da linguagem do cinema – *closes*, planos, cortes, movimentos de câmera, elipses – foram criadas aos poucos e se separando da técnica de representação teatral, tornando-se progressivamente uma linguagem específica. Os primeiros telejornais apresentados seguiam mais ou menos os critérios de uma notícia de rádio, e, em termos mais recentes, parte considerável do conteúdo on-line apresenta características de um livro eletrônico, usando de maneira relativamente restrita as características de um ambiente virtual.

Os meios de comunicação como extensões do ser humano

Ao estudar os meios, McLuhan parece indicar para um estudo da relação entre esses meios e a percepção humana. As mídias criam um novo mundo de imagens e sons eletrônicos acoplado aos órgãos do corpo humano em uma linha de continuidade na qual é difícil dizer onde termina a mídia-eletrônica e onde começa a mídia-corpo, uma integração sem ruptura entre tecnologia biológica e digital – é a noção de McLuhan segundo a qual os meios de comunicação são extensões do homem.

Os óculos são uma extensão dos olhos. Os pneus do carro são uma extensão do pé. O teclado do computador, acoplado ao mouse, uma extensão das mãos. Os microchips, uma extensão da mente, complementada e potencializada. Os meios técnicos e tecnológicos são compreendidos como "extensões do homem" na medida em que ampliam a capacidade de funcionamento de um dos sentidos humanos. A câmera de televisão aumenta a visão do público e leva os olhos do telespectador a lugares distantes fisicamente. De certa maneira, a internet é uma extensão da mente humana – unidade coletiva da experiência e do imaginário do ser humano.

A noção de interatividade está ligada à ideia de que os meios são extensões do homem. Interatividade é utilizar instrumentos digitais para formar um corpo virtual e existir em lugar nenhum. A interação é a ligação entre os seres humanos pela via de extensões tecnológicas responsáveis por formar um corpo digital criado a partir de pixels acoplado ao corpo biológico.

Meios quentes e frios

Assim, McLuhan chega à sua noção de que existem meios "quentes" e "frios". Um meio "quente" tem uma quantidade considerável de informações e exige atenção constante do receptor. O livro, bem como o rádio, exige que não exista nenhuma dispersão do leitor/ouvinte: um momento de falha compromete o instante seguinte na mensagem. Outra característica dos meios "quentes" é o apelo preferencial a um único sentido – o olho *ou* o ouvido.

Os chamados "meios frios" se apresentam como elementos quase sinestésicos, isto é, requerem vários sentidos ao mesmo tempo. Isso "esfria" a mensagem e a torna mais fácil de compreender à medida que vários sentidos são utilizados ao mesmo tempo. A televisão e o cinema, apelando ao mesmo tempo para os olhos e ouvidos, tendem a diminuir o tempo de compreensão da mensagem. A interação virtual também se apresenta como um meio "frio" por conta de seu apelo a vários sentidos. A pessoa conectada – olhos fixos na tela, fones de ouvido, câmera e microfone – usa vários órgãos de sentido ao mesmo tempo: visão, audição e mesmo o tato. Afinal, é necessário teclar e movimentar o mouse para interagir.

McLuhan não parece otimista ao mostrar o inevitável, mas parece sugerir ao leitor que ver a transformação de perto é a única maneira de compreendê-la e, eventualmente, se preparar para um inevitável processo de transformação. A liberação comercial da internet em 1995, no entanto, abriu espaço para a discussão de várias ideias de McLuhan, confirmando alguns diagnósticos de mais de trinta anos antes. Não faço a menor ideia do que está escrito no túmulo de McLuhan. Mas poderia ser muito bem "eu disse".

Referência

McLUHAN, M. *Os meios de comunicação como extensões do homem*. São Paulo: Cultrix, 1995.

5. A Teoria da Midiatização da Sociedade de Stig Hjarvard

É relativamente provável que, enquanto você lê este texto, exista um telefone celular perto de você. Aliás, "telefone celular" é um nome no mínimo incompleto, porque, conforme a marca e o modelo, ao seu lado está um aparelho com capacidade para processar informações, armazenar e trocar dados, conectar-se à internet, interagir nas redes sociais digitais e fazer ligações. Uma boa parte de suas conversas – seria melhor chamar de "interações" – recentes com seus amigos deve ter acontecido usando um desses recursos.

É relativamente comum, que jogadores de futebol, depois de marcar um gol, corram em direção às câmeras de televisão em vez de ir comemorar com a torcida. Diante do foco, dizem frases para familiares, exibem mensagens nas camisetas, ensaiam passos de dança – enfim, passam sua mensagem diretamente para o torcedor que acompanha o jogo pela mídia. Enquanto isso, nas arquibancadas, alguns torcedores levam faixas e cartazes pedindo para as câmeras de TV filmá-los.

É relativamente fácil, se você é fã de um filme ou de uma série de tv, encontrar materiais de todos os tipos relacionados com isso, de cadernos e camisetas até elaborados pôsteres, relógios e bonequinhos plásticos representando as personagens principais. Em lojas de brinquedo, mas também em algumas lojas de presentes para adultos, não faltam figuras das séries *Harry Potter*, *Star Wars* ou *O Senhor dos Anéis*. De alguma maneira, eles não pertencem mais à mídia de onde vieram – o cinema ou a tv – mas, de alguma maneira, "transbordaram" para o mundo real.

Em comum, essas três situações tem o fato de que há um elemento da mídia – o celular, a câmera de tv, o filme ou seriado – completamente misturado com uma situação real – uma conversa, um jogo de futebol, o uso de uma camiseta. É muito difícil dizer, em qualquer uma dessas situações, aonde termina a mídia e começa a vida real; uma parece não existir sem a outra, em uma articulação permanente. Essa presença constante das mídias imersas no âmbito das relações pessoais cotidianas vem sendo denominada, desde o início dos anos 2000, de midiatização.

Em linhas gerais, a ideia de midiatização refere-se ao processo pelo qual as mídias, especialmente as digitais, se articulam com a vida cotidiana, alterando o modo como as pessoas, as instituições e a sociedade, de um modo geral, vivem. Trata-se, a rigor, de um conjunto de fenômenos que mostram uma articulação profunda entre as mídias e o cotidiano.

Embora a ideia já tenha sido esboçada por alguns pensadores ainda nos anos de 1990, o termo começou a ganhar mais divulgação a partir da primeira década do século 21, quando a expansão de algumas tecnologias – como a internet móvel, as conexões sem fio e as redes sociais – passaram a fazer parte da vida das pessoas.

Apesar de vários pesquisadores estudarem o fenômeno, foi o dinamarquês Stig Hjarvard o autor de uma síntese das principais ideias a respeito do tema em um texto intitulado "A midiatização da sociedade". Nesse artigo, Hjarvard define a midiatização, em linhas gerais, como sendo um *processo* pelo qual atividades e práticas humanas passam a ser articuladas com a lógica das mídias digitais que, por sua vez, altera a maneira como essas atividades eram feitas – trata-se, portanto, de um *conjunto* de fenômenos que podem ser vistos no cotidiano de qualquer lugar.

Vale a pena destrinchar alguns elementos dessa definição.

Em primeiro lugar, a midiatização é um *processo*. Isso significa que não é algo mecânico: uma atividade não se torna midiatizada apenas porque é feita via mídia, mas porque um ser humano, usando determinada mídia, mudou seu modo de realizar alguma atividade. O processo, portanto, tem três partes – não existe midiatização só pelo uso das mídias, mas porque elas se relacionam com atividades humanas. Por ser um processo, a midiatização não ocorre de uma hora para outra e nem acontece de maneira igual em todas as sociedades.

Em seguida, vale lembrar que se trata de um *conjunto* de fenômenos – como os três exemplos no início do capítulo – que mostram as várias dimensões dessa midiatização. O ponto central é a articulação de uma atividade humana com os meios de comunicação, o que pode ocorrer em vários momentos. A midiatização é um processo social que se revela em vários momentos, e o que dá unidade a todos esses fenômenos é a articulação central com um meio de comunicação.

Fala-se em *articulação* porque se trata de um processo complexo, sem começo nem final – não se trata de uma relação *causal*, do tipo "a mídia faz isso com as pessoas", mas de uma *interação*, algo como "as pessoas realizam uma determinada atividade com o auxílio de um meio de comunicação".

Uma das principais características do processo de midizatização é a adaptação das práticas cotidianas e das instituições à lógica de cada mídia, isto é, ao *modus operandi* particular de cada uma delas. Pensando nas mídias digitais, por exemplo, a lógica das mensagens via celular exigem textos relativamente curtos e diretos – quem decidir interagir com outra pessoa a partir dessa mídia precisa, de alguma maneira, se adaptar a essa lógica.

A "adaptação à lógica da mídia" não significa que as práticas sociais e as relações humanas percam suas características próprias. Hjarvard lembra, por exemplo, que embora a política seja uma área altamente midiatizada, a tomada de decisões políticas acontece no campo político, de acordo com as regras e a lógica desse campo, não da mídia. No entanto, quando um político precisa aparecer no espaço público, como na época de eleições, é necessário que ele adeque suas ideias e propostas, bem como sua imagem, à lógica dos meios de comunicação. As instituições se adaptam à lógica da mídia, o que permite falar, por exemplo, da "midizatização da política", "midiatização da religião" ou do esporte, por exemplo.

O conceito ampliado de mídia

A concepção de mídia, na Teoria da Mediatização, tem três sentidos principais.

Em primeiro lugar, entende-se a mídia como sendo os dispositivos eletrônicos, o que comumente se chamaria de "canal" ou "meio", como o rádio, a televisão e um telefone, por exemplo. Nesse aspecto, as mídias são ferramentas para o deslocamento de uma mensagem. Ao mesmo tempo, esses dispositivos têm sua própria linguagem, isto é, seu próprio modo de interagir com as mensagens criadas. Isso implica que essas ferramentas não são de maneira alguma passivas em relação a mensagem, mas requerem uma adaptação às suas linguagens e modalidades. Finalmente, tratam-se de empresas de comunicação, sejam os portais de internet, as operadoras de mídias móveis ou um canal de televisão. E, como indústrias, seguem também regras institucionais e de mercado.

A adaptação à lógica da mídia implica pensar essas três dimensões ao mesmo tempo – a mídia como canal, como linguagem e como empresa – em sua relação com as atividades sociais. Mandar uma mensagem via celular, por exemplo, é utilizar um dispositivo tecnológico (o celular) para compartilhar uma quantidade de informação relativamente pequena (uma foto, um vídeo, um texto) e pagar por esse envio (a mensalidade da operadora).

Não se trata, é bom deixar claro logo de saída, de falar dos "efeitos" que as mídias têm no cotidiano – isto é, o que a mídia faz com as pessoas ou com a sociedade. A ideia de midiatização trabalha com uma outra perspectiva: a mídia não poderia, de fato, "fazer" nada com a sociedade na medida em que é parte dessa sociedade e não existe como uma categoria ou instituição à parte. As pessoas que fazem programas de televisão, editam sites ou redigem notícias para o rádio são também leitores, espectadores e ouvintes. Assim, não seria possível falar de "efeitos" da mídia na sociedade uma vez que os meios de comunicação são parte integrante dela.

O conceito de midiatização parte do princípio que, atualmente, não é possível separar a mídia das atividades cotidianas. Falar com um amigo, ver o resultado de um jogo, ouvir música – qualquer que seja a atividade, ela estará, de maneira direta ou indireta, relacionada com alguma mídia.

A midiatização da sociedade é possível por conta da presença das mídias em todos os lugares, a chamada ubiquidade das mídias. Nas grandes cidades pelo menos, é consideravelmente difícil encontrar um lugar totalmente desconectado. Em qualquer loja há telas eletrônicas, em qualquer restaurante há televisores ligados; mesmo dentro de ônibus ou do metrô há televisões e, em um outro nível, pessoas consultando seus celulares em conexão com outras.

Essa ubiquidade implica outra premissa da ideia de midiatização: a mídia não é pensada mais como um "meio de comunicação", no sentido de um "canal" que leva uma mensagem de um lugar a outro. Entende-se que a mídia, por sua presença no cotidiano, forma um ambiente no qual estamos inseridos. Isso significa que as atividades humanas, mesmo as mais simples, não podem deixar de levar em conta essa presença da mídia no tecido das relações sociais.

Hjarvard identifica duas formas do processo de midiatização.

A midiatização direta (forte) acontece quando situações que anteriormente não dependiam da mídia passam a ser realizadas com o auxílio de mídias. Realizar operações bancárias, por exemplo, exigia que o indivíduo fosse até uma agência e interagisse com outra pessoa, seja o caixa ou o gerente. Uma boa parte dessas atividades atualmente são feitas a partir de mídias eletrônicas. Em outro exemplo, um jogo de xadrez com o computador é a midiatização de uma prática anteriormente independente da mídia.

Por sua vez, a midiatização indireta (fraca) é ao mesmo tempo mais sutil e mais presente no cotidiano. Trata-se da presença de elementos da mídia em espaços que não eram, ou não deveriam ser, ocupados por eles. Quando se vai, por exemplo, ao McDonald's ou ao Burger King, para citar um exemplo do próprio Hjarvard, além de comer alguma coisa, o cliente geralmente é cercado por personagens do filme ou do programa de tv em evidência na época: do papel-toalha da bandeja até miniaturas de plástico das personagens, os elementos da cultura da mídia estão presentes em todos os momentos.

Um dos conceitos recentes trazidos para o campo da Comunicação, o conceito de midiatização oferece uma perspectiva de análise que supera algumas antigas dualidades – por exemplo, pensar que a mídia é parte integrante da sociedade e, por conta disso, talvez não faça mais sentido se falar nas relações entre "mídia e sociedade", mas seja importante dedicar tempo a compreender os elementos de uma "sociedade midiatizada", na qual as práticas mais simples, como ler um texto, ouvir música ou falar com amigos, ganha dimensões inesperadas.

Para ler

HJARVARD, S. "A midiatização da sociedade". *Revista Matrizes*, n. 3, 2012.

6. Redes sociais, cultura e política no ambiente digital

A liberação comercial da internet, no início dos anos de 1990, detonou uma das maiores revoluções na cultura experimentadas na história. A vasta literatura sobre o tema é um indicador da importância desse tipo de comunicação. Um dos aspectos mais perturbadores foi a integração da rede no cotidiano, como se sempre tivesse existido.

A comunicação virtual criou um suplemento à vida real. O aparecimento dos sites comerciais implicou a criação de uma economia virtual; a facilidade de contato e comunicação provida pelas redes de computadores alteraram a vida fora da tela – não existem barreiras entre as relações sociais reais e as relações virtuais, acontecimentos de um site de relacionamentos como o Orkut ou o Facebook podem acabar com um namoro real, o lançamento de uma nova ferramenta de busca pode fazer empresas lucrarem com ações virtuais, enquanto o terrorismo virtual igualmente avança, clonando cartões de crédito, tirando empresas do ar como uma ação política.

Dentre os inúmeros aspectos relacionados à comunicação mediada por computador, é possível salientar alguns mais próximos do cotidiano. Dessa maneira, será tratada em primeiro lugar a mudança provocada nas relações humanas e no ser humano a partir do uso das mídias digitais e, depois, as variações acontecidas no tecido social resultante da diferença de acesso e uso das tecnologias do virtual.

As redes sociais e as comunidades virtuais

A internet permitiu a *supressão do espaço*. A ideia de "comunidade" deixou de ser definida pela proximidade geográfica e ganhou uma nova forma de construção a partir do encontro de indivíduos virtualizados. Fazer parte de uma comunidade na internet pensando com Howard Rheingold, um dos pioneiros na definição desses estudos, significa se reunir ao redor de polos de atração referentes a gostos, preferências, ideias e atitudes. Existem barreiras econômicas e culturais – a começar pelo acesso à internet –, mas é importante ressaltar a possibilidade de um tal fato acontecer. Há trinta anos isso era impossível.

As comunidades virtuais podem ser definidas por grupos de pessoas que se reúnem para trocar informações sobre um determinado tema. Os grupos de discussão, páginas de fãs, as páginas de discussão sobre vídeos postados, os webrings e sites de relacionamento são exemplos de comunidades virtuais. Nelas é criado um ambiente virtual comum voltado ao desenvolvimento de ideias e atitudes de interesse coletivo a partir das relações de comunicação. Nas comunidades virtuais as relações sociais se constroem unicamente através da comunicação. Ao mesmo tempo, a própria noção de algo comunitário mudou. Uma comunidade virtual tende a se orientar ao redor de um único ponto de afinidade e, dessa maneira, constroem-se relações sociais voltadas para um e somente um objetivo relacionado com o tema. A comunidade virtual de fãs de uma banda de *rock*, por exemplo, é formada na intersecção de um único aspecto do gosto musical de todos os participantes. A comunidade virtual é regida por um número mínimo de características comuns entre os participantes, o suficiente para garantir a razão de ser do grupo ao redor de um elemento básico. Nelas o indivíduo precisa escolher um aspecto de seus gostos e práticas, e está a um *click* de pessoas com as mesmas ideias e atitudes. Participar de conflitos ou não é uma decisão rápida, e basta se desligar da comunidade se algo der errado.

Por sua vez, em linhas gerais, uma rede social é definida pela conexão entre pessoas criada a partir de vínculos, mais fortes ou mais fracos, existentes entre os elementos dessa rede. Dentro de uma rede, os participantes, denominados em geral "atores" – no sentido de "alguém que age" – ligam-se em espaços denominados "nós", os entrecruzamentos entre eles onde é possível a interação. Nos tempos pré-internet, um clube ou uma associação poderia ser entendida como um exemplo de rede social, embora esse conceito não fosse usado, nem nas Ciências Sociais, com a frequência que é hoje.

As redes sociais funcionam, de modo geral, a partir do engajamento mútuo de seus participantes. Esse engajamento não precisa necessariamente ser contínuo; aliás, uma das características das redes sociais é seu caráter relativamente fluido, no qual os vínculos podem se reorganizar conforme demandas, fluxos e situações; podem se fortalecer ou se enfraquecer.

O sentido de comunidade se reforça no ambiente virtual da comunicação em rede e cria um espaço onde as identidades virtuais se movimentam livremente em um espaço de debate e troca. O espaço da comunidade deixa de ter limites geográficos e torna-se a troca de bits e bytes de identidades virtuais. Essa independência da participação virtual igualmente altera o próprio sentido de comunidade: trata-se de uma participação efêmera, regida pelo interesse imediato e pela vontade do indivíduo. Nesse sentido, uma "comunidade virtual" é formada pelas pessoas que visitam uma página, por exemplo. Os laços são criados e se desfazem quase imediatamente: enquanto uma pessoa acessa uma página, ainda que por alguns segundos, faz parte da comunidade virtual de leitores. Depois disso pode nunca mais voltar. O sentido de comunidade torna-se uma identificação momentânea.

O passo seguinte, nesse ponto, é pensar os elementos de uma forma específica de conexão que são as redes sociais existentes na internet.

Vínculos e redes sociais

Outro fenômeno relacionado à comunicação mediada por computador é o destaque dado às chamadas "redes sociais". O termo, existente na sociologia pelo menos há meio século, começou a ganhar destaque a partir da criação de uma espécie de derivado das comunidades virtuais, os sites de relacionamentos onde pessoas podiam seguir umas às outras e montar redes de contatos e espaços de troca de informações.

Embora não sejam um fenômeno derivado das tecnologias de comunicação ou do ambiente da internet, as redes sociais certamente se beneficiaram das vantagens oferecidas por eles. A facilidade de encontrar pessoas, criar e cultivar laços e manter interesses em comum aumentou a partir do momento em que, nas redes sociais do espaço virtual, a velocidade de criação/construção de vínculos é considerávelmente alta – o que não significa que eles sejam fortes.

Nas redes sociais no espaço da internet, o grau de engajamento de seus participantes pode variar ao infinito, sobretudo por conta da existência de ferramentas e aplicativos que permitem desde uma simples leitura, ou da manifestação de "gostei" ao se apertar um botão na tela até a participação ativa em discussões e trocas de ideias.

Sobretudo, as redes se tornaram um espaço de convivência e ação, transpondo para o espaço da internet um modelo de relações sociais pautado na troca mútua de vínculos que, se já existia no mundo físico, por outro lado se beneficiou das possibilidades de sociabilidade, no qual os laços podem ser mais tênues do que parecem – ainda que sob a denominação de "amigo".

A memória digital

A internet alterou a memória coletiva. Informações guardadas durante décadas tornam-se disponíveis, digitalizadas e colocadas na rede à disposição de quem quiser. Há uma alteração substancial no sentido do conhecimento e da própria ideia de "memória", uma vez que os acervos públicos e individuais são colocados à disposição na internet.

Um vídeo gravado décadas atrás e guardado como um instrumento da memória particular, quando passado para a mídia digital e colocado no ar, torna-se parte de uma memória coletiva – não mais *narra* o passado, mas *mostra* o passado em uma forma parecida com a original. O que era a ação de um interessado torna-se o repertório comum na construção coletiva da memória, onde os dados específicos do passado de cada um são compartilhados com todos. Na reunião dos fragmentos é possível reconstruir o passado.

Imagine-se, décadas atrás, a dificuldade de um fã de um cantor, por exemplo, para obter informações sobre ele. Na internet, a facilidade de trocar material transformou esse processo. Os acervos pessoais se combinam, se completam e se sobrepõem formando coleções coletivas, em uma permanente circulação de materiais em forma digital – fotos, músicas raras, informações exclusivas, em suma, tudo à disposição para quem consegue e quer fazer parte de uma comunidade virtual.

Cyberpunks

Nas relações virtuais, as palavras-chave "conectar", "plugar", "link", apontam para a dimensão relacional: fronteiras se perdem na fragmentação, ao mesmo tempo em que não há limites claros a respeito de onde termina o indivíduo e onde começa a máquina. O prefixo *cyber*, usado para identificar essa situação, anuncia a existência de uma conexão eletrônica vinculada a cada uma dessas atividades. Em certos graus de integração, o ser humano não opera a máquina, mas ambos vão juntos percorrendo lugares novos, alguns de existência efêmera, outros sem existência alguma. Os signos digitais se misturam com os analógicos e as referências se reconstroem – o *cyberespaço*.

A palavra "cibernética" foi proposta por Norbert Wiener no livro de mesmo nome publicado em 1948. O termo se referia à troca de informações entre organismos e seres diversos em uma busca por equilíbrio e atividade. A expressão definia uma nova ciência baseada unicamente na transformação de informações, no uso e troca de dados entre sistemas. Para Wiener, as atividades humanas poderiam ser compreendidas a partir de relações de troca de informação e, a partir daí, entre os inúmeros sentidos possíveis dessa troca. A proposta da cibernética era examinar os fluxos de informação, seus caminhos e trânsito no sentido de compreender as ações humanas – ou de qualquer outro elemento capaz de lidar com dados – a partir dessa relação específica, deixando clara a necessidade de se compreender a informação como uma maneira de delinear os outros aspectos de qualquer relação. Wiener propõe uma ciência que estude a comunicação entre os seres de maneira a quantificar a troca de informações e verificar como o equilíbrio entre esses dados se manifesta na construção de relações sociais. Não havia muita diferença entre as relações de informação geridas por uma máquina, ou os seres humanos capazes de lidar com esse tipo específico de dado. A ênfase estava no processo de produção, troca e compreensão de informações, entendida em seu sentido mais básico relacionado à produção de alterações em um sistema pela introdução de um elemento relativamente novo.

O termo *cyber* logo escapou do controle de seu criador e se vinculou ao campo semântico das palavras relacionadas à tecnologia da informação. A palavra *cyberespaço*, por exemplo, foi usada para definir um espaço virtual de relações interpessoais baseado na simulação e reprodução do espaço cotidiano, enquanto *cyberorganism*, ou simplesmente *cyborg*, tornou-se a expressão corrente para nomear a interação entre organismos biológicos e circuitos eletrônicos. O termo *cyberpunk* ganhou força nos anos de 1980 para designar uma série de romances escritos por autores como William Gibson, em particular por conta de seu *Neuromancer*, onde descreve uma sociedade do futuro no qual seres humanos podem se conectar diretamente a computadores e, com isso, entrar em um mundo virtual. A literatura *cyberpunk* atingiu um dos maiores graus de divulgação com a trilogia *Matrix*.

A forte conotação política da literatura *cyberpunk* é por conta do caráter nitidamente sombrio da integração do homem com a máquina em uma sociedade distópica. Em *Neuromancer*, por exemplo, o mundo é uma sociedade dominada por grandes corporações, onde os indivíduos se agregam por conta de seu vínculo quase religioso com a empresa onde trabalham – a ponto de alguns terem o logotipo tatuado na mão – em contraste com espaços marginais onde artistas, loucos, criminosos e *outsiders* em geral compartilham um pouco de liberdade na base da violência e dos micropoderes.

Ao mesmo tempo, no mundo real, aumenta a possibilidade de integração entre o ser humano e a tecnologia. Quando se pensa na definição de um *cyborg* como um organismo no qual partes biológicas e eletrônicas estão integradas, a existência de instrumentos eletrônicos para melhorar a saúde – o marca-passo, por exemplo – pode ser considerado um tipo primeiro dessa integração. Ao mesmo tempo, outro tipo de integração entre seres humanos e máquinas ganha terreno pela integração do ser humano no universo das tecnologias da realidade virtual.

A realidade virtual

O termo "realidade virtual" foi criado em Jaron Lanier em 1986. Define-se como um ambiente que simula a realidade, copiando-a em seus muitos níveis e aspectos e permitindo a uma pessoa experimentar as sensações reais a partir de instrumentos eletrônicos acoplados a ele. A realidade virtual é o ambiente onde seres humanos existem com seu corpo biológico revestido por um corpo digital. Deixa de lado sua dimensão biológica a partir de uma forma de vida baseada no carbono para se integrar aos pixels da tela formada sobre uma base de silício na primeira evolução artificial da vida. Os sentidos são capturados de imediato – visores produzem as imagens enquanto fones de ouvido convertem os acontecimentos em sons. Luvas, botas e outros tipos de vestimenta reproduzem os elementos do ambiente virtual na forma de sensações de peso, volume e movimento. A fronteira entre o real e o virtual dissolve-se na disseminação de sensações biodigitais. Quebra-se a fronteira do pós-humano.

Políticas virtuais

No início de maio de 2007, a maior parte dos sites da Estônia, incluindo todo o sistema bancário, os sites governamentais e dos principais jornais foram tirados do ar por uma imensa ofensiva *hacker*, na primeira guerra virtual da história. Dias antes, o governo do país havia anunciado sua decisão de retirar a estátua de um soldado russo de uma praça pública. Em resposta, *hackers* russos iniciaram uma série de bombardeios com pacotes de informação aos sites estonianos, sobrecarregando os sistemas. A Estônia foi desconectada no primeiro ataque de *cyberterrorismo*. Manobras diplomáticas incluindo membros da Otan e da Comunidade Europeia foram concluídas às pressas para evitar que o conflito ganhasse uma dimensão maior.

Não era a primeira vez que *hackers* agiam na política. Desde meados dos anos de 1980 o ataque a sistemas de computadores e a tentativa de desafiar o poder a partir de uma ação eletrônica era uma tática de guerrilha. Na década seguinte, com a queda nos preços de computadores e o aumento da potência dos processadores, bastava domínio da eletrônica para transformar ideias políticas em uma ação virtual. A ausência de controle e o número de estratégias possíveis para desviar os olhos do poder transformou a internet em um espaço livre de discussão. A esfera pública digital, como alguns autores definem, mostra-se como um lugar (ou não lugar) político de ação e resistência, onde qualquer grupo, na defesa de quaisquer ideias, pode encontrar um espaço para divulgar seu pensamento. O livre-debate e a discussão de pontos de vista, uma das bases fundadoras da democracia, parece encontrar na internet sua expressão mais genuína. Em alguns casos, a internet é a única forma de resistência e de livre-trânsito de informações.

Qualquer pessoa pode ser qualquer pessoa – alguns dos principais críticos da Pós-modernidade, como Luther Blisset e Ned Ludd, provavelmente não existem: são coletivos de pessoas que adotam essa identidade. Na internet, o olhar do outro, instrumento repressor por excelência, é desviado, quase eliminado. A internet realiza o sonho da invisibilidade: qualquer um pode ver sem ser visto, pode falar e fazer o que tiver vontade a partir da dificuldade de ser localizado. Evidentemente essa liberdade de expressão permite literalmente a qualquer grupo colocar suas ideias no ar, o que significa, desde 1995, um sem-número de páginas racistas, terroristas e antissemitas divulgando suas doutrinas e ideias. As medidas coercitivas parecem ser completamente inócuas: quando se tira um site do ar é questão de tempo até ele reaparecer em outro lugar. A fronteira entre liberdade de expressão e crime não está definida.

Blogs e a fronteira do entretenimento/informação

Os blogs ocupam um lugar cada vez maior no espaço virtual. De estudantes de Comunicação à procura de espaço para publicar seus textos a profissionais interessados em um canal suplementar, os blogs se tornaram um instrumento central para quem trabalha com mídia. Originalmente pensados como um diário pessoal, os blogs rapidamente passaram a se dedicar a temas específicos e o amadorismo da autobiografia passou a dividir espaço com a escrita profissional. Para o jornalista, isso significou ao mesmo tempo uma alternativa para publicação e um novo manancial de informações – de acordo com estimativas de 2006, o número de blogs está em torno de três milhões.

A quantidade de diários pessoais é seguramente maior do que a de blogs jornalísticos, mas, por outro lado, é difícil encontrar um critério objetivo de separação entre eles: um diário pessoal escrito por alguém no epicentro de um conflito pode trazer informações mais confiáveis do que o jornal impresso que tem como fonte uma única agência internacional. Dessa maneira, os blogs desestabilizam algumas certezas da prática jornalística e colocam em questão algumas ideias consagradas a respeito do interior da profissão, de um lado, e da amplitude dos efeitos do jornalismo no espaço público, de outro.

As alterações estruturais na mídia, decorrentes de uma mudança em sua prática específica na produção e circulação de informações imediatamente afeta suas relações com a esfera pública, bem como levanta questões diversas a respeito dessas alterações. Se a "esfera pública" representou uma "mediatização" da política, os blogs e as redes sociais, como espaço de discussão, podem significar uma esfera pública virtual? Como ficam as fronteiras público/particular nesse espaço? Por outro lado, a transformação de alguns conceitos de jornalismo como apuração, credibilidade, objetividade e veracidade pode ser a indicação de um novo fazer jornalístico? Quais são as contingências profissionais do jornalismo nas redes?

A abertura dessas questões coloca a existência de um espaço público virtual com consequências ainda desconhecidas para a política e para a democracia – o espectro de uma esfera pública objetivada em uma blogosfera.

Exclusão digital

Das afirmações a respeito da internet, uma das mais conhecidas é a ideia de que na rede o conhecimento está acessível a todos. Há duas questões relacionadas: de um lado, as questões econômicas decorrentes da necessidade de um equipamento específico para esse mergulho digital; de outro, mesmo com esses recursos, navegar no oceano de informações requer uma alfabetização digital.

No final dos anos de 1990 notou-se a existência de um novo problema social emergindo da euforia relativa ao uso da rede e de computadores em geral. Devido ao alto custo dos equipamentos e do acesso à internet, o número de pessoas conectadas à rede no início da história da internet no Brasil era pequeno. Entrar na internet era uma questão de preço, e quem não podia pagar estaria sujeito a ficar do lado de fora do oceano de informações, em um problema diagnosticado como "exclusão digital". Definida como a ausência de acesso à internet por vastos setores da população de baixa renda, a exclusão digital manifestava-se como mais um problema vinculando o desenvolvimento do saber à possibilidade de acesso.

Ficar de fora aumenta as diferenças de conhecimento relacionadas com as diferenças sociais e econômicas. A exclusão digital igualmente deixa a pessoa fora de um mercado de trabalho onde o virtual e o real estão cada vez mais ligados de maneira inseparável. As medidas tomadas no sentido de diminuir a exclusão digital se orientam sobretudo no sentido de garantir o acesso à internet. Mas, diante da tela do computador, como a pessoa sabe onde está indo ou o que fazer com as letras e figuras feitas de pixels? Definida como a capacidade de lidar produtivamente com as informações obtidas da internet, a alfabetização digital é ao mesmo tempo complemento e contrapartida dos problemas causados pela exclusão.

Lidar com um computador pode ser uma tarefa complicada para quem não dispõe do repertório intelectual, cognitivo e cultural para compreender comandos, programas, tarefas, atalhos e tudo o mais. Diante da internet, é necessário um saber anterior para transformar as informações da internet em conhecimento. A simples visão do conteúdo não altera a situação do indivíduo se ele não tiver conhecimento para assimilar a informação. Ao contrário, a prática mostra uma atitude que oscila entre a ingenuidade e a falta de caráter ao se considerar que olhar uma página é suficiente para aprender. A exclusão digital manifesta-se igualmente como uma exclusão cognitiva.

Para julgar se um dado é verdadeiro ou falso é necessário dominar referências culturais anteriores. O desenvolvimento de softwares *wiki*, que permitem a construção coletiva de conhecimento com base em alterações sucessivas com vistas a um conhecimento correto não garante a veracidade das informações. Nesse sentido, a maior vantagem da internet, a falta de controle, é igualmente sua maior fraqueza. Dados on-line, a princípio, são terrivelmente frágeis.

No entanto, a força do escrito sobrepõe-se a essas dúvidas no sentido de tornar fácil de crer na consistência dos dados expostos na rede. Para muita gente, o fato de ler um texto na internet significa acreditar que o texto é certo. Além disso, a cópia de informações entre várias páginas tende a reproduzir um erro muitas vezes suficiente para que ele seja visto como um dado correto por quem não pode compará-lo com outra fonte de informações. A internet está cheia de textos atribuídos a escritores célebres, bem como informações e dados sem nenhum tipo de identificação de origem que possa dar algum tipo de indicação de sua validade, exceto sua própria presença on-line e a quantidade de vezes em que foi reproduzido de maneira errada. Uma ilusão difícil de desmontar por conta da aparência de seriedade e validade das informações.

Considerações finais

Milhões de anos atrás, uma criatura parecida com um macaco teve uma ideia genial: andar em duas patas e pegar as coisas com a mão. Com a boca desincumbida de agarrar objetos, pôde articular sons. A relação com o espaço mudou: de pé, a criatura tinha uma visão mais ampla. Mas quando se anda em duas patas há menos equilíbrio. O mundo ficou mais complicado e o cérebro precisava acompanhar a complexidade. Aparentemente deu certo. Poucos milhões de anos depois descendentes dessa criatura estavam desenvolvidos o suficiente para pensar no extermínio mútuo, na destruição do planeta e na extinção da própria raça. Em vez de florestas, se amontoavam em aglomerados de concreto. As frutas silvestres foram substituídas por corantes e conservantes. Mas não vamos adiantar a história. De volta à selva.

De todos os animais, era provavelmente o menos dotado de recursos biológicos para a sobrevivência. Não tinha garras, unhas ou dentes fortes o bastante. Não voava, não respirava sob a água e não enxergava no escuro. Não tinha um *habitat*: cavernas eram muito frias, tocas não eram confortáveis. Com essas desvantagens, só restava usar a inteligência.

Isso dependia da possibilidade dos indivíduos dessa espécie se entenderem mutuamente em um grau de complexidade maior do que outros animais. Enquanto outras espécies se comunicavam com um número limitado de sinais, os primeiros humanos desenvolveram a capacidade de se referir a fatos no passado e no futuro, planejar situações. Interagindo a partir da comunicação, transformaram a realidade em algo mais complexo: o *habitat* artificial transformando a natureza.

Uma noite, alguém teve a ideia de usar extrato de sementes para rabiscar as paredes da caverna. Desenhou a si mesmo, aos parentes, aos animais. O cenário estava pronto: as relações de tempo, a representação e uma atitude mágica. A realidade natural tinha sido substituída por artefatos; agora passava-se a outro plano, a substituição do mundo real por desenhos, pinturas, grafismos. Naquele momento, o ser humano ganhou a capacidade que o distinguiria de uma vez por todas dos outros animais. O pensamento simbólico.

Provavelmente os moradores de cavernas não tinham a mínima ideia do alcance sociossemiótico de sua atitude. Aliás, não sabiam nem mesmo o que era semiótica. Mas em pouco tempo saberiam, dotados da capacidade de pensar sobre o próprio pensamento. Essas potencialidades se desenvolveriam mais e mais em um gigantesco processo de reorganização da natureza ao qual mais tarde foi dado o nome de "civilização". Os descendentes daquele primata aprenderam a se comunicar. O resto, em grande parte, foi consequência dessa atitude.

Este livro é um capítulo nessa história.

Bibliografia mínima

ADORNO, T. & HORKHEIMER, M. *Dialética do Esclarecimento*. Rio de Janeiro: Jorge Zahar Editor, 1995.

ADORNO, T.W. "A Indústria Cultural". In: COHN, G. *Comunicação & Indústria Cultural*. São Paulo: Companhia Editora Nacional, 1973.

AGGER, B. *The virtual self*. Oxford: Blackwell, 2004.

ALTHUSSER, L. "Ideologia e aparelhos ideológicos do Estado". In: *Posições 1*. Rio de Janeiro: Graal, 1984.

AUSTIN, J. *How to do things with words*. Oxford, Clarendon Press, 1962.

BAKHTIN, M. *Marxismo e filosofia da linguagem*. São Paulo: Hucitec, 1996.

BARTHES, R. *A aventura semiológica*. São Paulo: Martins Fontes, 1998.

_____. *Elementos de Semiologia*. São Paulo: Cultrix, 1990.

_____. *Mitologias*. São Paulo: Difel, 1978.

BAUDRILLARD, J. *A sociedade de consumo*. Lisboa: Elfos, 2008.

_____. *Simulacros e simulações*. Lisboa: Relógio d'Água, 1991.

BAUMAN, Z. *Amor líquido*. Rio de Janeiro: Jorge Zahar Editor, 2006.

_____. *Modernidade líquida*. Rio de Janeiro: Jorge Zahar Editor, 2006.

BELSEY, C. *Poststructuralism*. Oxford: Oxford University Press, 2007.

_____. *A prática crítica*. Lisboa: Estampa, [s.d.].

BENJAMIN, W. *Magia e técnica, arte e política*. São Paulo: Brasiliense, 1998.

BIGNALL, J. *Media semiotics:* an introduction. Manchester: Manchester University Press, 1997.

BLUMER, J. & KATZ, & BERELSON, B. *The uses of mass communications:* current perspectives on gratifications research. Londres: Sage, 1974.

BOORSTIN, D. *The Image*. Londres: Waldenfeld, 1961.

BOURDIEU, P. *Sobre a televisão*. Rio de Janeiro: Jorge Zahar Editor, 1997.

_____. *Questões de Sociologia*. Rio de Janeiro: Marco Zero, 1983.

CAMPBELL, J. *O herói de mil faces*. São Paulo: Cultrix, 1990.

CASTELLS, M. *A sociedade em rede*. Rio de Janeiro: Paz e Terra, 1999.

CHAFFE, S. "The diffusion of Political Information". In: CHAFFEE, S. *Political Communication*. Londres: Sage, 1975.

CHOMSKY, N. *Linguagem e pensamento*. Petrópolis: Vozes, 1985.

COULDRY, N. "Liveness, Reality and the Mediated Habitus from Television to the Mobile Phone". *The Communication Review*, 7, 2004, p. 353-361.

CRAIG, R. "Communication Theory as a Field". *Communication Theory*, 9 (2), May 1999.

CRONIN, C. "In-home observation of zapping". *Journal of Current Issues and Research in Advertising*, vol. 17, n. 2, 1995.

CULLER, J. *Structuralism*. Londres: Routledge, 2001.

_____. *Sobre a desconstrução*. São Paulo: Rosa dos Tempos, 1997.

DAHINDEN, U. "Framing: a decade of research experience". *International Communication Association* – Annual Meeting. Nova York, 2005, p. 1-9.

DAHLBERG, L. "The Internet as public sphere or culture industry? From pessimism to hope and back". *International Journal of Media and Cultural Politics*, vol. 1, n. 1, 2001.

DANCE, F. *Human communication theory:* original essasays. Londres: Holt, Rinehart & Winston, 1967.

DAVIDSON, P. "The Third-Person Effect in Communication". *Public Opinion Quarterly*, vol. 47, n. 1-15, 1983.

DEBORD, G. *A sociedade do espetáculo*. Rio de Janeiro: Contraponto, 2003.

DELEUZE, G. & GUATTARI, F. *Mil platôs*. São Paulo: Ed. 34, 1999.

DELEUZE, G. *Conversações*. São Paulo: Ed. 34, 2004.

DERRIDA, J. *Gramatologia*. São Paulo: Perspectiva, 2005.

_____. *Margens. Da Filosofia*. Campinas: Papirus, 1997.

DEUTSCHE, K. "On Communication Models in the Social Sciences". *The Public Opinion Quarterly*, vol. 16, n. 3, (Autumn, 1952), p. 356-380.

EAGLETON, T. *Depois da teoria*. Rio de Janeiro: Civilização Brasileira, 2007.

ECO, U. *Apocalípticos e integrados*. São Paulo: Perspectiva, 1995.

FERRES, J. "Efeito Zapping". In___. *Televisão e Educação*. Porto Alegre: Artmed, 1999.

FESTINGER, L. *A theory of cognitive dissonance*. Standford: Standford University Press, 1962.

FISKE, J. *Television Culture*. Londres: Routledge, 1987.

FISKE, J.& MORLEY, J. *Reading television*. Londres: Routledge, 1993.

FOUCAULT, M. *Arqueologia do saber*. Rio de Janeiro : Forense, 2003.

_____. *Microfísica do poder*. Rio de Janeiro: Global, 2000.

_____. *Vigiar e punir*. Petrópolis: Vozes, 2003.

GALTUNG, J. & RUGE, M.H. "The Structure of Foreign News". *Journal of Peace Research*, vol. 2, n. 1, 1965, p. 64-91.

GARCIA CANCLINI, N. *Culturas híbridas*. São Paulo: Edusp, 2000.

GERBNER, G. "Cultivation Analysis: An Overview". *Mass Communication and Society*, 1:3, p. 175-194, 1998.

GILBOA, E. "Global Television News and Foreign Policy: Debating the CNN Effect". *International Studies Perspectives,* 6, 2005, p. 325-341.

GLOCK, H.-J. "Intentionality and language". *Language & Communication,* 21, 2001, p. 105-118.

GOZZI, R. "What is the source in communication models". *Etc.*, 2004.

GRAMSCI, A. *Cadernos do Cárcere*. 6 vols. Rio de Janeiro: Civilização Brasileira, 1999-2003.

GUNKEL, D. "Rethinking Virtual Reality: Simulation and the Desconstruction of Image". *Critical Studies in Media Communication*, vol. 17, n. 1, 2000.

HABERMAS, J. *Teoria da Ação Comunicativa*. São Paulo: Martins Fontes, 2012.

_____. *Mudança estrutural na esfera pública*. Rio de Janeiro: Tempo Brasileiro, 1984.

HACKETT, R. "Decline of a paradigm? Bias and objectivity in news media studies". *Critical Studies in Mass Communication*, vol. 1, n. 3, 1984.

HALL, S. *Da diáspora*. Belo Horizonte: Ed. UFMG, 2004.

HELLSTEN, I.; LEYDSDORFF, L. & WOUTERS, P. "Multiple presents: how search engines rewrite the past". *New Media Society*, 8, 2006, p. 901.

HOGGART, R. *As utilizações da cultura*. Lisboa: Presença, [s.d.].

HUSPEK, M. "Toward Normative Theories of Communication with Reference to the Frankfurt School: An Introduction". *Communication Theory*.

INNIS, H.A. *O viés da comunicação*. Petrópolis: Vozes, 2010.

JAKOBSON, R. *Linguagem e comunicação*. São Paulo: Cultrix, 1995.

JANCOVICH, M. "Cult fictions, cult movies". *Cultural Studies*, 16:2, p. 306-322.

JAUSS, H. *A história da literatura como desafio à teoria literária*. Lisboa: Vega, [s.d.].

JAUSS, H. *Toward an aesthetic of reception*. Minneapolis: University of Minnesota Press, 1981.

JENKINS, H. *Cultura da convergência*. Rio de Janeiro: Aleph, 2009.

JENKINS, H. *Fans, bloggers, and gamers*. Nova York: University Press, 2006.

KAPPLER, J. "Mass Communication Research: An Old Road Resurveyed". *The Public Opinion Quarterly*, vol. 27, n. 4, 1963, p. 515-527.

KATZ, E. & DAYAN, D. *Media Events*. Harvard: Harvard University Press, 1994.

KATZ, E. & LAZARSFELD, P. *Personal influence*. Londres: Collier-Macmillan, 1955.

KATZ, E.; BLUMER, J. & GUREVICH, M. "Uses and Gratifications Research". *The Public Opinion Quarterly*, vol. 37, n. 4, 1973-1974, p. 509-523.

KULKA, T. *Kitsch and Art*. Pensilvânia: Pennsilvanya Estate University Press, 1996.

LASSWELL, H. D. "The structure and function of communication in society". In: SCHRAMM, W. *Mass Communication*. Illinois: University of Indiana Press, 1949.

LAZARSFELD, P.; BERELSON, B. & GAUDET, H. *The People's Choice*. Nova York: Columbia University Press, 1948.

LIPMANN, W. *Opinião pública*. Petrópolis: Vozes, 2010.

LOTMAN, Y. & USPENSKI, B. *Travaux sur les systèmes de signes*: École de Tartu. Bruxelas: Editions Compléxes, 1991.

LOTMAN, Y. *Universe of the mind:*a semiotic theory of culture. Londres: Tauris, 1990.

LUHMANN, N. "What is communication?" *Communication theory*, 4, 2002, p. 12.

MACHADO, I. *Escola de Semiótica*. São Paulo: Ateliê Editorial, 2004.

MARTIN BARBERO, J. *Dos meios às mediações*. Rio de Janeiro: Ed. UFRJ, 1997.

MARX, K. & ENGELS, F. *A ideologia alemã*. Rio de Janeiro: Boitempo, 2009.

McCOMBS, M. *A teoria da agenda*. Petrópolis: Vozes, 2011.

McLUHAN, M. *Os meios de comunicação*. São Paulo: Cultrix, 1975.

_____.*A galáxia de Gutemberg*. São Paulo: Companhia Editora Nacional, 1968.

McQUAIL, D. & WINDHAL, S. *Communication Models*. Londres: Sage, 1993.

McQUAIL, D. *Communication*. Londres: Longman, 1975.

MERTON, R. & LAZARSFELD, P. "Comunicação de Massa, Gosto Popular e Ação Social Organizada". In: COHN, G. *Comunicação e Indústria Cultural*. São Paulo: Cia. Editora Nacional, 1973.

MEYER, T. *Democracia midiática*. São Paulo: Loyola, 2009.

MOLES, A. *O kitsch*. São Paulo: Perspectiva, 1993.

MORIN, E. *Cultura de massas no Século XX*. Rio de Janeiro: Forense, 1989.

NEWCOMB, T. "Determinants of Opinion". *The Public Opinion Quarterly*, vol. 1, n. 4, 1937, p. 71-78.

NOELLE-NEUMANN, E. "The spiral of silence: a theory of public opinion". *Journal of Communication,* 24, 1973, p. 43-51.

NOTH, W. *Panorama da semiótica*. São Paulo: Annablume, 1997.

OGDEN, C. & RICHARDS, I. A. *O significado de significado*. Rio de Janeiro: Zahar, 1982.

ONIANS, J. *Neuroarthistory*. Yale: University of Yale, 2003.

OROZCO GOMEZ, G. "O espectador diante da tela". *Communicare,* 5(2), 2006.

PEIRCE, C. S. *Semiótica*. São Paulo: Perspectiva, 1997.

PIAGET, J. *Epistemologia Genética*. São Paulo: Martins Fontes, 1995.

PIETILA, V. *In the highways of theory*. Helsinke: University of Helsinke Press, 1996.

POTTER, J. *Media literacy*. Londres: Sage Publications, 2008.

RILEY, J.W. & RILEY, M.W. "Mass communication and the social system". In. MERTON, R.K. *Sociology Today*. Nova York: Basic Books, 1959.

ROJEK, C. *Celebridade*. Rio de Janeiro: Rocco, 2008.

SANDYWELL, B. "Monsters in cyberspace cyberphobia and cultural panic in the information age". *Information, Communication & Society*, 9, 2006, p. 1.

SARLO, B. "Zapping". In_____. *Cenas da vida pós-moderna*. São Paulo: Ática, 2003.

SAUSSURE, F. *Curso de Linguística Geral*. São Paulo: Cultrix, 1993.

SCHEUFELE, B. "Framing-effects approach: A theoretical and methodological critique". *Communications,* 29, 2004, p. 401-428.

SCHEUFELE, D. & TEWKSBURY, D. "Framing, Agenda Setting, and Priming: The Evolution of Three Media Effects Models". *Journal of Communication*, 57, 2007, p. 9-20.

SCHNEIDERMAN, B. *Semiótica russa*. São Paulo: Perspectiva, 1993.

SCHRAMM, W. *The process and effects of mass communication*. Urbana: University of Illinois Press, 1954.

SEVERIN, W. & TANKARD, J. *Communication Theories*. Londres: Longman, 1992.

SHANNON, C. & WEAVER, W. *The Mathematical Theory of Communication.* Illinois: University of Illinois Press, 1949.

SODERQVIST, J. *Netocracy.* Londres: Pearson Education, 2002.

SPIVAK, G.C. *In other worlds.* Londres: Routledge, 2004.

SPIVAK, G.C. *Pode o subalterno falar?* Belo Horizonte: Ed. UFMG, 2011.

STREET, J. *Mass media, politics and democracy.* Londres: Palgrave, 2003.

TATE, E. "Developments in Communication Theory". *Communication Review,* 7, 2004.

THOMPSON, E.P. *As peculiaridades dos ingleses.* Campinas: Ed. Unicamp, 1997.

TICHENOR, P.J.; DONOHUE, G.A. & OLIEN, C.N. "Mass Media Flow and Differential Growth in Knowledge". *The Public Opinion Quarterly,* vol. 34, n. 2, 1970, p. 159-170.

TOURAINE, A. *Crítica da Modernidade.* Petrópolis: Vozes, 2000.

TUCHMAN, G. "Objectivity as Strategic Ritual: An Examination of Newsmen's Notions of Objectivity". *The American Journal of Sociology,* vol. 77, n. 4, 1972, p. 660-679.

TURNER, G. *Celebrity.* Londres: Sage, 2007.

VOEGLER, C. *A jornada do escritor.* Rio de Janeiro: Nova Fronteira, 2006.

WARF, B. & GRIMES, J. "Counter-hegemonic Discourses and the Internet". *Geographical Review,* vol. 87, n. 2, 1997, p. 259-274.

WATZLAWIK, W. *The invented reality.* Londres: Norton, 1984.

WEAVER, D. & SHANNON, C. *Teoria Matemática da Comunicação.* São Paulo: Difel, 1984.

WIENER, N. *Cibernética e sociedade.* São Paulo: Cultrix, 1996.

_____. *Cybernetics.* Massachussets: MIT Press, 1964.

WILLIAMS, R. *Cultura e materialismo.* São Paulo: Ed. Unesp, 2011.

_____. *Marxismo e literatura.* Rio de Janeiro: Zahar, 1976.

WITTGENSTEIN, L. *Investigações filosóficas.* Petrópolis: Vozes, 2000.

_____. *Tractatus Logico-Philosophicus.* São Paulo: Edusp, 1993.

Conecte-se conosco:

f facebook.com/editoravozes

◎ @editoravozes

𝕏 @editora_vozes

▶ youtube.com/editoravozes

☎ +55 24 2233-9033

www.vozes.com.br

Conheça nossas lojas:
www.livrariavozes.com.br

Belo Horizonte – Brasília – Campinas – Cuiabá – Curitiba
Fortaleza – Juiz de Fora – Petrópolis – Recife – São Paulo

  Vozes de Bolso

EDITORA VOZES LTDA.
Rua Frei Luís, 100 – Centro – Cep 25689-900 – Petrópolis, RJ
Tel.: (24) 2233-9000 – E-mail: vendas@vozes.com.br